Church Catholic

**Appendice au Rituel romain**

Church Catholic

**Appendice au Rituel romain**

ISBN/EAN: 9783337336905

Printed in Europe, USA, Canada, Australia, Japan

Cover: Foto ©Thomas Meinert / pixelio.de

More available books at **www.hansebooks.com**

# APPENDICE

## AU

# RITUEL ROMAIN

A L'USAGE DES PROVINCES ECCLÉSIASTIQUES DE

## QUÉBEC, MONTRÉAL, OTTAWA

PUBLIÉ PAR L'ORDRE ET AVEC L'APPROBATION DE
NN. SS. LES ARCHEVÊQUES ET ÉVÊQUES
DE CES PROVINCES

QUÉBEC
NARCISSE-S. HARDY, LIBRAIRE-ÉDITEUR
—
1890

IMPRIMATUR.

Quebeci, die 27 novembris 1889.

E.-A. Card. TASCHEREAU,

Archpus Quebecen.

Typographie d'Aug. Côté et Cie.

# TABLEAU

DES FÊTES, SOLENNITÉS, JEUNES ET JOURS D'ABSTINENCE, QUI
DOIVENT ÊTRE OBSERVÉS.

---

## PROVINCES ECCLÉSIASTIQUES DE QUÉBEC ET DE MONTRÉAL.

### FÊTES D'OBLIGATION.

Tous les dimanches de l'année.
La Circoncision de Notre Seigneur, 1er janvier.
L'Epiphanie de Notre Seigneur, 6 janvier.
L'Annonciation de la Ste Vierge, 25 mars. (*)
L'Ascension de Notre Seigneur.
La fête du Saint-Sacrement ou Fête-Dieu.
La fête des Apôtres St Pierre et St Paul, 29 juin.
La Toussaint, 1er novembre.
L'Immaculée Conception de la Ste Vierge, 8 décembre.
Noël ou la Nativité de N. S., 25 décembre.

### SOLENNITÉS REMISES AU DIMANCHE.

La Purification de la Ste Vierge.
La fête de St Joseph.
La fête du S. Cœur de Jésus.
La fête de St Jean-Baptiste.
La fête de Ste Anne.
L'Assomption de la Ste Vierge.
La Nativité de la Ste Vierge.
La fête de St Michel.
La fête du patron ou du titulaire de l'église paroissiale.

---

(*) Quand la fête de l'Annonciation est transférée, elle cesse d'être d'obligation.

●

## FÊTES ATTACHÉES AUX DIMANCHES.

Le 2ème Dimanche après l'Épiphanie—Le Saint Nom de Jésus.

Le 2ème Dimanche après Pâques—La Sainte Famille de Jésus, Marie, Joseph.

Le 3ème Dimanche après Pâques—Le Patronage de Saint Joseph.

Le 1er Dimanche de juillet—Le Précieux Sang de N. S. Jésus-Christ.

Le 2ème Dimanche dans le mois de juillet—La Dédicace de la cathédrale et de toutes les églises du diocèse. (*)

Le Dimanche après l'octave de l'Assomption—Le Saint et Immaculé Cœur de Marie.

Le Dimanche dans l'octave de la Nativité de la Ste Vierge—Le Saint Nom de Marie.

Le 3ème Dimanche de septembre—Les Sept Douleurs de la Sainte Vierge.

Le 1er Dimanche d'octobre—Le Saint Rosaire.

Le 2ème Dimanche d'octobre—La Maternité de la Sainte Vierge.

Le 3ème Dimanche d'octobre—La Pureté de la Ste Vierge.

Le 4ème Dimanche d'octobre—Le Patronage de la Ste Vierge.

### JEÛNES D'OBLIGATION. (†)

1. Les Quatre-Temps, c'est-à-dire :

les premiers mercredis, vendredis et samedis,
> après le 1er Dimanche du Carème,
> après la fête de la Pentecôte,
> après le 14 septembre,
> { après le 13 décembre, ou
> { après le 3ème Dim. de l'Avent.

2. Le Carème tout entier, excepté les Dimanches.

---

(*) Dans le diocèse de Montréal, cette fête se célèbre au mois de novembre.
(†) Tels qu'ils doivent être observés d'après l'indult du 7 juillet 1844.

3. Tous les mercredis et vendredis de l'Avent.

4. Les vigiles de Noël, de la Pentecôte, des apôtres Saint Pierre et Saint Paul, de la solennité de l'Assomption et de la Toussaint. (*)

### JOURS MAIGRES OU D'ABSTINENCE. (†)

1. Tous les jours des Quatre-Temps de l'année.

2. Tous les vendredis de l'année, excepté celui où tomberait la fête de Noël.

3. Les jours des vigiles où l'on observe le jeûne (voir 4. ci-dessus).

4. Le mercredi des Cendres et les trois jours suivants.

5. Tous les mercredis, vendredis et samedis des cinq premières semaines du Carême.

6. Le Dimanche des Rameaux et les six jours de la Semaine Sainte.

7. Tous les mercredis et vendredis de l'Avent.

---

N. B.—1° Les jours du carême où il y a dispense d'abstinence, ceux qui sont tenus au jeûne ne peuvent manger de la viande qu'à un seul repas. Dans ces mêmes jours, il est défendu de faire usage de poisson et de viande *au même repas*.

2° D'après l'indult du 7 juillet 1844, il est permis, tous les jours d'abstinence sans exception aucune, de substituer la graisse ou le saindoux au beurre ou à l'huile dans la friture, la cuisson et la préparation des aliments maigres. Mais on ne peut pas manger de la soupe grasse.

3° Les jours de jeûne on peut pendre, le matin, à peu près deux onces de pain, avec un peu de thé, de café, de chocolat ou d'autre breuvage.

---

(*) En vertu d'un indult du 11 juillet 1887, le jeûne de la solennité de l'Assomp--tion s'observe le vendredi, quand la fête tombe un samedi.

(†) Tels qu'ils doivent être observés d'après l'indult du 7 juillet 1844.

## PROVINCE ECCLÉSIASTIQUE D'OTTAWA.

### FÊTES D'OBLIGATION.

Tous les dimanches de l'année.

La Circoncision de Notre-Seigneur, 1er janvier.

L'Épiphanie, 6 janvier.

L'Ascension.

La Toussaint, 1er novembre.

L'Immaculée Conception de la sainte Vierge, 8 décembre.

Noël, 25 décembre.

### SOLENNITÉS REMISES AU DIMANCHE.

La fête du patron ou titulaire des églises paroissiales.

La Purification de la sainte Vierge, 2 février.

Saint Joseph, 19 mars.

L'Annonciation de la sainte Vierge, 25 mars.

La Fête-Dieu.

Le Sacré-Cœur de Jésus.

Saint Jean-Baptiste, 24 juin.

Les saints apôtres Pierre et Paul, 29 juin.

Sainte Anne, 26 juillet.

L'Assomption de la sainte Vierge, 15 août.

La Nativité de la sainte Vierge, 8 septembre.

Saint Michel, archange, 29 septembre.

### FÊTES ATTACHÉES AUX DIMANCHES.

Le 2ème Dimanche après l'Épiphanie—Le Saint Nom de Jésus.

Le 2ème Dimanche après Pâques—La Sainte Famille de Jésus, Marie, Joseph.

Le 3ème Dimanche après Pâques—Le Patronage de Saint Joseph.

Le 1er Dimanche de juillet—Le Précieux Sang de N. S. Jésus-Christ.

Le 2ème Dimanche dans le mois de juillet—La Dédicace de la cathédrale et de toutes les églises du diocèse.

Le Dimanche après l'octave de l'Assomption—Le Saint et Immaculé Cœur de Marie.

Le Dimanche dans l'octave de la Nativité de la Ste Vierge— Le Saint Nom de Marie.

Le 3ème Dimanche de septembre—Les Sept Douleurs de la Sainte Vierge.

Le 1er Dimanche d'octobre—Le Saint Rosaire.

Le 2ème Dimanche d'octobre—La Maternité de la Sainte Vierge.

Le 3ème Dimanche d'octobre—La Pureté de la Ste Vierge.

Le 4ème Dimanche d'octobre—Le Patronage de la Ste Vierge.

### JEÛNES D'OBLIGATION. (*)

Les mercredis, vendredis et samedis des Quatre-Temps.

Le carême tout entier excepté les dimanches.

Tous les mercredis et vendredis de l'Avent.

Les vigiles de Noël, de la Pentecôte et de la Toussaint et des solennités des saints apôtres Pierre et Paul, et de l'Assomption. (†)

### JOURS MAIGRES OU D'ABSTINENCE. (*)

Les mercredis, vendredis et samedis des Quatre-Temps de l'année.

Tous les vendredis de l'année, excepté celui où tomberait la fête de Noël.

Les vigiles où l'on doit observer le jeûne.

Tous les mercredis et vendredis du carême.

---

(*) Tels qu'ils doivent être observés d'après l'indult du 7 juillet 1844.

(†) En vertu d'un indult du 11 juillet 1887, le jeûne de la solennité de l'Assomption s'observe le vendredi, quand la fête tombe un samedi.

Le Samedi Saint.

N. B.—Le N. B. qui se trouve ci-dessus à la suite des jours maigres ou d'abstinence pour les provinces de Québec et de Montréal, vaut aussi pour celle d'Ottawa.

---

JOURS OÙ IL EST DÉFENDU DE CHANTER DES SERVICES MÊME *corpore prœsente.*

Noël, Épiphanie, Pâques, Ascension, Pentecôte, Fête-Dieu, les trois derniers jours de la Semaine Sainte, Immaculée-Conception, Assomption, S. Jean-Baptiste, S. Joseph, SS. Pierre et Paul, Ste Anne, Toussaint, Titulaire ou Patron de l'église, consécration ou anniversaire de la consécration d'une église, et, *de plus*, le jour de la solennité de ces fêtes. (*)

Les services du 3e, 7e et 30e jour et les anniversaires *fondés pour un jour fixe* peuvent être chantés même un jour double majeur, excepté 1° les dimanches : 2° pendant les octaves privilégiées de Noël, Épiphanie, Pâques, Pentecôte, Fête-Dieu ; 3° les vigiles de Noël, Épiphanie et Pentecôte ; 4° le Mercredi des Cendres et la Semaine Sainte ; 5° pendant l'Exposition du S. Sacrement.

Les anniversaires *fondés sans jour fixe* n'ont aucun privilège.

Les anniversaires du jour propre du décès ou de la sépulture peuvent être chantés même un jour double mineur, excepté un jour où l'on ne pourrait chanter un anniversaire fondé à jour fixe.

D'après la loi générale de l'Église, les grand'messes pour les défunts ne peuvent se célébrer que les jours où l'on peut dire la messe basse de *requiem*.

Dans quelques diocèses il y a des indults particuliers.

---

(*) La défense de chanter des services en ces jours reste attachée au jour lui-même, lorsque l'office est transféré.

# FORMULES

*Pour annoncer, au prône, les bans de mariage, les décès, le louage
des bancs, les indulgences et les assemblées de fabrique.*

---

## I. FORMULE DE LA PUBLICATION DES BANS DE MARIAGE.

Il y a promesse de mariage entre N. [*sa profession*] de
cette paroisse [*ou* de la paroisse de N.], fils majeur [*ou*
mineur] de N. et de N. [*si les parents sont défunts, on le men-
tionne*], [*ou* veuf majeur *ou* mineur de N.], de cette paroisse
[*ou* de la paroisse de N.], d'une part ; et N. de cette paroisse
[*ou* de la paroisse de N.], fille majeure [*ou* mineure] de N.
et de N. [*ou* veuve majeure *ou* mineure de N.], aussi de cette
paroisse [*ou* de la paroisse de N.], d'autre part.

C'est pour la 1ère, *ou* la 2ème, *ou* la 3ème publication : *ou
si les futurs époux ont obtenu dispense d'un ou de deux bans,
le curé dira :* C'est pour la 1ère [*ou* la 2ème] et dernière
publication. Les parties ont obtenu dispense de l'autre
ban [*ou* des deux autres bans].

*Toutes les publications étant faites, il ajoutera :*

Si quelqu'un connaît quelque empêchement à ce mariage
[*ou* à ces mariages], il est obligé de nous en donner avis
au plus tôt.

*Si les personnes qui doivent se marier ont obtenu quelque dis-
pense de consanguinité ou d'affinité, ou de parenté spirituelle, le
curé en fera mention de la manière suivante, à la fin de la publication de leur ban de mariage :*

Les dits futurs époux ont obtenu dispense du.................... degré de consanguinité [*ou* d'affinité] [*ou* de parenté spirituelle] qui existe entre eux.

---

## II. FORMULE POUR ANNONCER LES DÉCÈS.

Je recommande à vos prières N. décédé en cette paroisse dans le cours de cette semaine.

[Son service sera chanté N......... à......... heures, dans l'église de cette paroisse *ou* de......]

---

## III. FORMULE POUR ANNONCER LE LOUAGE DES BANCS.

Aujourd'hui [*ou tel jour*] après la messe [*ou*............] on procédera dans la sacristie [*ou*......], à la criée et adjudication de [*le nombre*] bancs placés dans cette église [*ou* cette chapelle], savoir, No. N.........

*Si c'est la règle, ou l'usage de faire cette annonce deux fois ou même trois fois, le curé dira :*

C'est pour la 1ère, *ou* la 2ème, *ou* la 3ème publication.

---

## IV. FORMULE POUR CONVOQUER LES ASSEMBLÉES DE MARGUILLIERS.

Messieurs les anciens et les nouveaux marguilliers de cette paroisse sont priés de s'assembler aujourd'hui [*ou tel jour*], après la messe [*ou* après l'office de ce soir, *ou à telle heure*] à la sacristie [*ou à telle autre place*].

*Si la loi, ou l'usage, exige que l'objet des délibérations de cette assemblée soit annoncé, le curé l'expliquera en peu de mots.*

# FORMULES DE PRONE.

.  ——

Après l'évangile, le curé ôtera la chasuble et le manipule, gardant l'étole croisée sur sa poitrine ; prenant ensuite sa barrette, il se rendra à la chaire, précédé du bedeau ou d'un clerc en habit de chœur. S'il ne célèbre point, il se revêtira d'un surplis, sans étole.

Lorsque le curé, ou le prêtre chargé de faire le prône, sera arrivé en chaire, il attendra quelques instants avant de commencer la lecture du prône ou des annonces, afin d'être mieux entendu des assistants. Il lira posément et d'une voix intelligible, ce qu'il doit annoncer, ayant soin de laisser quelque intervalle entre chacune des différentes annonces qu'il fera. Il pourra s'asseoir et même se couvrir pendant qu'il les lira, excepté durant les prières du prône et la lecture de l'évangile.

Il classera les annonces qu'il doit faire dans l'ordre suivant. Après la lecture de l'abrégé du prône ou celle du grand prône, si elle doit avoir lieu, il annoncera les fêtes ou les solennités, les jeûnes, les abstinences, les processions, les messes chantées à des intentions particulières, les services ou autres exercices de piété qui doivent avoir lieu dans la semaine. Ensuite il publiera les bans de mariage, les mandements ou lettres pastorales de l'évêque, les indulgences accordées par le pape ou par l'évêque, et expliquera les conditions requises pour les gagner. Puis il annoncera la convocation des assemblées de marguilliers ou de paroissiens, selon les circonstances, la vente des bancs, enfin le décès des fidèles qu'il recommandera aux prières des assis-

tants ; en suivant, pour toutes ces annonces, les formules
qui leur sont particulières.

Toutes ces annonces doivent être inscrites avec de l'encre
noire dans un cahier solidement relié, que chaque curé doit
transmettre à son successeur, parce qu'il peut être nécessaire
d'y recourir plus tard. C'est surtout un abus tout à fait
dangereux et condamnable que d'inscrire les publications
de mariages sur des feuilles volantes.

La publication des choses temporelles ne doit point se
faire au prône, mais à la porte de l'église après la grand'-
messe de paroisse et par des officiers laïcs.

## GRAND PRONE

*Que le curé lira au moins deux fois par année. Dans les pa-
roisses mixtes, il pourra le lire alternativement en français
et en anglais, ou bien le lire dans des dimanches consécutifs.*

† Au nom du Père, et du Fils, et du Saint-Esprit. Ainsi
soit-il.

Peuple chrétien, quoique tous les jours et tous les moments de notre vie soient à Dieu, comme à l'auteur de
toutes choses, et qu'on les doive tous employer à l'adorer,
à l'aimer et à le servir, néanmoins le dimanche est un jour
qui doit être consacré plus particulièrement à son service.

C'est en ce jour que vous devez vous souvenir de toutes
les miséricordes que Dieu vous a faites, et surtout de vous
avoir délivrés de la mort du péché et de la damnation éternelle, et de vous avoir ouvert la porte du ciel par la résurrection de Jésus-Christ, dont l'Église célèbre la mémoire en

ce jour, afin d'affermir votre foi par ce gage de la vie heureuse qui vous est promise.

C'est le jour du Seigneur par excellence : c'est-à-dire, qui doit lui être consacré d'une manière particulière.

Dieu veut que son peuple s'abstienne de toute œuvre servile en ce jour, pour prendre un saint repos. Mais prenez garde, mes frères, que votre repos qui doit être saint, ne se passe dans l'oisiveté, dans les plaisirs du monde, et dans l'oubli de vos devoirs envers Dieu.

Vous devez en ce saint jour, quitter le soin des choses de la terre, de vos affaires, et de toute œuvre servile, pour penser uniquement à celles du ciel. Vous devez vous éloigner de tout ce qui serait opposé à des devoirs si justes, et surtout du péché, comme étant plus contraire à la sainteté de ces jours, que les œuvres serviles mêmes.

L'Église nous assemble en ce saint lieu, pour y célébrer, en mémoire de la mort, de la passion et de la résurrection de Notre-Seigneur Jésus-Christ, le saint sacrifice de la messe, dans lequel Jésus-Christ, notre Sauveur, s'offre par les mains des prêtres, et se présente réellement et véritablement à Dieu, son Père, en qualité d'hostie vivante et de victime pour nos péchés.

Nous lui rendrons donc, par ce divin sacrifice, l'honneur qui lui est dû comme à notre Dieu, à notre Créateur et à notre souverain Seigneur. Nous lui demanderons très humblement pardon de tous les péchés que nous avons commis contre sa divine bonté. Nous le remercierons de toutes les grâces que nous avons reçues de lui, et nous lui demanderons celles qui nous sont nécessaires, afin de passer la vie présente en paix et sans péché, et d'arriver ainsi à la vie éternelle. Nous le prierons pour tous les besoins de l'Église en général et pour les nôtres en particulier.

*Ici le clergé et le peuple s'étant mis à genoux, le curé debout
et à demi tourné vers l'autel, dira :*

Grand Dieu, nous vous demandons pardon, avec un cœur
contrit et humilié, des péchés que nous avons commis contre
votre divine Majesté ; nous vous supplions d'agréer la douleur extrême que nous en concevons par votre miséricorde,
et de nous accorder les grâces qui nous sont nécessaires
pour accomplir en toutes choses votre sainte volonté.

Nous vous présentons nos prières pour votre sainte
Église, pour tous les prélats et pasteurs, et particulièrement pour notre saint Père le Pape, pour Monseigneur
notre archevêque (*ou* évêque) et pour tous les curés,
prêtres et missionnaires de ce diocèse ; afin que tous conduisent selon votre esprit le troupeau que vous leur avez
confié.

Nous vous prions aussi, mon Dieu, pour la paix et la
tranquillité de ce pays, pour l'union entre les princes
chrétiens, et particulièrement pour notre très gracieux
souverain (*ou* notre très gracieuse souveraine), afin qu'il
vous plaise répandre sur lui (*ou* sur elle), sur toute la
famille royale, sur tous ceux qui prennent part au gouvernement de l'État, ou à la législation, un esprit de sagesse
qui les éclaire pour le bonheur de tous les habitants de ce
pays.

Nous vous prions aussi, Seigneur, pour tous les magis-
trats et officiers, afin que tous emploient leur autorité pour
la gloire de votre saint nom, pour le bien de votre Église
et pour le salut de votre peuple.

Nous vous prions encore, Seigneur, pour toutes sortes
d'états et de conditions ; pour les veuves, pour les orphelins, pour les malades, pour les prisonniers, pour les
pauvres, et généralement pour toutes sortes de personnes

affligées, afin que vous les consoliez, et leur donniez la patience qui leur est nécessaire dans leurs peines.

Nous vous prions aussi de préserver de tout péril les femmes enceintes, afin que leurs enfants puissent recevoir le saint baptême, et en conserver la grâce.

Nous vous présentons encore nos prières pour les bienfaiteurs de cette église ; accordez-leur à cause de votre saint nom, dans la vie éternelle, la récompense de leur charité et de leur zèle pour votre gloire.

Nous vous supplions, mon Dieu, de conserver les justes en état de grâce, d'éclairer et de toucher les pécheurs, d'unir dans la charité tous ceux qui composent cette paroisse ; afin que vivant tous en paix, ils puissent observer votre loi, s'animer à la pratique des bonnes œuvres, et arriver tous à la vie éternelle.

Nous implorons enfin votre miséricorde, mon Dieu, pour obtenir de votre bonté un temps favorable pour la santé de notre corps et pour les biens de la terre. Faites-nous la grâce de faire un saint usage de ceux que vous nous avez donnés, d'en assister les pauvres, et de ne nous en servir que pour votre gloire et pour l'intérêt de notre salut.

Et, afin que nous puissions vous demander dignement tout ce qui nous est nécessaire, nous vous adressons tous ensemble la prière que Jésus-Christ nous a ordonné de vous présenter, contenant tout ce qu'un cœur chrétien doit et peut désirer et demander.

### L'Oraison Dominicale.

1. NOTRE PÈRE, qui êtes aux cieux,

2. Que votre nom soit sanctifié ;

3. Que votre règne arrive ;

4. Que votre volonté soit faite en la terre comme au ciel.

2

5. Donnez-nous aujourd'hui notre pain quotidien,

6. Et pardonnez-nous nos offenses, comme nous pardonnons à ceux qui nous ont offensés ;

7. Et ne nous induisez point en tentation ;

8. Mais délivrez-nous du mal. Ainsi soit-il.

Nous vous supplions, mon Dieu, de nous accorder ce que nous vous demandons, par les mérites de Notre Seigneur Jésus-Christ, Votre Divin Fils ; par l'intercession des saints et principalement par celle de la sainte Vierge, à laquelle nous dirons avec l'Église :

### La Salutation Angélique.

Je vous salue, Marie, pleine de grâce, le Seigneur est avec vous ; vous êtes bénie entre toutes les femmes, et Jésus, le fruit de vos entrailles, est béni.

Sainte Marie, mère de Dieu, priez pour nous pauvres pécheurs, maintenant et à l'heure de notre mort. Ainsi soit-il.

Et parce que nos prières et nos actions ne peuvent vous être agréables, ô mon Dieu, à moins qu'elles ne soient établies sur la vraie foi, sans laquelle il est impossible de vous plaire, nous faisons tous une protestation de vouloir vivre et mourir dans la foi de votre Église, dont les principaux articles sont contenus dans le Symbole des Apôtres que nous réciterons tous ensemble.

### Le Symbole des Apôtres.

1. Je crois en Dieu, le Père tout-puissant, créateur du ciel et de la terre ;

2. Et en Jésus-Christ, son Fils unique, notre Seigneur ;

3. Qui a été conçu du Saint-Esprit, est né de la vierge Marie :

4. A souffert sous Ponce-Pilate, a été crucifié, est mort, et a été enseveli ?

5. Est descendu aux enfers ; le troisième jour est ressuscité des morts :

6. Est monté aux cieux, est assis à la droite de Dieu le Père tout-puissant.

7. D'où il viendra juger les vivants et les morts.

8. Je crois au Saint-Esprit ;

9. La sainte Église catholique ; la communion des saints ;

10. La rémission des péchés ;

11. La résurrection de la chair ;

12. La vie éternelle. Ainsi soit-il.

Mon Dieu, nous avons transgressé votre loi et nous n'avons pas observé vos commandements. Nous vous en demandons pardon, et nous vous protestons, au commencement de cette semaine, que nous les observerons tous. C'est pour ce sujet que, prosternés aux pieds de votre Majesté, nous allons les réciter : afin que votre loi soit tellement dans nos esprits et dans nos cœurs, qu'elle nous serve de règle en toutes nos actions. C'est la grâce que nous vous supplions de nous accorder, pendant que nous réciterons les dix commandements que vous nous avez donnés.

### Les dix commandements de Dieu.

1. Un seul Dieu tu adoreras, et aimeras parfaitement.

2. Dieu en vain tu ne jureras, ni autre chose pareillement.

3. Les dimanches tu garderas, en servant Dieu dévotement.

4. Père et mère tu honoreras, afin de vivre longuement.

5. Homicide point ne seras, de fait ni volontairement.

6. Impudique point ne seras, de corps ni de consentement.

7. Le bien d'autrui tu ne prendras, ni ne retiendras sciemment.

8. Faux témoignage ne diras, ni ne mentiras aucunement.

9. L'œuvre de chair ne désireras, qu'en mariage seulement.

10. Biens d'autrui ne désireras, pour les avoir injustement.

Vous nous commandez encore, mon Dieu, d'obéir à votre Sainte Église. Nous lui marquerons notre respect et notre soumission en toute occasion, mais particulièrement dans la pratique des sept principaux commandements qu'elle a faits à ses enfants, et que nous allons réciter.

*Les sept commandements de l'Église.*

1. Les fêtes tu sanctifieras, qui te sont de commandement.

2. Les dimanches messe entendras, et les fêtes pareillement.

3. Tous tes péchés confesseras, à tout le moins une fois l'an.

4. Ton créateur tu recevras, au moins à Pâques humblement.

5. Quatre-temps, vigiles, jeûneras, et le carême entièrement.

6. Vendredi chair ne mangeras, ni le samedi mêmement.

7. Droits et dimes tu paieras à l'Église fidèlement.

*Ensuite le curé, s'étant tourné entièrement du côté de l'autel, dira alternativement avec le clergé et les autres assistants :*

V. Salvos fac servos tuos et ancillas tuas ;

R. Deus meus, sperantes in te.

V. Esto nobis, Domine, turris fortitudinis ;

R. A facie inimici.

V. Fiat pax in virtute tua ;

R. Et abundantia in turribus tuis.

V. Domine, exaudi orationem meam ;

R. Et clamor meus ad te veniat.

V. Dominus vobiscum ;

R. Et cum spiritu tuo.

OREMUS.

Deus, refugium nostrum et virtus, adesto piis Ecclesiæ tuæ precibus, auctor ipse pietatis, et præsta, ut quod fideliter petimus, efficaciter consequamur. Per Christum Dominum nostrum. R. Amen.

*Le curé, se tournant vers le peuple qui demeurera à genoux, dira :*

Nous prierons encore, suivant la tradition et le saint usage de l'Église, pour ceux qui sont morts avec le signe de la foi : pour les fondateurs et bienfaiteurs de cette église : pour nos pères, mères, frères, sœurs, parents, amis : pour ceux dont les corps reposent dans le cimetière et dans l'église de cette paroisse, et généralement pour tous les fidèles trépassés. Nous offrirons aussi pour eux le saint sacri-

fice de la messe, et nous demanderons à Dieu qu'il les
soulage dans les peines qu'ils endurent, en leur accordant un
lieu de rafraichissement, de lumière et de paix ; et nous
dirons pour eux :

*Ici le curé, tourné vers l'autel, récitera alternativement avec
le clergé et les autres assistants, le psaume suivant :*

### PSAUME 129.

DE profundis clamavi ad te, Domine : Domine, exaudi
vocem meam.

Fiant aures tuæ intendentes in vocem deprecationis meæ.

Si iniquitates observaveris, Domine : Domine, quis
sustinebit ?

Quia apud te propitiatio est : et propter legem tuam
sustinui te, Domine.

Sustinuit anima mea in verbo ejus : speravit anima mea
in Domino.

A custodia matutina usque ad noctem speret Israel in
Domino.

Quia apud Dominum misericordia, et copiosa apud eum
redemptio.

Et ipse redimet Israel ex omnibus iniquitatibus ejus.

Requiem æternam dona eis, Domine. Et lux perpetua
luceat eis.

v. Requiescant in pace. R. Amen.

v. Domine, exaudi orationem meam ;

R. Et clamor meus ad te veniat.

v. Dominus vobiscum ;

R. Et cum spiritu tuo.

OREMUS.

FIDELIUM, Deus, omnium conditor et redemptor, animabus famulorum famularumque tuarum remissionem cunctorum tribue peccatorum, ut indulgentiam quam semper optaverunt, piis supplicationibus consequantur. Qui vivis et regnas in sæcula sæculorum. R. Amen.

*Le clergé et le peuple s'étant assis, le curé lira l'avertissement suivant, touchant l'obligation d'entendre la messe, les dimanches et fêtes d'obligation, et l'assiduité aux offices de l'église paroissiale.*

Nous vous avertissons que, selon la loi de l'Église, vous êtes obligés d'entendre la messe, les jours de dimanches et de fêtes : et nous vous exhortons à assister assidûment à celle de votre paroisse, ainsi qu'au prône et aux instructions qui s'y font, et aux vêpres.

*Ensuite le curé annoncera les fêtes, etc., comme il est dit ci-dessus dans la note sur la manière de faire le prône : puis il fera une courte instruction.*

*Si une fête d'obligation tombe dans la semaine, le curé, après l'avoir annoncée, pourra ajouter :*

Vous devez garder cette fête comme le saint jour de dimanche, et par conséquent vous abstenir de toute œuvre servile, et assister à la messe. Nous vous exhortons à assister aussi aux vêpres et à la bénédiction du Saint-Sacrement, et à employer ce jour en œuvres de piété et de charité.

NOTE.— *Si le curé, par infirmité ou pour quelque autre cause légitime, ne pouvait pas donner d'instruction à ses paroissiens, après avoir fait les annonces et lu l'Évangile du jour, il pourra finir son prône par l'exhortation suivante :*

Nous prions le Seigneur, Mes Frères, qu'il vous fasse la grâce de profiter des instructions qui vous ont été tant de fois données de sa part.

Nous vous avertissons que, selon la loi de l'Église, vous êtes obligés d'entendre la messe les saints jours de dimanches et de fêtes : et nous vous exhortons à assister assidûment à celle de votre paroisse, ainsi qu'au prône et aux instructions qui s'y font, et aux vêpres.

Nous vous exhortons à vous souvenir de Dieu dans toutes vos actions, à avoir toujours sa crainte devant les yeux, et à conserver sa grâce et son amour dans votre cœur. Pensez souvent à la mort ; préparez-vous-y tous les jours, en remplissant fidèlement tous vos devoirs : en instruisant, par vos paroles et par vos exemples, vos enfants, vos serviteurs ou autres dont vous pourriez être chargés. Aimez-vous les uns les autres, comme Jésus-Christ vous a aimés : pardonnez à vos ennemis, comme vous voulez que Dieu vous pardonne : pratiquez les œuvres de miséricorde, et supportez avec patience et en esprit de pénitence pour vos péchés, les peines que le Seigneur voudra vous faire éprouver. Si vos occupations vous le permettent, venez à l'église, pour y entendre la messe, ou au moins pour y faire vos prières : afin de demander à Dieu qu'il vous donne ses grâces, et qu'il bénisse vos travaux. Enfin faites tout le bien que vous pourrez, et demandez souvent à Dieu que nous puissions tous ensemble participer à la gloire éternelle, qu'il prépare à ses élus et que je vous souhaite : Au nom du Père, et du Fils, et du Saint-Esprit. Ainsi soit-il.

*Le curé fera un signe de croix sur le peuple, lorsqu'il dira :* Au nom du Père, etc.

# ABRÉGÉ

*Des principales vérités que chaque chrétien doit savoir et croire, et que le curé pourra lire au prône, de temps en temps.*

———— —

Dieu n'a pas eu de commencement : il a créé de rien toutes choses, les anges et les hommes pour sa gloire. Quelques-uns d'entre les anges péchèrent peu après leur création. Le premier homme, Adam, et la première femme, Ève, de qui tous les autres hommes sont descendus, péchèrent aussi. Dieu eut pitié des hommes, auxquels il promit d'envoyer un Sauveur, pour les délivrer de leurs misères et les sauver. L'ouvrage de leur salut ne s'est accompli cependant qu'un grand nombre de siècles après leur péché. Dieu suscita pendant ce temps de saints patriarches et des prophètes pour les instruire et pour les assurer de ses promesses.

Tous les hommes ont péché en Adam : et à cause de sa désobéissance, ils viennent au monde, souillés du péché originel, et sujets aux misères de la vie, à la mort et à la damnation éternelle.

Tous les hommes ont été créés pour connaître Dieu, l'aimer et le servir, et pour obtenir par ce moyen la vie éternelle.

Quatre choses sont nécessaires pour obtenir la vie éternelle : la Foi, l'Espérance, la Charité et les bonnes œuvres.

La Foi est une vertu surnaturelle, par laquelle nous croyons fermement toutes les vérités que Dieu a révélées à son Église, et qu'il nous enseigne par elle.

Les principaux mystères de la Foi, sont ceux de la Trinité, de l'Incarnation et de la Rédemption. Ces trois grands mystères sont contenus dans le symbole des apôtres.

Dieu est un pur esprit. éternel, immense, indépendant, immuable, infini, tout-puissant. Il a toujours été et sera toujours ; il est présent partout et connait tout : c'est lui qui a créé toutes choses, et qui les gouverne toutes. Il est le Seigneur de toutes choses. Rien n'arrive que par son ordre. Il n'y a qu'un seul Dieu, et il ne peut y en avoir plusieurs.

Il y a trois personnes en Dieu, savoir : le Père, le Fils, et le Saint-Esprit.

Le Père est Dieu, le Fils est Dieu, le Saint-Esprit est Dieu. Ils ne sont pas néanmoins trois Dieux, mais un seul en trois personnes parfaitement distinctes entre elles, et ces trois personnes sont égales en toutes choses : aussi anciennes, aussi puissantes l'une que l'autre.

La miséricorde et la justice de Dieu ont paru d'une manière admirable dans le mystère de l'Incarnation.

Le Fils de Dieu. qui est la seconde personne de la Sainte-Trinité. s'est fait homme. C'est cet Homme-Dieu que nous appelons Notre Seigneur Jésus-Christ. C'est lui qui est le Sauveur et le Rédempteur de tous les hommes. Il a pris un corps et une âme semblables aux nôtres, dans le sein de la Sainte-Vierge sa mère, par l'opération du Saint-Esprit. Il est Dieu et homme tout ensemble. Il est né le jour de Noël.

Il s'est fait homme pour nous racheter de la damnation éternelle dans laquelle nous étions engagés par le péché d'Adam notre premier père.

Il nous a rachetés de cette damnation en mourant pour nous sur la croix, en souffrant comme homme, et en donnant comme Dieu un prix infini à ses souffrances. Le troisième jour après sa mort il s'est ressuscité lui-même du tombeau où il avait été mis. Il est monté au ciel quarante jours après sa résurrection, et y est assis à la droite de Dieu son Père. Il a envoyé à son Église le Saint-Esprit qui des-

cendit. sous la forme visible de langues de feu, sur les
apôtres. et sur les disciples qui étaient assemblés avec eux
le jour de la Pentecôte.

A la fin du monde tous les hommes ressusciteront et
paraîtront devant Jésus-Christ leur juge, qui les jugera
tous en général. Il juge chacun auparavant en particulier,
au moment de sa mort, et il lui rend selon ses œuvres ;
donnant le paradis aux bons, et envoyant les méchants en
enfer, où ils brûleront pendant toute l'éternité.

La seconde chose nécessaire pour être sauvé, est l'Espérance.

L'Espérance est une vertu surnaturelle par laquelle nous
attendons, avec une ferme confiance dans les promesses de
Dieu et dans les mérites de Jésus-Christ, la vie éternelle et
les secours pour y arriver.

C'est particulièrement par la prière que nous obtenons
de Dieu, par Jésus-Christ, les secours nécessaires pour arriver
à la vie éternelle.

La plus parfaite de toutes les prières est le *Pater* ou
l'oraison dominicale. C'est Jésus-Christ qui nous a enseigné
cette prière. et elle contient tout ce que nous devons
demander à Dieu.

La troisième chose nécessaire pour être sauvé, est la
Charité.

La Charité est une vertu surnaturelle par laquelle nous
aimons Dieu par-dessus toutes choses, et notre prochain
comme nous-même pour l'amour de Dieu.

Aimer Dieu par-dessus toutes choses, c'est l'aimer plus
qu'aucune créature. plus que soi-même, et vouloir plutôt
mourir que de l'offenser.

La première et la plus absolue obligation de l'homme
est d'aimer Dieu par-dessus toutes choses.

La marque véritable que l'on aime Dieu par-dessus toutes choses, c'est d'observer ses commandements, et d'accomplir en toutes choses sa volonté.

Aimer son prochain comme soi-même, c'est lui vouloir et lui procurer les mêmes biens que nous désirons pour nous-mêmes. Tous les hommes, même nos ennemis, sont notre prochain.

La quatrième chose nécessaire pour arriver à la vie éternelle, est la pratique des bonnes œuvres.

Les bonnes œuvres que nous devons faire sont marquées dans l'évangile, dans les commandements de Dieu et de l'Église.

Les deux principales choses que l'évangile nous ordonne, sont de fuir le mal et de faire le bien.

Le bien que nous devons faire consiste principalement dans l'exercice des œuvres de charité spirituelles et corporelles, que nous devons accomplir envers nos frères, en les secourant dans leurs besoins, et leur pardonnant les injures qu'ils nous ont faites.

L'évangile nous ordonne encore de nous mortifier, de pratiquer l'humilité, de mépriser le monde, de faire pénitence, de souffrir toutes sortes de maux avec patience, de nous conserver dans la pureté, de veiller et de prier.

Le mal que nous devons fuir par-dessus tous les autres maux, est le péché. Nous devons l'éviter et l'avoir en horreur comme le plus grand de tous les maux.

Le péché est une pensée, une parole, une action ou une omission contre quelqu'un des commandements de Dieu ou de l'Église.

Il y a sept péchés capitaux : l'orgueil, l'avarice, l'impureté, l'envie, la gourmandise, la colère et la paresse.

Les sacrements sont des signes sensibles institués par Notre Seigneur Jésus-Christ pour nous conférer la grâce, et nous sanctifier.

Il y a sept sacrements: le Baptême, la Confirmation, l'Eucharistie, la Pénitence, l'Extrême-Onction, l'Ordre et le Mariage.

Le Baptême est un sacrement qui efface le péché originel, nous régénère en Jésus-Christ, et nous fait enfants de Dieu et de l'Eglise.

Sans le Baptême on ne peut être sauvé.

Dans le Baptême nous nous sommes engagés:

1°—A renoncer au démon, à ses pompes, c'est-à-dire, aux maximes et aux vanités du monde ; et à ses œuvres, c'est-à-dire, à toutes sortes de péchés.

2°—A vivre selon la loi de Jésus-Christ.

Pour baptiser, il faut verser de l'eau sur la tête de la personne que l'on baptise, en disant en même temps : *Je te baptise au nom du Père, et du Fils, et du Saint-Esprit ;* et avoir l'intention de faire ce que fait l'Église.

La Confirmation est un sacrement qui nous donne le Saint-Esprit, nous rend parfaits chrétiens, en nous communiquant une force particulière pour confesser constamment la foi de Jésus-Christ, pour vivre selon son évangile, et pour résister aux ennemis de notre salut, le démon, le monde et la chair.

L'Eucharistie est un sacrement qui contient réellement et en vérité le corps et le sang, l'âme et la divinité de Notre Seigneur Jésus-Christ, sous les espèces du pain et du vin.

La sainte communion nous unit à Jésus-Christ, augmente et affermit en nous sa grâce, et nous donne un gage de la vie éternelle.

Il faut adorer Jésus-Christ dans la Sainte-Eucharistie, puisqu'il y est réellement présent.

Pour bien communier il faut être en état de grâce, c'est-à-dire, n'être coupable d'aucun péché mortel. Celui qui se sentant coupable d'un péché mortel, oserait communier en cet état, ferait une communion indigne, profanerait le corps et le sang de Jésus-Christ, et mangerait sa propre condamnation.

La messe est un sacrifice dans lequel Jésus-Christ s'immole mystiquement à Dieu son Père et lui offre son corps et son sang, comme victime pour nous, par le ministère des prêtres.

La Pénitence est un sacrement institué par notre Seigneur Jésus-Christ pour remettre les péchés commis après le Baptême.

La contrition, la confession et la satisfaction sont les trois parties à accomplir de la part des pénitents.

La contrition est une douleur et un regret d'avoir offensé Dieu, avec un ferme propos de ne le plus offenser.

Cette douleur est absolument nécessaire pour obtenir le pardon de nos péchés.

La confession est une déclaration de nos péchés, faite au prêtre pour en recevoir l'absolution.

On doit s'y accuser de tous les péchés mortels qu'on se souvient d'avoir commis depuis la dernière confession, en sorte que celui qui en cacherait volontairement un seul, ferait une confession nulle et sacrilège, qu'il serait encore obligé de recommencer toute entière. Il faut aussi déclarer le nombre de ses péchés, et les circonstances qui en changent l'espèce.

La satisfaction est une réparation de l'injure qu'on a faite à Dieu, et au prochain par le péché.

L'on satisfait à Dieu par le jeûne, par la prière et par l'aumône.

L'Extrême-onction est un sacrement institué par Jésus-Christ pour le soulagement spirituel et corporel des malades.

Il ne faut pas attendre que l'on soit à l'extrémité pour recevoir ce sacrement.

L'Ordre est un sacrement qui donne le pouvoir de faire les fonctions ecclésiastiques, et la grâce pour les exercer saintement.

Le Mariage est un sacrement qui donne à ceux qui le reçoivent, les grâces dont ils ont besoin pour vivre dans une sainte union, et élever chrétiennement leurs enfants.

L'Église est la société des fidèles qui, faisant profession d'une même foi, et participant aux mêmes sacrements, sous la conduite des pasteurs légitimes, ne font tous avec eux qu'un même corps, sous un chef visible, qui est le Pape, Vicaire de Jésus-Christ.

Jésus-Christ est le chef invisible et suprême de l'Église. L'Église est toujours éclairée, toujours conduite par le Saint-Esprit ; elle ne peut nous induire en erreur. Le Pape, chef et organe de l'Église, est infaillible, lorsqu'en cette qualité, il définit quelque vérité touchant la foi ou les mœurs, comme devant être crue par tous les fidèles.

Il n'y a qu'une Église, hors de laquelle il n'y a point de salut : c'est l'Église catholique, apostolique et romaine.

Il existe une union de charité entre tous les membres de l'Église : entre les fidèles qui sont sur la terre, les saints qui règnent dans le ciel, et les âmes qui souffrent dans le purgatoire, que les fidèles vivants soulagent par leurs prières et leurs bonnes œuvres, et principalement par le saint sacrifice de la messe. C'est ce qu'on appelle la Communion des saints.

Les fidèles prient les saints qui sont dans le ciel pour obtenir leur intercession ; ils honorent leurs images et leurs reliques, sans pourtant les adorer ; car il n'y a que Dieu seul qu'on puisse et doive adorer : et les Saints intercèdent pour les fidèles auprès de Jésus-Christ, et leur obtiennent des grâces.

Ce sont là les principales vérités que l'Église enseigne aux fidèles, et dont vous devez souvent faire des actes de foi.

# FORMULES

*Des annonces que les curés doivent lire au prône.*

## I. ANNONCES QUI N'ONT PAS DE DATE FIXE.

### ANNIVERSAIRE DE LA CONSÉCRATION DE L'ÉVÊQUE OU DE SA TRANSLATION.

*Le dimanche avant le jour où l'évêque doit célébrer l'anniversaire de sa consécration ou de sa translation, le curé dira :*

N.........prochain. Monseigneur.........célébrera l'anniversaire de sa consécration épiscopale (*ou* de sa translation au siège de .........) (A.......heures il sera chanté dans la cathédrale, *ou* dans l'église de.........une messe solennelle qui sera suivie du *Te Deum*. Vous êtes invités à y assister.)

C'est en ce jour que le Saint-Esprit a établi sur cette église celui qu'il avait *choisi pour la gouverner* (Act. XX. 28). C'est en ce jour que notre évêque est devenu *le père et le pasteur de nos âmes, l'ange gardien de cette église, le représen-*

*tant de Notre Seigneur* au milieu de nous, *l'apôtre* à qui a été donnée mission de nous annoncer la parole de Dieu, le *médecin* de nos âmes, notre *guide* dans la voie des commandements de Dieu.

Tous ces divers titres vous font comprendre, Nos Très Chers Frères, quel respect, quelle reconnaissance, quelle soumission et quel amour nous devons avoir pour celui qui en est revêtu. Nous prierons donc en ce jour Notre Seigneur Jésus-Christ, le pasteur des pasteurs, de remplir de ses lumières et de sa grâce celui à qui il a confié le gouvernement de ce diocèse, afin que, comme l'Église le demande, notre progrès dans la justice et la sainteté soit l'objet de la joie éternelle de notre pasteur.

---

## RETRAITE PASTORALE.

*Le dimanche avant l'ouverture de la retraite pastorale, le curé dira :*

N......... prochain commencera la retraite des prêtres de ce diocèse.

L'évangile nous apprend que Notre Seigneur voyant un jour ses apôtres fatigués de leurs courses apostoliques, les invita à venir *se reposer un peu avec lui dans le désert* (Marc, VI. 31.. A l'exemple de ce divin Sauveur, la Sainte Église veut que ses ministres se retirent, chaque année, dans la solitude pour y *méditer les années éternelles* (Ps. LXXVI. 6.) et se retremper dans le silence et la prière.

Vous êtes tous intéressés, Nos Très Chers Frères, à ce que vos pasteurs remportent de ces saints exercices une grande abondance de grâces et de zèle et qu'après avoir ainsi travaillé à leur propre sanctification, ils puissent plus efficacement s'occuper de la vôtre, car il est écrit : *Je verserai*

3

*l'abondance de mes grâces dans l'âme de mes prêtres et mon peuple sera comblé de mes bénédictions* (Jérémie, XXXI, 14.). Priez donc pour eux d'une manière spéciale durant cette retraite, comme eux-mêmes se font un devoir de prier pour vous tous les jours.

---

### PREMIÈRE COMMUNION.

*Le dimanche avant le jour fixé pour la première communion, le curé dira :*

N.........à......... heures, nous ferons faire la première communion aux enfants de cette paroisse qui en seront jugés dignes.

Pour les préparer plus prochainement à cette sainte action, nous les rassemblerons [*tels jours*], afin de les confesser de nouveau, et aussi afin de leur donner, pendant chacun de ces jours, quelques heures de retraite, dont les exercices commenceront, le matin, après la messe que nous dirons à.........heures, et à laquelle ils assisteront, et l'après-midi à......... heures.

Nous invitons, non seulement les parents des enfants qui auront le bonheur de communier ce jour-là, mais encore tous les autres fidèles de cette paroisse, à joindre, pendant ces jours, leurs prières aux nôtres, pour demander à Dieu qu'il accorde à ces jeunes chrétiens les dispositions nécessaires pour faire une bonne première communion.

(*) Pour ne rien épargner de notre côté de tout ce qui peut exciter leur piété en ce jour, et le leur rendre à jamais mémorable, nous nous proposons d'ajouter aux exercices ordinaires de la première communion, la pieuse cérémonie

---

(*) Il est laissé à la liberté de chaque curé d'omettre cette rénovation des vœux du baptême, ainsi que le chant du Te Deum, à l'occasion de la première communion, et dans ce cas, il ne lira point les trois paragraphes qui suivent.

de la rénovation des vœux du baptême, que nous leur ferons faire solennellement après l'action de grâces *ou* à............ heures.)

(Unissez-vous à eux d'esprit et de cœur pendant cette sainte et touchante cérémonie ; gémissez avec eux sur la perte de votre innocence baptismale : conjurez le Seigneur de la réparer en vous par sa grâce. et renouvelez, comme eux, les promesses de votre baptême avec la résolution d'y être plus fidèles à l'avenir.)

(Afin de remercier Dieu, en commun, du bonheur de ces enfants, et de celui de leurs parents. nous chanterons le *Te Deum* pour la clôture de ces pieuses cérémonies auxquelles nous vous invitons à assister.)

## DIMANCHE APRÈS LA PREMIÈRE COMMUNION.

(\*) N..........dernier, nous avons eu la consolation de faire faire la première communion à (*tel nombre*) d'enfants de cette paroisse. Nous les avons préparés à ce grand jour, le plus beau de leur vie, avec tout le soin possible, et il nous a semblé qu'ils s'y étaient bien disposés eux-mêmes. C'est à leurs parents maintenant de s'efforcer de conserver dans leur cœur ces pieux sentiments par une vigilance continuelle, par des avis et des corrections convenables, et surtout par leurs bons exemples. Sans cela toute la peine que nous avons prise pour les former à la vie chrétienne, deviendrait inutile ; toutes nos leçons de vertu seraient bientôt mises de côté.

(\*) Cette instruction, devant remplacer la lecture du mandement sur le catéchisme, ne doit jamais s'omettre ; on peut la partager en deux, et au moyen de commentaires solides et pratiques en faire la matière de deux sermons.

Nous dirons la même chose de l'instruction religieuse que nous nous sommes appliqué à leur donner : parents chrétiens, si vous ne nous secondez pas, pour entretenir chez vos enfants la connaissance de la Religion, que nous avons réussi à leur inculquer, cette faible science sera bien vite presque complètement effacée de leur mémoire, et ils seront exposés à retomber dans la plus déplorable ignorance.

Nous continuerons donc à leur faire le catéchisme tous les dimanches de l'année, comme nous le prescrit le premier Concile provincial ; mais, si c'est là, pères et mères, un devoir strict pour vos pasteurs, ce n'est pas une obligation moins rigoureuse pour vous de les y envoyer assidûment. Dans ces instructions familières que nous préparons toujours soigneusement et qui constituent ce que l'on appelle le *Catéchisme de Persévérance*, nous leur développons plus au long et d'une manière plus approfondie, les vérités que nous n'avons pu leur expliquer que fort imparfaitement dans les quelques semaines qu'ils ont employées à se disposer à leur première communion. Cependant à quoi leur serviront ces instructions s'ils n'y assistent que de loin en loin ? Il faudra donc une raison bien grave, comme la maladie, un temps très mauvais, ou la trop grande difficulté des chemins, pour que vous les dispensiez quelquefois d'y venir.

Mais, d'un autre côté, pour que vos enfants retirent tout le fruit désirable de ces catéchismes que nous leur faisons régulièrement, il est d'une très haute importance qu'ils répètent chaque semaine dans les écoles le chapitre que nous leur avons expliqué le dimanche précédent, et qu'ils apprennent bien celui que nous leur donnons pour le dimanche suivant. De cette manière, les leçons, reçues à l'église, préparées et repassées partout sous les soins des instituteurs et institutrices, se gravent mieux dans la mémoire et le cœur des enfants.

Au reste, les écoles inspirent aux élèves le goût des bonnes lectures, que favorisent de leur côté les bibliothèques paroissiales. Quelle satisfaction pour des parents qui s'imposent des sacrifices pour l'éducation de leurs garçons et de leurs filles, d'entendre ces chers enfants à tour de rôle, le dimanche soir ou durant les longues veillées d'hiver, faire des lectures aussi intéressantes qu'édifiantes !

Ne croyez pas pourtant, pères et mères, que vous puissiez vous décharger entièrement de l'instruction religieuse de vos enfants sur vos pasteurs et sur les maîtres et maîtresses d'écoles. Non, très certainement ; car c'est pour vous un devoir personnel, que vous devez remplir par vous-mêmes. Appliquez-vous donc, surtout le jour du Seigneur, au retour des saints offices, à leur demander compte de ce qui a fait, ce jour-là, la matière du prône, du sermon et du catéchisme ; éclaircissez ce qu'ils n'ont peut-être pas bien saisi ; rectifiez ce qu'ils ont mal compris ; appuyez enfin de vos réflexions et du poids de votre autorité les enseignements du ministre de Dieu. C'est ainsi que ceux-là mêmes qui n'auront pu se rendre à l'église, profiteront de tout ce qui s'y sera dit, et que la parole du pasteur parviendra à tous ceux qui forment la paroisse.

Mais, s'il est nécessaire que les enfants qui ont déjà fait leur première communion, entretiennent ainsi les connaissances religieuses qu'ils ont acquises, il ne l'est pas moins que tous les autres se préparent d'avance à cette grande action, et qu'ils aient l'instruction convenable. Dès l'âge le plus tendre, dès qu'ils commencent à discerner le bien du mal, apprenez-leur à prononcer les doux noms de Jésus et de Marie, à faire le signe de la Croix, à réciter correctement et avec piété *Notre Père, Je vous salue, Marie, Je crois en Dieu*, les actes de foi, d'espérance, de charité, de contrition. Montrez-leur la manière de s'examiner et de s'accuser, et envoyez-les se confesser deux ou trois fois par année, quand nous les en avertirons. Faites-leur fréquenter régu-

lièrement de bonnes écoles, où ils apprendront à lire, et se·
mettront par là en état d'étudier facilement le catéchisme,
ce beau livre que nos Évêques ont rédigé eux-mêmes pour
leur instruction.

Ne manquez pas, parents. de nous envoyer chaque dimanche ces jeunes enfants à l'église. Outre la messe à laquelle
ils sont tenus d'assister dès l'âge de sept ans, ils entendront
nos explications et répondront à nos interrogations. Car
c'est notre obligation de nous occuper de tous ceux qui
sont confiés à notre sollicitude pastorale. jeunes et vieux,
savants et ignorants. Nous nous devons à tous, et malheur
à nous si nous négligions ces petits qui croient en Notre
Seigneur Jésus-Christ ! ils forment même la partie privi-
légiée de notre troupeau.

(*) Si certains arrondissements de la paroisse ne possèdent pas encore d'écoles, à cause de leur pauvreté, de leur
éloignement, ou de quelque autre empêchement insurmon-
table, nous nous flattons de pouvoir y rencontrer des personnes suffisamment instruites, et animées d'une véritable
charité, qui veuillent bien réunir autour d'elles les enfants
de leur voisinage, et leur enseigner à lire et à réciter le
catéchisme. Rappelez-vous que les Souverains-Pontifes ont
attaché des indulgences à l'accomplissement de cette
œuvre de miséricorde spirituelle.

Quant à vous, pères et mères, n'oubliez pas que le meilleur moyen d'attirer vos enfants au catéchisme, c'est d'y
assister vous-mêmes. De cette façon, vous verrez de vos
propres yeux s'ils y sont assidus, comment ils écoutent et
répondent ; vous pourrez mieux les questionner de retour
à la maison. D'ailleurs nos instructions vous seront très
utiles pour vous affermir dans ce que vous avez appris
peut-être imparfaitement dans votre enfance : elles vous

---

(*) Ce paragraphe s'omet dans les paroisses qui ont des écoles en nombre suffisant.

mettront plus en état de remplir ce devoir impérieux d'enseigner la Religion à vos familles. Si nous avons la douleur de trouver certains parents qui s'en prétendent incapables, n'est-ce pas dû précisément à ce qu'ils ne viennent presque jamais au catéchisme ? Ils demeurent ainsi toute leur vie dans une ignorance gravement coupable des vérités les plus essentielles, qui les rend assurément indignes de recevoir l'absolution et la sainte communion.

Car, pour approcher des sacrements, tout chrétien doit bien savoir les principaux mystères, le Symbole des Apôtres, l'Oraison Dominicale, la Salutation Angélique, les Commandements de Dieu et de l'Église, les Sept Sacrements et les dispositions requises pour les recevoir, enfin les actes des vertus théologales. Or, c'est au catéchisme que l'on apprend ou que l'on revoit toutes ces choses ; il ne faut donc pas croire qu'il ne se fait que pour les enfants. Il serait à souhaiter au contraire que tous les fidèles le suivissent avec empressement, les jeunes gens aussi bien que les personnes plus âgées, comme c'est le cas dans certaines bonnes paroisses.

Mais il est aisé de comprendre que ceux qui sont à la tête d'une famille, sont tenus plus étroitement encore que les autres à connaître suffisamment ce que la Religion nous propose à croire et à pratiquer. Ne devraient-ils donc pas entendre tous les dimanches et jours de fêtes la sainte messe, autant que possible, non seulement pour assister au sacrifice adorable de nos autels et satisfaire par là à un précepte grave ; non seulement pour donner le bon exemple à leurs enfants et attirer les bénédictions célestes sur leurs travaux de la semaine : mais encore pour avoir l'avantage d'être présents aux prônes, sermons et autres instructions qui s'y donnent ?

C'est en les écoutant avec attention, respect, docilité, et un sincère désir d'en profiter que tous vous viendrez à

bien connaître et aimer notre Religion, à savoir pratiquer
vos devoirs détat, et que vous apprendrez ainsi à vous
sauver vous-mêmes, avec ceux dont vous pouvez être chargés.

*Ici le curé dira quels sont les enfants auxquels il fera lui-même*
*habituellement le catéchisme, et ceux qu'il mettra ordinairement*
*dans la sacristie ou une maison d'école voisine, sous les soins de*
*son vicaire, ou d'une autre personne de confiance.*

---

## CONFIRMATION.

*Le dimanche où le curé annoncera le catéchisme spécial pour*
*la confirmation, il dira :*

N.........prochain nous commencerons le catéchisme pré-
paratoire à la confirmation, que Monseigneur......... doit
venir donner dans cette paroisse (à sa prochaine visite pastorale.)

La confirmation est un sacrement institué par Notre
Seigneur Jésus-Christ, pour nous donner le Saint-Esprit
avec l'abondance de ses grâces et nous rendre parfaits chrétiens. Elle est ainsi appelée parce que celui qui la reçoit
avec les dispositions convenables est, à l'exemple des
apôtres, *revêtu de la force d'en haut* (S. Luc. XXIV. 49). Par
le baptême nous sommes initiés à la vie chrétienne, mais
semblables à des enfants, nous restons faibles et fragiles.
La confirmation nous transforme en des hommes robustes,
capables de confesser hautement le nom de Jésus-Christ et
de glorifier Dieu en dépit de tous les obstacles que peuvent
nous susciter les ennemis de notre salut.

Les paroles que l'Évêque prononce en donnant la confirmation, nous en font bien comprendre la nature. *Je vous*
*marque du signe de la croix, et je vous confirme par le chrême*

*du salut, au nom du Père, et du Fils et du Saint-Esprit.* Le signe de la croix imprimé sur le front, qui est la partie la plus noble, la plus expressive et la plus apparente de tout notre corps, indique que, par ce sacrement, nous devenons les soldats de Jésus crucifié, pour combattre, avec lui et comme lui, les ennemis de Dieu et de notre salut. L'onction du saint chrême exprime la douceur, la force et la grâce du sacrement. L'invocation des trois adorables personnes de la Sainte Trinité nous fait connaître la puissance divine, qui opère en nous ces grandes choses, et comprendre quel respect profond, quel ardent désir et quelle éminente sainteté nous devons apporter à la réception de ce grand sacrement.

La confirmation peut être conférée même aux enfants qui viennent d'être baptisés ; néanmoins la pratique ordinaire de l'Église est de la leur donner seulement dans un âge plus avancé, afin qu'en en connaissant mieux l'excellence et en s'y préparant avec plus de soin, ils en retirent plus de fruits. Voilà pourquoi les pasteurs des âmes sont tenus de faire tout en leur pouvoir pour bien instruire les personnes qui se disposent à la recevoir. Ces dispositions sont d'autant plus nécessaires que la confirmation imprime un caractère ineffaçable qui fait que ce sacrement, comme le baptême et l'ordre, ne peut être reçu qu'une fois dans la vie. Les parents doivent donc avoir grandement à cœur que leurs enfants connaissent aussi parfaitement que possible, l'excellence de ce sacrement et les dispositions nécessaires pour le recevoir avec fruit. Ils doivent tâcher de les en instruire eux-mêmes, ou de les en faire instruire ; mais surtout ils doivent les envoyer régulièrement aux catéchismes que nous ferons tous les..........à..........heures.

S'il y a dans cette paroisse quelques personnes avancées en âge qui n'aient pas encore été confirmées, nous les invitons à venir s'entendre avec nous sur les moyens à prendre pour les préparer à ce sacrement. Il n'est jamais trop tard pour recevoir une si grande grâce : mais aussi c'est être ennemi de soi-même que de s'en priver volontairement, car, à la grâce de ce Sacrement, reçue pendant la vie, correspond un degré spécial de gloire et de bonheur dans l'éternité.

Bien que la confirmation ne soit pas d'une nécessité absolue, personne ne doit s'en priver. C'est une chose si sainte et qui nous communique en si grande abondance les dons de Dieu, que nous devons faire tous nos efforts pour nous en rendre capables. Ce que Dieu a établi pour la sanctification de tous, tous aussi doivent le désirer avec ardeur et le recevoir avec empressement, afin de devenir de parfaits chrétiens et de correspondre aux desseins adorables de Notre Seigneur et aux désirs de notre mère la Sainte Église. (*)

---

## FÊTE PATRONALE DE LA PAROISSE OU DE LA MISSION.

(†) *Le dimanche avant la fête ou la solennité du Titulaire de la paroisse ou de la mission, le curé dira :*

Dimanche prochain, nous célèbrerons solennellement la fête (ou nous ferons la solennité de la fête) de N., titulaire de cette paroisse.

---

(*) MM. les curés feront bien de donner chaque année une instruction spéciale sur ce sacrement, soit à l'occasion de ce prône, soit à la Pentecôte Les fidèles confirmés dans leur jeunesse, perdent facilement de vue les grâces et les devoirs attachés à ce sacrement, qui ne se reçoit qu'une fois dans la vie. Les parents comprendront mieux leur obligation de veiller à ce que leurs enfants s'y préparent avec soin. Les enfants surtout ressentiront les salutaires influences de ces instructions du pasteur. (*Voir le chap. XVII du Catéchisme du Concile de Trente* sur la confirmation.)

(†) 1. Dans les paroisses qui ont pour patron ou titulaire, un mystère de Notre Seigneur, ou de la Sainte Vierge etc., le curé aura soin de faire à cette annonce les changements convenables. Si le patron ou titulaire est du nombre des fêtes pour les-

Appliquez-vous, Mes Frères, à honorer ce grand serviteur de Dieu (*ou* cette grande sainte), par votre piété et votre fidélité à remplir tous vos devoirs de chrétiens, et à imiter les vertus dont il (*ou* elle) vous a donné l'exemple. Vous savez qu'entre tous les Saints que nous honorons, il (*ou* elle) s'est rendu recommandable à Dieu et aux hommes par N. N. (*On peut exprimer ici quelques vertus du saint en particulier*). Réjouissez-vous de l'avoir pour protecteur (*ou* protectrice) auprès de Dieu, et témoignez-en votre joie par l'empressement que vous montrerez à assister, ce jour-là, aux offices du matin et du soir. Disposez-vous à approcher des sacrements dimanche prochain, afin de mériter la protection de votre saint patron (*ou* de votre sainte patronne), de célébrer dignement sa fête (et de gagner l'indulgence plénière accordée à cette occasion par le Pape Pie IX de sainte mémoire, aux conditions ordinaires de la confession, de la communion, de la visite de l'église paroissiale avec prières à l'intention du Souverain Pontife. Cette indulgence a lieu aussi pendant toute l'octave.)

---

quelles il y a une formule spéciale d'annonce dans cet appendice, il suffira d'y ajouter quelques mots pour rappeler aux fidèles que c'est la fête patronale.

2. Au jour de la solennité il convient que le sermon renferme l'éloge du patron ou l'exposition du mystère.

3. Dans les paroisses dont la fête patronale est précédée d'un jeûne, ce jeûne s'observe le même jour que dans le reste du diocèse.

4. Dans les diocèses, où il y a *indulgence plénière pendant toute l'octave de la fête*, ou *de la solennité* du patron de la paroisse, le curé annoncera que les conditions pour gagner la dite indulgence sont 1o la confession, 2o la communion, 3o une prière à l'intention du Souverain Pontife faite *dans l'église paroissiale*.

5. Comme, en vertu d'un décret général du 9 août 1872, les indulgences attachées à certaines fêtes sont transférées au jour où l'on en fait la solennité, l'octave, dont il est question ci-dessus, commence au jour de la solennité.

## LES QUARANTE HEURES. (*)

*Le dimanche avant l'ouverture des quarante heures dans la paroisse, le curé dira :*

N........prochain commencera dans cette église l'exposition solennelle du Saint Sacrement, dite *des quarante heures.*

Nous vous invitons, Nos Très Chers Frères, à venir témoigner à Notre Seigneur votre foi à sa parole divine et infaillible, votre reconnaissance pour ce bienfait inestimable de la Sainte Eucharistie et votre amour envers celui qui vous a témoigné un amour si tendre et si généreux.

N'épargnez rien pour orner le mieux possible l'autel et le chœur, l'église toute entière, où le Dieu de toute majesté daigne venir vous visiter. Mais surtout purifiez vos cœurs par une contrition et une confession sincères qui vous disposent à le recevoir dignement dans la sainte communion.

Que dans chaque famille tous ceux qui sont en état de se rendre à l'église se fassent un devoir de venir tour à tour lui offrir leurs hommages. Parents chrétiens, amenez avec vous tous vos enfants, afin que le regard du divin Sauveur se reposant sur eux, affermisse à jamais dans leurs tendres cœurs les leçons et les exemples de piété que vous devez leur donner. Venez tous, Nos Très Chers Frères, consoler ce cœur qui pour votre amour s'est exposé à tant d'outrages ; venez lui en faire amende honorable pour les réparer autant qu'il dépend de vous. Suspendez un instant vos occupations ordinaires pour venir vous donner à lui, recevoir sa bénédiction et goûter l'ineffable douceur de sa présence. Dans l'église gardez un profond silence afin de mieux entendre la voix divine qui parlera à votre cœur. Aux alentours de l'église évitez de faire du bruit, de peur de trou-

---

(*) A lire seulement dans les paroisses des diocèses où le mandement d'établissement de cette exposition ne doit pas être lu.

bler le recueillement de ceux qui sont agenouillés devant le Saint Sacrement.

Après ces jours de grâces et de bénédictions, gardez-en un souvenir reconnaissant que vous manifesterez par un redoublement de ferveur dans vos prières, de vigilance sur toute votre conduite et de fidélité dans l'accomplissement de tous vos devoirs.

Les offices du matin commenceront à.........heures. Nous ferons la prière du soir à.........heures, à la suite de laquelle il y aura amende honorable et consécration au Saint Sacrement.

Les indulgences accordées à l'occasion des quarante heures sont les suivantes :

1° Plénière, applicable aux défunts, aux conditions ordinaires de la confession, de la communion et d'une prière à l'intention du Pape, devant le Saint Sacrement exposé.

2° Dix ans et dix quarantaines pour chaque visite faite au Saint Sacrement exposé, avec le ferme propos de se confesser.

---

## LA FÊTE DES RELIQUES. (*)

*Le dimanche avant le jour choisi pour cette fête. le curé dira :*

N.........prochain nous ferons dans cette église la fête des saintes reliques qui y sont conservées.

En vertu de divers indults accordés pour cette province nous chanterons à .........heures ce jour-là une messe solennelle, qui sera suivie de la vénération des saintes reliques. Il y aura indulgence plénière pour toutes les personnes qui s'étant confessées et ayant communié prieront dans cette

---

(*) A lire seulement dans les paroisses où cette fête doit avoir lieu.

église suivant l'intention du Souverain Pontife et pour la
propagation de la foi. (*)

Suivant le Saint Concile de Trente (Sess. XXV.), nous
devons honorer les corps des martyrs et des autres saints
qui règnent avec Jésus-Christ, dont ils ont été les membres
vivants, qui ont été les temples du Saint-Esprit et qui un
jour doivent être ressuscités pour la gloire éternelle. Nous
honorons aussi les instruments de leur pénitence ou de
leur martyre qui nous rappellent leurs exemples, leurs
vertus, leurs mérites, leur mort glorieuse. Nous conser-
vons avec respect les objets qui ont été à leur usage, à
cause des souvenirs de piété qu'ils éveillent dans nos âmes.

*Nous sommes les enfants des saints,* disait Tobie à sa famille,
*et nous attendons cette vie que Dieu doit donner à ceux qui ne
manquent pas à la foi qu'ils lui doivent* (Tobie, II. 18.). Soyons
donc leurs imitateurs sur la terre et pour cela méditons
leurs exemples et leurs maximes. Pendant leur vie mortelle ils ont été exposés aux mêmes dangers et aux attaques
des mêmes ennemis ; nous avons les mêmes devoirs à remplir, le même évangile à suivre ; soyons pleins de courage,
car les victoires qu'ils ont remportées nous montrent ce
que peut la bonne volonté aidée de la grâce que nous a
méritée Notre Seigneur Jésus-Christ. Chacun d'eux nous
crie du haut du ciel, comme Saint Paul (I. Cor. XI. 1.) : *soyez
mes imitateurs comme je le suis de Jésus-Christ.*

C'est aussi, Nos Très Chers Frères, le but que se propose
la Sainte Église dans cette fête des reliques. Les solennités
en l'honneur des saints, disait Saint Augustin, sont des
exhortations à la sainteté, afin que nous nous empressions
d'imiter ceux dont nous faisons la fête. Celui qui ne veut
pas les imiter, continue ce grand docteur, ne pourra partager leur félicité.

_____

(*) Par un indult du 11 décembre 1881 accordé au diocèse de Québec, cette indulgence peut aussi se gagner pendant l'octave, mais une fois seulement par chaque
fidèle.

# LES ÉLECTIONS. (*)

(†) *Le dimanche avant les élections, le curé dira :*

Dans le cours de cette semaine vous allez être appelés, Mes Chers Frères, à élire un (*ou* plusieurs) membre pour représenter notre comté dans le parlement fédéral (*ou* dans la législature provinciale).

Souvenez-vous qu'un jour Dieu vous demandera un compte sévère de tout ce que vous aurez dit, fait, ou même pensé en temps d'élection, comme en tout autre temps de votre vie. Tout en portant aux questions politiques de votre patrie l'intérêt qu'elles méritent, tout en essayant d'apprécier à leur juste valeur les personnes, les actes et les choses, soyez toujours inquiets pour vous-mêmes, de peur que les affaires du temps qui passent avec la rapidité de l'éclair, ne vous fassent oublier l'unique chose nécessaire, c'est-à-dire, cette éternité qui ne passe point et qui est votre fin dernière.

N'oubliez point que ce qui est défendu en temps ordinaire, l'est également en temps d'élection, et même revêt un caractère spécial de gravité à raison des conséquences qui en résultent quelquefois, non seulement contre le prochain, mais aussi contre le pays tout entier.

Gardez-vous donc de vous parjurer.

Vous voulez avec raison que l'on respecte votre liberté ; respectez celle des autres, et abstenez-vous de toute menace et de tout acte de violence.

Toujours l'ivrognerie est un vice dégradant : mais en temps d'élection elle doit être évitée avec plus de soin,

(*) Pour les diocèses où il n'y a pas de mandement spécial à lire.

(†) Si l'évêque l'ordonne, ce prône sera lu (*mutatis mutandis*) dès qu'il est question d'élection dans le comté, et, de nouveau, le dimanche avant l'élection.

car elle est la cause de bien des désordres et rend incapable
d'exercer avec intelligence le noble et important droit de
suffrage.

Ne vendez pas votre voix ; ce serait vous dégrader et
vous rendre esclave.

Après avoir éclairé et formé votre conscience suivant les
vrais principes religieux et sociaux, donnez votre suffrage
suivant votre conscience, sous le regard de Dieu, au candi-
dat que vous avez raison de croire vraiment probe et capable de remplir son mandat, qui est de procurer le bien de
la religion et de l'état.

Ne recevez rien soit pour voter, soit pour vous abstenir
de voter.

Écoutez, avec l'attention que mérite l'importance de
l'affaire et avec la politesse et le calme que commande la
charité chrétienne, ceux qui viendront vous exposer leurs
principes. Tenez-vous en garde contre les faux principes
et les mauvais conseils que peuvent répandre certains
hommes dirigés par des vues perverses. Dans ce cas, la
meilleure manière de protester, est de vous éloigner de l'assemblée.

Observez fidèlement les lois faites pour assurer la liberté
et la pureté des élections : observez-les, non pas seulement
par la crainte des peines portées contre ceux qui les
enfreignent, mais par amour pour votre comté et pour votre
patrie, que ces lois protègent, et par respect pour l'autorité
d'où elles émanent.

Mais comme toute lumière vient de Dieu, ne manquez
pas, Mes Chers Frères, de prier et de faire prier vos familles,
afin que tous ceux qui prennent part à l'élection, candidats,
électeurs, officiers chargés d'y faire observer la loi, se conduisent de manière que leur conscience n'ait ensuite rien à
leur reprocher.

## APRÈS L'ÉLECTION.

Maintenant, Mes Chers Frères, que l'élection est finie, j'ai quelques avis importants à vous donner. Pendant l'excitation de la lutte il s'est probablement dit et fait bien des choses qui ont pu causer de la peine au prochain. Je vous invite tous, Mes Très Chers Frères, à vous pardonner mutuellement toutes ces offenses, aussi sincèrement que vous désirez obtenir de Dieu le pardon de vos péchés.

Évitez toute démonstration inspirée par l'orgueil ou par la vengeance.

L'humilité et la charité sont deux vertus essentielles à de vrais chrétiens et les deux partis doivent les pratiquer de leur mieux.

Oubliez maintenant, Mes Chers Frères, vos dissentiments et travaillez tous ensemble, avec une égale bonne volonté, au bien de votre paroisse, de votre comté, de votre pays. Ne laissez pas entrer ces divisions politiques dans vos affaires de fabrique et de municipalité, et encore moins dans vos relations de familles.

*Dieu est charité*, dit le Saint-Esprit, *et ceux qui demeurent dans la charité, demeurent dans la lumière : ils ont la vie en eux ; la charité est la plénitude de la loi, c'est pourquoi ceux qui n'ont pas la charité sont morts aux yeux de Dieu.*

4

## II. ANNONCES QUI ONT UNE DATE FIXE. (*)

## AVENT.

*Le dernier dimanche après la Pentecôte, le curé dira :*

Dimanche prochain. est le premier dimanche de l'Avent.

L'Avent représente le temps qui a précédé la venue de Jésus-Christ. et que les justes de l'Ancien Testament, les patriarches et les prophètes ont passé dans l'attente de ce divin Sauveur.

L'Église se prépare dans ce saint temps à célébrer la naissance temporelle du Fils de Dieu. Elle emprunte dans ses prières les paroles avec lesquelles les saints de l'Ancien Testament exprimaient les vœux et les désirs qu'ils formaient pour la venue du Messie. Elle veut que ses enfants profitent des grâces de son premier avènement, où il est venu dans la plénitude des temps comme Sauveur. afin de prévenir le dernier avènement, où il viendra comme un juge terrible, à la fin des siècles. Elle veut aussi que les Pasteurs, comme Jean-Baptiste, préparent les voies du Seigneur, en exhortant les peuples à lui consacrer leurs esprits et leurs cœurs, afin de se rendre dignes de participer aux grâces et aux bénédictions qu'il veut leur communiquer au jour de sa naissance.

---

(*) On a mis, parmi les annonces des fêtes et des solennités d'obligation. celles des solennités supprimées par le VIe Décret du 1er Concile Provincial : afin que, selon le vœu des Pères de ce Concile. les pasteurs puissent, pour l'édification des fidèles, continuer de leur annoncer ces fêtes. qu'ils ont célébrées jusqu'ici. avec tant de piété ; et dont le retour. lors même qu'elles ne seront plus solennisées, ne manquera jamais d'exciter dans leur cœur de vifs sentiments de dévotion envers des Saints qu'ils ont appris, dès leur enfance. à honorer et à invoquer avec tant de confiance et tant de fruits de salut. Ces fêtes sans solennité, sont désignées par le signe ✝.

L'Esprit de l'Église pendant l'Avent, paraît dans toutes ses pratiques et dans toutes ses cérémonies. Elle quitte les cantiques de joie, elle défend les noces, elle revêt ses ministres et couvre ses autels d'ornements de pénitence ; elle fait des prières particulières ; enfin elle nous prescrit d'observer l'abstinence et le jeûne à certains jours.

L'Église désire qu'à la fête de Noel, Jésus-Christ soit de nouveau formé en nous par la grâce d'une conversion parfaite, et par l'augmentation de la foi, de la charité et des autres vertus chrétiennes. Pour répondre aux désirs de cette bonne mère, et recevoir dignement Jésus-Christ, il faut nous disposer à célébrer cette grande fête par des sentiments de piété et de dévotion, par une grande vigilance sur nous-mêmes, par l'éloignement du monde et des compagnies profanes, par la prière et les exercices de pénitence. Enfin, pour trouver grâce devant Dieu pendant ces jours favorables, il faut vivre, comme dit Saint Paul, *avec tempérance, avec justice et avec piété*, dans l'attente de ce divin Sauveur, dont la possession doit faire la joie et le bonheur des fidèles en cette vie et en l'autre.

Nous vous exhortons à assister, tous les jours, à la sainte messe, autant que vos occupations pourront vous le permettre, et à lire quelques livres de piété propres à vous édifier et à vous préparer à cette grande solennité de la naissance de Jésus-Christ ; afin que vous soyez tous en état d'y faire une bonne confession et une sainte communion.

En vertu d'un indult du 7 juillet 1844, les jeûnes ci-devant fixés aux vigiles de St Jean-Baptiste, de St Laurent, de St Matthieu, de St Simon et St Jude, et de St André, ayant été transférés à l'avent, tous les mercredis et vendredis de ce saint temps sont pour nous des jours d'abstinence et de jeûne d'obligation. (*)

---

(*) Le cinquième concile de Québec, D. XIV, ordonne aux curés de prêcher contre le parjure *bis saltem in anno*. Plusieurs évêques ont ordonné de le faire en décembre et en juillet.

## ✠ SAINT FRANÇOIS-XAVIER.

*Le dimanche avant la fête de St François-Xavier, le curé dira :* (*)

N......... est le jour de la fête de St François-Xavier, second patron de ce pays.

Remerciez Dieu en ce jour de vous avoir donné pour protecteur un si grand saint. dont la vie et les actions admirables ont retracé, dans ces derniers siècles, le zèle, les travaux et les miracles des premiers apôtres.

Demandez aussi à Dieu, par son intercession, la grâce de demeurer constamment attachés à la foi catholique, et de vivre selon les maximes saintes qu'elle prescrit : vous souvenant que la foi sans les œuvres est morte et inutile.

Les associés de la Propagation de la Foi peuvent gagner, le jour de cette fête, ou l'un des jours durant l'octave, une indulgence plénière, pourvu que s'étant confessés et ayant communié, ils prient dans l'église paroissiale à l'intention du Souverain Pontife.

---

## IMMACULÉE CONCEPTION.

*Le dimanche avant l'Immaculée Conception, le curé dira :*

N.........prochain, nous célèbrerons la fête de l'Immaculée Conception de la Bienheureuse Vierge Marie.

Cette fête est un jour de joie pour nous, puisque c'est de cette vierge sans tache que naquit le soleil de justice Jésus-Christ, Notre Seigneur, qui, en dissipant nos ténèbres et nous délivrant de la mort, nous a donné le vie éternelle.

---

(*) Par *j'te*, on entend ici et ailleurs, en pareil cas, son jour propre, ou celui auquel elle est remise.

Vous devez aussi célébrer cette fête avec de dignes sentiments de piété, remerciant Dieu de ce que, après avoir été
conçus dans le péché, vous en avez été purifiés par les eaux
salutaires du baptême. Mais souvenez-vous d'imiter la
fidélité de la Ste Vierge à conserver la grâce dont Dieu l'a
enrichie avec tant d'abondance, dès l'instant de sa conception.

Cette fête est d'obligation.

---

## JEUNE DES QUATRE-TEMPS.

*Le troisième dimanche de l'Avent, le curé dira :*

Mercredi, vendredi et samedi est le jeûne des quatre-
temps, institué pour consacrer par la pénitence chacune
des quatre saisons de l'année, et rappeler au souvenir de
tous les chrétiens, qu'ils doivent passer leur vie dans les
exercices de la mortification

L'Église a établi le jeûne des quatre-temps : 1° pour
demander pardon à Dieu des péchés commis pendant la
dernière saison ; 2° pour le remercier des grâces qu'on y a
reçues ; 3° enfin pour lui demander sa bénédiction sur les
fruits de la terre, et les secours nécessaires pour faire un
saint usage de la saison qui commence.

C'est aussi le temps que l'Église a choisi pour faire l'ordi-
nation de ses ministres.   Priez avec elle Jésus-Christ qu'il
lui donne de saints prêtres, qui soient remplis de grâce et
de science, capables d'édifier par la pureté de leur conduite
et par la force de leur parole. (*)

---

(*) Lorsque Noël arrive le lundi, voir ce qu'il faut ajouter ici, pour annoncer le
jeûne de la vigile.

## LES ANTIENNES O.

*Le dimanche avant le 17 décembre, le curé dira :*

N...prochain, 17 décembre, l'Église commencera à réciter, dans l'office des vêpres, la première des sept antiennes solennelles au Messie, dites des O, et continuera d'en réciter une tous les jours, jusqu'à l'avant-veille de Noël.

L'Église, en proposant à notre piété, dans les derniers jours de l'Avent, ces antiennes qui commencent par une aspiration ou un signe de désir, a pour objet d'exciter dans nos cœurs un désir plus ardent de faire naître spirituellement Jésus-Christ en nous, et un plus grand empressement à nous rendre dignes de le recevoir.

Entrez dans l'esprit de l'Église ; soupirez de plus en plus avec elle, et demandez avec instance que Jésus-Christ vienne en vous, pour vous éclairer, vous instruire et vous sanctifier.

---

## ✠ SAINT THOMAS.

*Le dimanche avant cette fête, le curé dira :*

L'Église fera N.........la fête de Saint Thomas, apôtre.

Jésus-Christ, en permettant à Saint Thomas de voir et de toucher les cicatrices de ses plaies, pour le convaincre de la vérité de sa résurrection, a voulu fortifier notre foi, et nous engager à croire fermement les vérités qu'elle nous enseigne, car, nous dit S. Paul, *sans la foi il est impossible de plaire à Dieu.* (Héb. XI, 6.)

A l'exemple de ce Saint Apôtre, reconnaissons et adorons Jésus-Christ, " comme notre Seigneur et notre Dieu," afin de mériter le bonheur qu'il a promis à ceux qui auront cru sans avoir vu.

## NOEL.

*Lorsque la fête de Noël arrivera le lundi, le troisième dimanche de l'Avent, l'on annoncera le jeûne de la vigile de cette fête pour le samedi, 23 décembre, avec le jeûne des quatre-temps, en disant, après cette dernière annonce :*

" L'Église vous ordonne de jeûner aussi samedi prochain,
" 23 décembre, afin de vous préparer à la grande fête de
" Noël, que nous célèbrerons le lundi de la semaine sui-
" vante."

*Dans ce cas l'annonce de la fête de Noël se fera le quatrième dimanche de l'Avent, comme il est marqué ci-après.*

" Demain est le saint jour de Noël ; c'est en ce jour......
(*comme ci-après*).

*Le dimanche avant Noël, le curé dira :*

N.........pro-hain est le saint jour de Noël, et l'Eglise nous ordonne de jeûner N......pro-hain, afin de nous préparer à cette grande solennité.

C'est en ce jour que l'Église célèbre la naissance tempo-relle de Notre Seigneur Jésus-Christ, le Fils unique du Père, la seconde personne de la Sainte Trinité, le Verbe éternel qui, étant Dieu comme son Père, a voulu pour nous sauver, naître, homme comme nous, de la Bienheu-reuse Vierge Marie, dans la ville de Bethléem, comme Dieu l'avait souvent annoncé dans l'Ancien Testament par la bouche de ses prophètes.

Ce sera au milieu de cette nuit que l'Église nous dira :
" Voici l'époux qui vient : allez au-devant de lui." Venez tous à la célébration de ce divin mystère, pour y adorer avec les bergers le Verbe fait chair pour notre salut. A leur exemple, glorifiez le Seigneur et remerciez-le des grandes merveilles qu'il a opérées pour nous.

Prenez la résolution, pendant ce saint temps, d'imiter Jésus-Christ dans son enfance, et de profiter des exemples d'humilité, de mortification, de pauvreté et de charité qu'il nous donne dans sa crèche. Souvenez-vous qu'il est venu au monde pour détruire le péché dans nos cœurs et y régner par sa grâce.

Cette fête est d'obligation.

*Lorsque la fête de Noël arrivera un vendredi, le curé ajoutera :*

Comme, cette année, la fête de Noel se rencontre un vendredi, il vous sera permis de manger gras ce jour-là.

*S'il doit y avoir une messe de minuit ou de l'aurore, le curé l'annoncera, et donnera les avis qu'il jugera convenables, afin de prévenir les désordres qu'il aurait lieu d'appréhender. Il pourra, selon les circonstances, rappeler à ses paroissiens que l'évêque est disposé à supprimer cette messe, au moins pour quelques années, dans les paroisses où il serait informé qu'elle est l'occasion de quelque désordre.*

---

✠ ST ÉTIENNE (26 décembre).

*Le jour de Noël, le curé fera l'annonce suivante :*

Demain l'Église célèbrera la fête de Saint Étienne, l'un des sept diacres ordonnés par les apôtres, et le premier des martyrs, c'est-à-dire, de ceux qui, après l'Ascension de Jésus-Christ, ont répandu leur sang en témoignage de la vérité de sa résurrection et de la divinité de sa doctrine.

Demandons à Dieu la grâce de pratiquer les vertus de ce bienheureux lévite, et de rendre courageusement témoignage, comme lui, aux vérités de la foi, sans craindre ni le mépris ni les jugements des hommes.

Demandons aussi à Dieu pour ceux qui nous persécutent, cette charité ardente dont le cœur généreux de ce martyr fut embrasé.

✠ ST JEAN L'ÉVANGÉLISTE (27 *décembre*

*Le jour de Noël. (ou le 26, si c'est un dimanche), le curé fera
l'annonce suivante :*

N.........l'Église célébrera la fête de Saint Jean, apôtre et
évangéliste.

Ce saint a été le disciple que Jésus aimait par excellence,
et qui eut le bonheur de reposer sur sa poitrine en la dernière cène qu'il fit avec ses apôtres la veille de sa mort.
Lisez ses épîtres, vous y trouverez des leçons d'amour et
de charité, qui vous apprendront à vous aimer les uns les
autres pour Dieu et selon Dieu.

---

## CIRCONCISION.

*Le dimanche après Noël, (ou le jour de Noël, si le 1er janvier
arrive le dimanche), le curé dira :*

N.........prochain, le 1er janvier, l'Église célébrera la fête
de la Circoncision de Notre Seigneur.

C'est en ce jour que Notre Seigneur a reçu le nom de
*Jésus*, c'est-à-dire, *Sauveur*. Ce nom lui fut donné par un
ange, avant même qu'il fût conçu, pour marquer qu'il
devait sauver son peuple en le délivrant de ses péchés.

Cette fête étant le premier jour de la nouvelle année,
nous devons y faire trois choses : 1° remercier Dieu des
grâces qu'il nous a faites pendant l'année précédente ;
2° lui demander pardon de tous les péchés que nous y
avons commis, ainsi que ceux dont nous nous sommes rendus coupables dans tout le cours de notre vie ; 3° le prier
de nous accorder la grâce de bien employer tous les
moments de l'année que nous commencerons.

Mettez en ce jour votre confiance en Notre Seigneur
Jésus-Christ. Formez la résolution d'invoquer son saint
nom avec foi et amour, dans toutes vos actions, et de cir-
concire ou de retrancher en vous tout ce qui ne serait pas
pour sa gloire.

Cette fête est d'obligation.

---

## VISITE ANNUELLE DE LA PAROISSE. (*)

N........prochain, nous commencerons la visite annuelle
de la paroisse. C'est un devoir strict qui nous est imposé
par notre charge pastorale, et qui nous est rappelé par le
XVe décret de notre Second Concile Provincial. " Jésus-
" Christ, disent les Pères de ce Concile, ayant déclaré que
" le bon Pasteur connait ses brebis et les appelle par leur
" nom, il s'en suit qu'un curé doit connaitre les fidèles qui
" lui sont confiés. Il ne doit donc pas négliger cette cou-
" tume si salutaire de visiter, autant que possible, à des
" époques fixes, chacune des familles de sa paroisse."

Vous accueillerez, Nos Chers Frères, cette visite de votre
pasteur : 1° avec respect, puisque c'est le représentant de
Notre Seigneur qui va parcourir toute la paroisse, pénétrer
dans vos demeures, s'asseoir à votre foyer : 2° avec joie,
puisqu'il vient à vous, la charité et la paix sur les lèvres,
les mains remplies de bénédictions et de faveurs spirituelles.
Dans cette présence du pasteur, les pauvres puiseront du
soulagement : les affligés, de la consolation ; les malades et
les infirmes, de la patience et de la résignation : les justes,
du courage : les pécheurs, du repentir.

Parents, efforcez-vous d'être présents, afin de recevoir
vous-mêmes le ministre du Seigneur, qui vient vous visiter ;

---

(*) Voir plus loin, après le prône de la fête de Saint André, l'instruction aux
curés sur la manière de faire cette visite.

apprenez à vos enfants à l'accueillir avec bonheur et vénération ; préparez-les à bien répondre, si nous jugeons à propos de les interroger sur la religion.

Mettez-vous aussi en état de nous fournir les renseignements que nous vous demanderons sur l'*état des âmes* dans chacune de vos familles, comme le Rituel nous y oblige.

Nous profiterons de la même occasion pour recevoir votre offrande à l'Enfant Jésus ; présentez-la avec bonne volonté et générosité : ce divin Enfant vous en récompensera au centuple.

## ÉPIPHANIE.

*Le dimanche avant l'Épiphanie, le curé dira :*

N.........prochain, nous célèbrerons la fête de l'Épiphanie, appelée communément les *Rois*.

L'Église honore en ce jour et nous rappelle trois grands mystères, dans lesquels Jésus-Christ s'est fait connaître aux hommes et leur a manifesté sa gloire.

1° Elle nous rappelle comment les Mages furent instruits de la naissance de Jésus-Christ, et comment ce divin Sauveur fut adoré par eux à Bethléem, après les y avoir attirés par sa grâce et par une étoile miraculeuse.

2° Elle fait mémoire du jour auquel Jésus-Christ, l'agneau sans tache, fut baptisé par Saint Jean, dans le Jourdain, pour donner à l'eau la vertu de nous régénérer dans le sacrement du Baptême.

3° Elle fait mention du miracle par lequel Jésus-Christ changea l'eau en vin aux noces de Cana, auxquelles il voulut assister pour autoriser, honorer et sanctifier le mariage.

L'Église s'occupe davantage du premier de ces mystères, parce qu'il nous rappelle notre vocation au christianisme et à la connaissance du vrai Dieu. Elle regarde les Mages comme les prémices des païens ou gentils appelés et convertis à la foi, de qui nous descendons. Elle veut que nous remercions Dieu de ce qu'il a bien voulu nous appeler à la connaissance de Jésus-Christ, et nous faire passer des ténè-de l'infidélité à la lumière de son évangile. Elle veut aussi qu'à l'exemple des Mages, nous reconnaissions Jésus-Christ pour notre Dieu, pour notre Roi et pour notre Sauveur. Offrons-nous donc à lui et donnons-nous tout à lui : notre cœur, notre esprit, notre volonté, nos biens, notre santé. Présentons-lui des cœurs pleins d'amour et de ferveur, des esprits remplis de bonnes pensées et de saints désirs, et nos corps comme des hosties vivantes et agréables à ses yeux par les exercices d'une sincère pénitence. Fuyez donc, Mes Frères, les compagnies et les divertissements profanes, par lesquels un monde ennemi de Jésus-Christ et de son Église, a coutume de prévenir cette solennité. Occupez-vous de votre vocation à la foi : disposez-vous à renouveler les promesses de votre baptême et à célébrer ce jour comme celui auquel vous avez été faits chrétiens. Présentez à Jésus-Christ de l'or par vos aumônes, de l'encens par vos prières, et de la myrrhe par la mortification de vos sens et de vos passions.

Voilà comme l'Église souhaite que ses enfants se préparent à célébrer cette grande fête, qui est d'obligation.

---

## Iᵉʳ DIMANCHE APRÈS L'ÉPIPHANIE.

DÉCRET DU SAINT CONCILE DE TRENTE CONCERNANT LES MARIAGES
CLANDESTINS. (SESS. XXIV.)

*Les curés ou missionnaires doivent le lire tous les ans en ce jour, excepté dans les diocèses, paroisses ou missions où l'évêque l'a défendu. Si cette promulgation se fait contre cette défense, elle*

*n'a aucune valeur. Mais une fois faite avec cette permission elle*
*vaut pour toujours : néanmoins il a été jugé opportun de la*
*renouveler chaque année.*

*Décret du saint concile de Trente.*

Quoiqu'il ne faille pas douter que les mariages clandestins faits par le libre consentement des parties contractantes, ne soient de vrais et valides mariages, tant que
l'Église ne les a point rendus invalides, et que par conséquent il faille condamner, comme le saint concile les frappe
d'anathème, ceux qui nient que ces mariages soient vrais
et valides, et qui assurent faussement que les mariages
contractés par les enfants de famille sans le consentement
de leurs parents sont nuls, et que les pères et les mères ont
le pouvoir de les rendre ou valides ou nuls ; néanmoins la
sainte Église pour de très justes causes les a toujours détestés
et défendus. Mais le saint concile, s'apercevant que ces
défenses sont devenues inutiles par la désobéissance des
hommes, et considérant les péchés énormes que causent ces
mariages clandestins, surtout par rapport à ceux qui
demeurent en état de damnation, lorsque, ayant quitté la
première femme avec laquelle ils avaient contracté mariage
en secret, ils se marient publiquement avec une autre et
vivent avec elle en continuel adultère, – auquel désordre
l'Église, qui ne juge pas des choses cachées, ne peut ap.por-
ter de remède, si elle n'a recours à quelque moyen plus
efficace ;—le saint concile, conformément à celui de Latran,
célébré sous Innocent III, ordonne qu'à l'avenir, avant que
l'on contracte mariage, le propre curé des parties contractantes dénoncera publiquement dans l'église, à la grand'
messe, par trois jours de fête, les noms de ceux entre qui
doit être contracté le mariage ; et, les publications étant
faites, si l'on n'y forme aucun empêchement légitime, il
sera procédé à la célébration du mariage en face de l'Église,
où le curé, après avoir interrogé l'époux et l'épouse, et

avoir pris leur mutuel consentement, dira : " Je vous unis
" ensemble par le lien du mariage, au nom du Père, et du
" Fils et du Saint-Esprit ; " ou bien il se servira d'autres
paroles, suivant l'usage reçu en chaque pays .....

Quant à ceux qui entreprendraient de contracter mariage
autrement qu'en présence du curé, ou de quelque autre
prêtre avec la permission du curé ou de l'Ordinaire, et de la
présence de deux ou trois témoins ; le saint concile les
rend absolument inhabiles à contracter de la sorte, et
ordonne que les mariages ainsi contractés soient tenus pour
nuls et invalides, comme par le présent décret il les rend
nuls et invalides.

De plus, il veut et ordonne que le curé, ou autre prêtre,
qui aura été présent à un tel contrat avec un moindre nombre
de témoins qu'il n'est prescrit, et que les témoins qui
auront assisté sans curé ou autre prêtre, et aussi les parties
contractantes, soient punis sévèrement, à la discrétion de
l'Ordinaire.

Le même saint concile exhorte encore l'époux et l'épouse
à ne point demeurer ensemble dans une même maison avant
d'avoir reçu dans l'église la bénédiction du prêtre ; il veut
aussi et ordonne que la bénédiction soit donnée par le propre
curé, et que nul autre que le curé ou l'Ordinaire ne puisse
accorder à un autre prêtre la permission de donner cette
bénédiction, nonobstant tout privilège et toute coutume,
qu'on doit plutôt appeler un abus qu'un usage......

Enfin le saint concile exhorte ceux qui doivent se marier,
à se confesser avec soin et à recevoir avec dévotion le saint
sacrement de l'Eucharistie avant la célébration du mariage,
ou au moins trois jours avant sa consommation......

Et afin que personne n'ignore de si salutaires ordonnances, le saint concile enjoint à tous les Ordinaires d'avoir
soin de faire publier au plus tôt et expliquer ce décret au
peuple, dans chaque église paroissiale de leurs diocèses, et

de faire réitérer très souvent cette publication la première
année, et dans la suite comme ils le jugeront à propos. De
plus, il ordonne que ce décret commence d'avoir force dans
chaque paroisse après trente jours, à partir de celui où la
première publication y aura été faite.

(\*) Il est aussi de notre devoir, Nos Très Chers Frères, de
vous lire aujourd'hui le décret du Cinquième Concile de
Québec, contre ceux qui vont se marier devant un ministre
hérétique.

*Décret du Cinquième Concile de Québec :* " Des catholiques
" indignes de ce nom, osent quelquefois se présenter de-
" vant un ministre hérétique, en sa qualité de ministre de
" religion, pour contracter mariage ; c'est pourquoi nous
" avertissons tous les fidèles de cette Province que c'est une
" faute mortelle, un énorme scandale et une espèce d'apos-
" tasie, que de communiquer ainsi dans les choses divines
" avec les hérétiques, contre les lois de l'Église. En consé-
" quence, nous ordonnons à tous les curés de publier ce
" décret, en langue vulgaire, dans leur église paroissiale,
" deux fois par année, savoir à l'Épiphanie et au dimanche
" de la Quasimodo, et de l'expliquer, si cela paraît néces-
" saire."

Pour obéir à cet ordre du Concile, nous croyons devoir
vous rappeler, Nos Très Chers Frères, que Notre Seigneur
a élevé à la dignité de sacrement le mariage entre chrétiens.
Il y a sacrement toutes les fois que deux personnes bapti-
sées, catholiques ou non catholiques, contractent un mariage
contre la validité duquel il n'y a aucun empêchement canonique dirimant.

Il y a donc sacrilège lorsque ce sacrement est reçu sans
les dispositions nécessaires : par exemple, lorsque, malgré

(\*) Ce décret doit être publié aussi le jour de Quasimodo, après l'annonce de la
fête de la Sainte Famille.

la défense si formelle de l'Église, un catholique voulant
contracter un mariage mixte, va en quelque sorte renoncer
à sa foi, en reconnaissant le ministère d'un hérétique et en
lui demandant une bénédiction réprouvée par l'Église de
Jésus-Christ. Jamais elle ne permettra à un de ses enfants
d'aller contracter mariage devant un ministre hérétique en
tant que ministre de religion.

(*) Mais lorsque deux catholiques de cette paroisse vont
se présenter devant un ministre hérétique pour contracter
mariage, ce mariage est nul, et alors, au scandale et à l'apos-
tasie dont ils se rendent coupables, se joint le danger de
passer leur vie dans un état de concubinage et, par conséquent, de damnation.

---

## MARIAGES MIXTES.

L'Église a toujours défendu les mariages *mixtes*, c'est-à-
dire, entre catholiques et non catholiques, comme contraires
à la sainteté du sacrement et dangereux pour la foi de la
partie catholique et des enfants. Si parfois elle les tolère
pour des raisons très graves, elle met toujours à sa permission plusieurs conditions dont la première est que le
mariage soit contracté devant un prêtre catholique, et même
alors, elle défend qu'il soit célébré dans l'église, ou qu'on
y fasse aucune prière ou qu'on y donne aucune bénédiction, afin que tous comprennent combien ces mariages lui
déplaisent. Toujours aussi elle exige rigoureusement que
la partie non catholique promette sérieusement que tous
les enfants seront baptisés et élevés dans la religion catholique et que ni eux ni la partie catholique ne seront gênés
dans l'exercice de leur religion.

---

(*) Ce paragraphe doit être omis dans les paroisses et missions où le décret du
Concile de Trente n'est pas en vigueur. Dans le doute il faut consulter l'Évêque.

## S. NOM DE JÉSUS.

*Le premier dimanche après l'Épiphanie, (si le dimanche suivant n'est pas celui de la Septuagésime), ou le dimanche avant le jour où l'office du S. Nom de Jésus sera transféré, le curé dira :*

N........prochain, l'Église célébrera la fête du S. Nom de Jésus.

Le Nom de Jésus, que le Fils de Dieu reçut en sa Circoncision, et qui fut annoncé par un ange avant sa conception, signifie *Sauveur*. Ce nom lui fut donné parce qu'il devait sauver et délivrer son peuple.

L'Église occupée du mystère douloureux de sa Circoncision, le premier jour de l'an, a renvoyé la solennité de cette fête au second dimanche après l'Épiphanie.

Vous devez en ce jour renouveler vos sentiments de confiance en ce nom adorable, qui surpasse tous les autres noms. Prononcez-le avec la plus profonde vénération, puisque c'est à ce nom terrible et puissant que tout genou fléchit dans le ciel, sur la terre et dans les enfers. Prononcez-le aussi avec confiance, puisqu'il n'y a point d'autre nom sous le ciel par la vertu duquel nous puissions être sauvés. C'est ainsi que vous devez invoquer souvent ce nom sacré de Jésus pendant votre vie, si vous voulez le trouver doux et consolant à l'heure de votre mort.

1° *Dans les églises où l'Archiconfrérie du S. Cœur de Marie est établie, il y a indulgence plénière en faveur des associés le dimanche qui précède la Septuagésime. Cette indulgence doit donc être annoncée le second dimanche avant la Septuagésime. Les conditions sont la confession et la communion.*

2° *Le dimanche avant le 29 janvier, dans les paroisses où est établie l'œuvre de S. François de Sales, le curé annoncera l'indulgence accordée aux associés. Les conditions sont la confession et la communion.*

## SEPTUAGÉSIME.

*Le dimanche avant la Septuagésime, le curé dira :*

Dimanche prochain est celui que l'on appelle *Septuagésime*, à cause des soixante-dix jours qui se trouvent entre
ce dimanche et celui qui termine l'octave de Pâques.

L'Église prépare ses enfants à la pénitence par le retran-
chement des cantiques de joie, et par les ornements dont
elle couvre ses ministres et ses autels. Elle leur rappelle
dans ses offices l'histoire de la création et de la chute
d'Adam, afin de les engager à gémir sur l'état misérable
où ils sont tombés par son péché, et de les porter à s'éloigner
en ces jours de tout ce qui pourrait les rendre coupables
aux yeux de Dieu. Regardons-nous durant ces soixante-
dix jours comme captifs et enchaînés sous le poids de nos
péchés, dont Jésus-Christ doit nous délivrer par sa résurrection.

Les enfants de l'Église gémissent, pleurent et font de
dignes fruits de pénitence, pendant que les enfants du
siècle se livrent à des divertissements profanes. Priez,
veillez, fuyez le monde, de peur que vous ne vous laissiez
entraîner à une conduite si opposée à cet esprit de recueillement et de pénitence que l'Église nous recommande
dans ce saint temps.

---

## PURIFICATION.

*Le dimanche avant la solennité ou avant la fête de la Purifi-
cation, le curé dira :*

N........prochain, nous célébrerons la solennité (*ou si le
2 février tombe un dimanche avant la Septuagésime*, la fête) de
la Présentation de Jésus-Christ au temple, et aussi celle de
la Purification de la Sainte Vierge.

Marie, mère de Jésus, n'était point obligée à la loi de
Moïse qui ordonnait aux femmes de se purifier dans le
temple à un temps fixé, après leurs couches, et d'y présenter à Dieu leurs fils premiers-nés. Apprenons par ces exem-
·ples d'obéissance et d'humilité à nous soumettre à la loi de
Dieu, à remplir toute justice, et à pratiquer tout ce que
l'Église nous ordonne. Demandons à Dieu qu'il purifie en
nous toutes les souillures que nous avons contractées par
le péché dans le commerce du monde. Offrons-nous à Dieu,
afin de ne vivre que pour lui et selon lui.

*Si les fidèles désirent faire bénir des cierges et des chandelles
en ce jour, ils les garderont avec eux durant la bénédiction.
L'usage de les apporter à la sacristie, ou à la balustrade, est
sujet à bien des inconvénients.*

---

### ✠ SAINT MATHIAS.

*Le dimanche avant cette fête, le curé dira :*

N......... prochain est le jour où l'Église fait la fête de St
Mathias, apôtre.

Ce saint fut choisi et associé aux onze apôtres, pour exercer le ministère de l'apostolat à la place du traitre Judas,
qui en était déchu par son crime.

Demandons à Dieu la grâce de connaître l'état où il veut
que nous le servions, d'en remplir les devoirs avec fidélité,
et d'accomplir sa sainte volonté en toutes choses.

---

### QUINQUAGÉSIME.

*Dans les paroisses où l'exposition du Saint Sacrement, avec
les indulgences qui y sont attachées, est autorisée, pour les trois*

*jours qui précèdent le Mercredi des Cendres, le dimanche de la Sexagésime, le curé dira :*

Dimanche prochain et les deux jours suivants, il y aura, dans cette église ou dans l'église de... exposition du Saint Sacrement, avec indulgence plénière en faveur de toutes les personnes qui, s'étant confessées et ayant communié, l'un des jours susdits, visiteront cette église et y prieront selon l'intention du Souverain Pontife.

Vous êtes particulièrement invités, Mes Frères, à assister à ces exercices de piété pour vous préparer à la pénitence du Carème: venez gémir aux pieds des saints autels et implorer la divine miséricorde. tandis que les enfants du siècle se livrent aux excès de la sensualité et de la débauche. (*)

---

## MERCREDI DES CENDRES.

*Le dimanche de la Quinquagésime, le curé dira :*

L'Église nous ordonne de commencer mercredi prochain le saint temps du Carème. Ce jour est appelé *Mercredi des Cendres.* parce qu'on met des cendres bénites sur la tête des fidèles. L'Église a établi cette cérémonie par le mouvement du Saint-Esprit. pour inspirer à ceux sur la tête desquels elle les fait mettre, des sentiments d'humilité, de pénitence et de mortification. Elle a voulu, par là, conserver quelques vestiges de son ancien usage, et de sa discipline envers les grands pécheurs, à qui elle imposait une pénitence publique, depuis ce jour jusqu'au jeudi-saint, et qui, couverts de sacs et de cendres, restaient séparés de la communion des

---

(*) La veille du Mercredi des Cendres on annoncera l'ouverture des pâques, après l'angélus du soir, par la sonnerie solennelle de toutes les cloches pendant environ un quart d'heure.

fidèles, et n'assistaient aux offices divins que sous les portiques de l'église.

Les paroles que le prêtre prononce, en mettant les cendres sur la tête des chrétiens, *Memento, homo, quia pulvis es, et in pulverem reverteris :* " Souviens-toi, ô homme, que tu " n'es que poussière, et que tu retourneras en poussière, " doivent nous faire penser à l'arrêt de mort que Dieu a prononcé contre nous à cause du péché, et nous engager à nous y soumettre, et à nous préparer à son exécution par la pénitence : nous souvenant que la mort est certaine, et que le moment en est incertain.

Vous devez, Mes Frères, observer fidèlement le jeûne du Carême, que l'Église vous commande, pour vous disposer à retourner à Dieu et à trouver grâce auprès de lui, en faisant de dignes fruits de pénitence.

L'Église, par l'autorité qu'elle a reçue de Jésus-Christ, et selon la pratique qu'elle a toujours suivie depuis les apôtres, vous ordonne pendant ce saint temps de jeûner tous les jours, les dimanches exceptés, depuis le Mercredi des Cendres jusqu'à Pâques.

L'Église, en imposant cette loi générale du jeûne à ses enfants, en dispense cependant ceux d'entre eux qui n'ont pas encore atteint l'âge de vingt-et-un ans, ainsi que les nourrices, les femmes enceintes, les convalescents, les valétudinaires : — ceux à qui l'infirmité ou le grand âge, la caducité, la débilité, ou un travail rude et pénible ne permettent pas de le faire : — ceux encore qui sont obligés de faire de longs et pénibles voyages : — enfin ceux qui ne peuvent jeûner sans altérer notablement leur santé ou qui, en jeûnant, ne peuvent s'acquitter de leur emploi. Chacun est obligé de consulter son pasteur ou le directeur de sa conscience, de suivre ses conseils, et de n'user de dispenses ou permissions obtenues, que dans le cas d'une véritable

nécessité, prenant garde de se flatter soi-même ou d'écouter
sa sensualité.

Au reste, le jeûne peut être pratiqué en tout ou en partie
par ceux qui ont moins de vingt-et-un ans ou plus de
soixante, quand ils ont assez de force pour le faire ; la mortification chrétienne étant un devoir de religion qui oblige
à tout âge.

Voici ce que chacun doit savoir touchant le précepte du
jeûne :

Il est certain : 1° Que l'on commet un péché mortel,
lorsqu'on ne jeûne pas chacun des jours qui sont marqués
pour être des jours de jeûne, et qu'on réitère ce péché autant
de fois que l'on manque au jeûne, à moins qu'on n'en soit
excusé par une cause légitime, ou, dans le doute, jugée telle
par ceux qui sont chargés de la conduite des âmes ;
2° Que c'est violer la loi du jeûne que de faire de la collation un repas entier, c'est-à-dire, y prendre plus de huit
onces de nourriture, ou des aliments défendus les jours
d'abstinence ; 3° Que c'est une erreur de croire que tous
ceux qui travaillent ou qui voyagent sont exempts de jeûner : ces personnes doivent faire examiner et déterminer
par leurs curés ou leurs confesseurs, si leur travail ou leurs
voyages sont incompatibles avec le jeûne ; 4° Que c'est
une complaisance coupable de rompre le jeûne, pour plaire
à un ami qui nous invite, ou que nous invitons à manger
hors de l'heure du repas ; 5° Que c'est agir contre la fin du
jeûne et l'intention de l'Église que de s'abstenir seulement
des viandes, et de se laisser aller aux jeux, aux plaisirs et
aux divertissements du monde : de s'abandonner à la haine,
aux inimitiés, à l'impureté et aux autres excès criminels,
puisque la fin du jeûne est de nous humilier, de mortifier
nos passions, et de détruire en nous le péché ; 6° Que c'est
diminuer beaucoup le mérite du jeûne que de murmurer

et souffrir avec impatience les incommodités qui l'accompagnent.

Nous vous exhortons à joindre au jeûne des aumônes, des prières et des bonnes œuvres; et tout en affaiblissant le corps, à fortifier l'esprit par la parole de Dieu, que vous devez entendre souvent, et méditer avec soin.

Nous devons vous rappeler ici ce que le Pape Grégoire XVI, par un indult du 7 juillet 1844, a jugé à propos de régler, concernant l'abstinence et l'usage de la viande pendant le Carême.

Suivant la teneur de cet indult, on doit pendant ce saint temps, faire maigre: 1° Le mercredi des Cendres et les trois jours suivants : 2° Tous les mercredis, vendredis et samedis des cinq premières semaines; 3° Le dimanche des Rameaux et les six jours de la semaine sainte. Le même indult permet l'usage de la viande tous les autres dimanches du Carême, ainsi que les lundis, mardis et jeudis des cinq premières semaines ; mais dans ces derniers jours, ceux qui sont tenus au jeûne ne peuvent manger de la viande qu'à un seul repas. Durant le Carême, aux jours où le gras est permis, il est défendu de faire usage de poisson ou d'huitres et de viande au même repas.

D'après le même indult, il est aussi permis d'apprêter les mets avec de la graisse ou du saindoux, c'est-à-dire, de substituer la graisse ou le saindoux au beurre, ou à l'huile, dans la friture, la cuisson ou la préparation des aliments maigres. Cette permission est accordée pour tous les jours d'abstinence dans l'année, mais elle ne comporte pas celle de manger de la soupe grasse.

Vous pouvez aussi, sans manquer au jeûne, prendre le matin à peu près deux onces de pain, avec un peu de thé, de café, de chocolat ou autre breuvage.

La Sainte Église, en adoucissant ainsi la sévérité primitive de ses lois pour s'accomoder à la faiblesse et aux nécessités de ses enfants, n'entend pas néanmoins les exempter de l'obligation où ils sont *de se renoncer à eux-mêmes, de prendre leur croix et de marcher à la suite de Jésus-Christ : de crucifier la chair avec ses vices et ses désirs criminels, de mortifier leurs membres :* car, dit l'Apôtre Saint Paul, *si vous vivez selon la chair, vous mourrez ; mais si, par l'esprit, vous mortifiez les œuvres de la chair, vous vivrez.*

Si vous avez des enfants, des apprentis et des domestiques, vous êtes obligés, en conscience, de leur procurer la connaissance de Dieu, des mystères de la religion, et des maximes de l'évangile. Vous devez aussi leur faciliter le moyen d'accomplir la loi du Carême, selon leur âge et leur force, et les engager, par vos avis et votre exemple, à se préparer de bonne heure au devoir pascal. Ne différez point de vous confesser, mais faites-le plutôt dès le commencement du Carême, et avec tout le soin possible, afin que votre jeûne, étant fait en état de grâce, soit plus méritoire et plus agréable à Dieu.

Cet avis regarde principalement ceux qui sont en inimitié, dans quelques mauvaises habitudes, ou qui ont quelque tort ou dommage à réparer. Nous les exhortons à ne point différer leur confession à la dernière semaine de Pâques, afin que nous n'ayons pas la douleur de les renvoyer dans ce temps-là ; mais qu'au contraire nous ayons la consolation de les voir tous ressusciter en Jésus-Christ, après être morts au péché pendant ces jours de pénitence.

Le temps est favorable pour obtenir miséricorde de Dieu. Voici des jours de salut. Nous vous exhortons, Mes Frères, à ne point les passer inutilement, à ne pas recevoir en vain les grâces que Dieu vous offre, et à travailler sincèrement et courageusement à votre sanctification.

Autant que vos occupations vous le permettront, entendez tous les jours la sainte messe, que nous nous proposons de dire à ........ heures, pendant ce saint temps ; et assistez

aux prières publiques que nous ferons chaque semaine du
Carême, les N. et N. à.........heures. Pendant les trois
jours qui précèdent le Carême, faites des prières et d'autres
bonnes œuvres, pour obtenir de Dieu la grâce de bien
passer ce saint temps, qui sera pour plusieurs le dernier
Carême qui leur sera accordé.

Prenez garde de vous laisser entraîner à la malheureuse
coutume des enfants du siècle, qui passent ces jours-là
dans les divertissements, dans les excès et dans toute sorte
de dérèglements, en haine de la pénitence. Souvenez-vous
que, par votre baptême, vous avez renoncé à toutes les
pompes du démon, et que vous devez vous conduire comme
les enfants de Dieu et de l'Église, en tout temps et en tout
lieu, avec toute la retenue et la modestie des vrais chrétiens.

Mercredi, la cérémonie de la bénédiction des cendres commencera à......heures, et sera suivie de la messe (à laquelle
il y aura sermon). En vertu d'un indult pontifical Monseigneur autorise les fidèles de ce diocèse à faire leurs
pâques à commencer du jour des Cendres : mais le temps
des pâques finira à la *Quasimodo* suivant la loi générale de
l'Église.

Nous vous recommandons par-dessus toutes choses d'apporter les dispositions nécessaires pour faire saintement
votre communion pascale : vous souvenant pour cela que
le mot de *pâque* signifie *passage*, c'est-à-dire, que vous devez
passer de la mort du péché à la vie de la grâce, des ténèbres à la lumière, du vice à la vertu, et des désirs de la
terre aux désirs du ciel. Disposez-vous donc à approcher
dignement de la sainte Eucharistie, afin que vous puissiez
tous vous procurer ces avantages. Craignez par-dessus
toutes choses de la recevoir indignement ; car vous vous
donneriez la mort, vous mangeriez votre propre jugement

et vous boiriez votre propre condamnation, selon les paroles de l'apôtre Saint Paul.

Le nombre de ceux qui communient indignement est plus grand qu'on ne le croit. Il y a bien des chrétiens qui, dans ces jours de grâce et de salut, viennent à la sainte table pour trahir Jésus-Christ comme Judas, et pour le livrer ensuite au démon. Ce sont ceux qui ne veulent pas pardonner à leurs ennemis, et qui veulent toujours conserver dans le fond de leur cœur de la haine pour leurs frères : — ceux qui veulent toujours vivre dans l'impureté ou dans d'autres habitudes criminelles : — ceux qui retiennent le bien d'autrui ou conservent le désir de le prendre : — ceux qui n'ont pas une véritable douleur de leurs péchés ou une résolution sincère de s'en corriger, ou qui refusent d'en quitter ou d'en fuir les occasions prochaines : — ceux enfin qui cachent quelque péché mortel dans leur confession, ou qui ne veulent pas se préparer comme ils le doivent, pour s'en approcher dignement.

Examinez soigneusement vos consciences, prévenez les malheurs d'une communion indigne et préparez-vous à recevoir le corps et le sang de Jésus-Christ avec les dispositions requises.

Ceux chez qui il y a des personnes infirmes qui ne pourront pas venir se confesser à l'église, sont priés de nous prévenir de bonne heure.

*L'annonce qui précède pourra être répétée le dimanche suivant, s'il ne s'était trouvé que peu de monde à la messe du dimanche de la Quinquagésime.*

*Le curé pourra, s'il le juge à propos, annoncer à ses paroissiens l'heure à laquelle il sera prêt à entendre les confessions, chaque jour de la semaine, durant le Carême. Pour leur faciliter un moyen plus assuré de se confesser quand ils viendront à l'église, il pourra aussi leur marquer le jour où il entendra particulièrement ceux de telle concession ou de tel village qu'il désignera.*

*Si le curé doit faire le catéchisme de la première communion pendant le Carême, il indiquera les jours et l'heure auxquels il le fera.*

## NEUVAINE DE SAINT FRANÇOIS-XAVIER.

*Dans les paroisses où la neuvaine de Saint François-Xavier est autorisée, et a lieu dans la première semaine du Carême, le curé après avoir annoncé les prières qu'il doit faire chaque semaine, ajoutera :*

Cependant ces prières seront interrompues par les exercices de la neuvaine de Saint François-Xavier, qui commencera samedi prochain, pour finir le second dimanche du Carême. Chaque jour de la neuvaine il y aura indulgence plénière, pour les personnes qui, s'étant confessées et ayant communié, assisteront aux exercices de ce jour et prieront selon les intentions du Souverain Pontife et pour la propagation de la foi.

*Le curé fera connaître les différents exercices qui auront lieu chaque jour de la neuvaine, et désignera les heures auxquelles on les commencera.*

*Le second dimanche du Carême, le curé dira :*

Ce soir après le salut, nous chanterons le *Te Deum*, pour la clôture de la neuvaine de Saint François-Xavier.

## CARÊME.

### PRIÈRES DU CARÊME

*Nous recommandons très particulièrement à Messieurs les curés de faire publiquement la prière du soir, deux ou trois fois par semaine, pendant le Carême, et nous les exhortons à y joindre quelques instructions familières, sur le dogme et la morale.*

*A la suite de l'instruction et de la prière du soir ou du chapelet,
on donne la bénédiction du Saint Sacrement avec le ciboire (dans les
diocèses où l'évêque le permet), en la manière suivante :*

D'abord on allume au moins six cierges sur l'autel, où
l'on a placé d'avance une bourse avec un corporal, et une
étole blanche. Après quoi le prêtre monte à l'autel, prend
l'étole, déplie le corporal, ouvre la porte du tabernacle, fait
la génuflexion, et, sans sortir le ciboire, le place cependant
de manière à être aperçu couvert de son voile. Aussitôt
l'on chante le *Tantum ergo*.

Après le verset *Panem, etc.*, le prêtre chante l'oraison *Deus
qui nobis, etc.*, puis, ayant reçu le voile huméral, monte sur
le marche-pied, fait la génuflexion, tire le ciboire du tabernacle, le pose sur le corporal, prend de la main gauche,
couverte du voile, le ciboire au-dessous de la coupe et le
couvre de l'autre extrémité du voile. Il donne ensuite la
bénédiction, puis pose le ciboire sur le corporal, quitte le
voile huméral, fait la génuflexion, met le ciboire dans le
tabernacle, fait de nouveau la génuflexion et ferme le tabernacle.

Quand il a remis le corporal dans la bourse, il quitte
l'étole et revient au pied de l'autel. Là il se met à genoux
sur le dernier degré et récite à haute voix l'angélus. Le
samedi soir l'angélus se récite debout.

---

## PREMIER DIMANCHE DU CARÊME.

*Le premier dimanche du Carême, le curé dira :*

Mercredi, vendredi et samedi est le jeûne des quatre-
temps, etc, *page 53, ci-dessus.*

Il est de mon devoir aujourd'hui de vous faire la lecture
de la Lettre Pastorale de Monseigneur de St Vallier, second

évêque de Québec. qui doit être lue chaque année au prône,
suivant l'ordre qu'il en a donné ; ordre qui a été maintenu
par les évêques de cette province.

*JEAN, par la grâce de Dieu et du saint siège apostolique. évêque
de Québec,*

*À Nos Très Chers Frères en Notre-Seigneur, les curés, missionnaires
et autres prêtres séculiers et réguliers, que nous avons approuvés
pour confesser dans notre diocèse, Salut et Bénédiction en Notre-
Seigneur.*

La tiédeur des chrétiens de ces derniers siècles ayant
porté l'Église dans le IVe concile général de Latran, à
s'accommoder, comme une bonne mère. à l'état faible de
ses enfants, et de condescendre à l'usage qui s'était intro-
duit par leur indévotion, de ne communier plus qu'une fois
l'année dans la quinzaine de Pâques, au lieu de plusieurs
fois qu'ils y étaient obligés auparavant, nous avons cru,
pour nous acquitter de notre charge, être obligé de faire
observer exactement ce qu'elle a établi par le canon 21e,
*Omnis utriusque sexus.* de ce concile, l'an 1215, sous Innocent III, et depuis renouvelé dans celui de Trente : et de
faire remarquer à ceux qui sont tombés dans une si grande
insensibilité pour leur salut et dégoût des choses saintes,
qu'ils passent plusieurs années sans s'approcher des sacrements de la Pénitence et d'Eucharistie. qu'ils encourent toutes
les peines portées par ce saint décret. qui sont les plus
rigoureuses que l'Église puisse lancer contre ses enfants
rebelles.

À ces causes, nous vous ordonnons de publier au prône
de vos paroisses, le premier dimanche du Carême et celui
de la Passion, le dit canon *Omnis utriusque sexus,* et de l'expliquer au peuple en langue vulgaire. le plus intelligible-
ment qu'il vous sera possible, afin qu'aucun de vos paroissiens ne le puisse ignorer.. .............................

Voici comment le saint concile général de Latran IVe s'explique dans son décret sur la confession annuelle et la communion de Pâques.

" Que tout fidèle de l'un et de l'autre sexe, qui sera par-
" venu à l'âge de discrétion, confesse seul, fidèlement, tous
" ses péchés à *son propre prêtre*, au moins une fois l'an, et
" qu'il fasse son possible pour accomplir, selon ses forces,
" la pénitence qui lui aura été imposée. Qu'il reçoive aussi
" avec respect le saint sacrement de l'Eucharistie au moins
" à Pâques : à moins que, de l'avis de son propre prêtre, il
" ne croie devoir s'en abstenir pendant quelque temps, pour
" quelque cause juste et raisonnable. S'il vient à manquer
" à ces obligations, que l'entrée de l'église lui soit interdite
" pendant sa vie, et que, s'il meurt en cet état, il soit privé
" de la sépulture chrétienne. C'est pourquoi il est néces-
" saire que ce décret salutaire soit souvent publié dans les
" églises, afin que personne ne le puisse ignorer, et se servir
" de cette ignorance pour excuse."

Nous prenons ici occasion de déclarer que, par le nom de *propre prêtre*, employé par le décret ci-dessus, on doit entendre tout prêtre approuvé pour confesser dans les limites de sa juridiction.

*Le premier dimanche du Carême, le curé expliquera à ses parois-siens la loi de Dieu, et leur marquera les différents péchés que l'on peut commettre contre ses commandements et ceux de l'Église, ainsi que les péchés capitaux, selon le tableau suivant : afin de les prépa-rer à faire une bonne confession. S'il ne pourrait pas leur en donner l'explication entière ce premier dimanche, il pourra la continuer le second et le troisième dimanche.*

---

# TABLEAU DES PÉCHÉS

PÉCHÉS CONTRE LES COMMANDEMENTS DE DIEU.

## Ier Commandement.

Le premier commandement de Dieu s'enfreint de quatre manières : par les péchés, 1° contre la foi, 2° contre l'espérance, 3° contre la charité, 4° contre l'adoration de Dieu ou contre la religion.

### Péchés contre la Foi.

Ignorer, négliger d'apprendre les principaux mystères, l'oraison dominicale, la salutation angélique, le symbole des apôtres, les commandements de Dieu et de l'Église ; manquer à faire de temps en temps des actes de foi, d'espérance et de charité ; ne pas assister aux prières, sermons.

Douter des vérités de foi ; refuser d'en croire quelque article ; lire, prêter, vendre des livres hérétiques, impies, défendus ; avoir honte de paraître catholique, chrétien ; faire quelque acte d'infidélité, d'idolâtrie, d'impiété, d'hérésie ; en faire profession ouverte ; abjurer la foi.

### Péchés contre l'Espérance.

*Par excès.*—Présomption de ses forces : abuser de la pensée de la bonté de Dieu pour l'offenser ou pour différer sa conversion.

*Par défaut.*—Se désespérer : se défier de la miséricorde de Dieu.

6

### *Péchés contre la Charité.*

Haine de Dieu ; murmure contre sa justice ou sa providence ; lui préférer l'amour du monde, des créatures, de soi-même ; dégoût de son service ; ne pas prendre Dieu pour fin de ses actions ; respect humain.

### *Péchés contre la Religion.*

Irrévérences dans l'église ; être longtemps sans prier Dieu : oubli de sa présence ; abus de ses grâces ; profanation ou mépris des sacrements et des choses saintes ; sacrilèges : discours impies ; actions irréligieuses ; superstitions ; vaines observances : divination, horoscope ; vœux faits légèrement, ou point accomplis ; infidélité aux promesses du baptême.

### *Péchés contre le IIe commandement de Dieu.*

Serments faux, vains, téméraires, injustes ; blasphèmes ; malédictions, imprécations, juremens.

### *Péchés contre le IIIe commandement de Dieu et contre le Ier, et le IIe de l'Église. (Sanctification du Dimanche.)*

Travail servile, voyages sans nécessité ; fréquentation des cabarets, des bals et autres divertissements dangereux ou criminels, les dimanches et fêtes d'obligation. Ne point assister à la messe : n'en entendre qu'une partie : s'y livrer aux distractions, aux regards curieux, et y scandaliser.

### *Péchés contre le IVe commandement de Dieu.*

Refuser à ses pères, mères, tuteurs, maîtres, supérieurs ecclésiastiques ou civils, le respect, l'obéissance, la fidélité, l'amour, l'assistance : les blâmer : murmurer contre eux :

avoir pour eux de l'aversion, du mépris : ne pas instruire, ne pas édifier, ne pas reprendre, ne pas surveiller ses enfants, ses inférieurs, ses domestiques.

*Péchés contre le Ve commandement de Dieu.*

Offenser le prochain dans sa vie naturelle, civile ou spirituelle.

1° *Dans sa vie naturelle.*—Le maltraiter, le battre, le blesser, l'estropier, le mutiler, le tuer : le haïr, lui souhaiter du mal, la mort : interpréter en mal ses actions : lui attribuer de mauvaises intentions ; inimitiés, refus de pardonner, de se réconcilier ; vengeance, jugements téméraires, mépris, reproches, querelles, injures, affronts, outrages.

2° *Dans sa vie civile.*—Médisances, calomnies faites, écoutées, point réprimées ; railleries choquantes, rapports faux ou injurieux, libelles ou chansons diffamatoires.

3° *Dans sa vie spirituelle.*—Scandales, mauvais exemples, mauvais conseils, sollicitation au mal.

*Péchés contre le VIe et le IXe commandement de Dieu.*

Pensées, désirs, paroles, regards, actions contraires à la pureté ; modes indécentes ; chansons libres ; livres licencieux ; statues et tableaux déshonnêtes ; bains immodestes ; spectacles dangereux ; danses, comédies, assemblées nocturnes, tête-à-tête, veillées sans témoins ; défaut de vigilance des pères et mères sur ce point.

*Péchés contre le VIIe et le Xe commandement de Dieu.*

Vols, fraudes, injustices, tromperies en achetant ou en vendant, sur la qualité, la quantité ou le prix ; faux poids, fausses mesures, fausse monnaie ; dettes point payées ; dépôts, salaire des ouvriers ou des domestiques retenu ;

procès et frais injustes ; dommages causés par malice, négligence, conseil ; prêts usuraires ; choses trouvées, recelées ;
banqueroutes frauduleuses ; restitutions différées, insuffi-
santes  Dureté pour les pauvres ; aumône refusée ; convoi-
tise du bien d'autrui ; dépenses au delà de ses moyens.

### Péchés contre le VIIIe commandement de Dieu.

Faux témoignages : subornation des témoins ; falsifica-
tion des pièces, des titres ; mensonges nuisibles, joyeux,.
officieux ; équivoques ; déguisements.

---

#### PÉCHÉS CONTRE LES COMMANDEMENTS DE L'ÉGLISE.

Ne point écouter, mépriser l'Église, ses ministres ; ne
point révéler ce que l'on sait touchant les empêchements
de mariage, etc., ne point assister à la messe les dimanches
et fêtes ; confession annuelle, ou communion pascale omises
ou mal faites ; défaut d'examen, de sincérité, de contrition,
de ferme propos ; délai de conversion ; mauvaises habitudes ;
occasion prochaine de péché ; défaut de préparation à la
communion, d'actions de grâce ; jeûnes des quatre-temps,
des vigiles, du carême, point observés ; collation trop forte ;
abstinence enfreinte ; dîmes, suppléments, point ou mal
payés.

---

#### PÉCHÉS CAPITAUX.

### Orgueil.

Se complaire en soi-même ; se glorifier, se vanter de ses
vertus, de ses talents, de ses avantages, de ses biens ; ne les
point rapporter à Dieu ; présumer de sa capacité, de ses
forces ; vanité, ambition ; désir, recherche des honneurs,

des distinctions, des dignités ; faste, dépenses superflues ; fierté ; mépris du prochain, de ses égaux, des supérieurs ; amour propre, hypocrisie.

### Avarice.

Attachement aux biens terrestres : désir déréglé d'acquérir, et par toute sorte de voies ; épargne excessive ; simonie.— *Voyez le VIIe et le Xe commandement de Dieu.*

### Impureté.

*Voyez le VIe commandement de Dieu.*

### Envie.

Etre jaloux ; se réjouir des malheurs du prochain ; s'affliger de ses succès ; diminuer l'estime dont il jouit ; augmenter le mal qu'on en dit.

### Gourmandise.

Manger et boire avec sensualité, avec excès ; ivresse complète ou incomplète ; ivrognerie habituelle.

### Colère.

Impatience ; emportement : murmures ; dépit. — *Voyez le Ve commandement de Dieu.*

### Paresse.

Ignorance, oubli des devoirs de la religion, de son état et de sa charge ; négligence à s'acquitter de ses devoirs, ainsi que de ses affaires domestiques ; perte de temps ; vie molle et oisive ; dommage causé par la paresse, à sa famille, à ses maîtres ; enfouir ses talents.

## SAINT JOSEPH.

*Le dimanche avant la solennité ou avant la fête de Saint Joseph, le curé dira :*

N......... prochain, nous célèbrerons la solennité (*ou* la fête) de Saint Joseph, premier patron du Canada et Patron de l'Église Catholique.

Vous devez vous réjouir d'avoir auprès de Dieu un protecteur si puissant et si digne de votre confiance. Ce saint est l'époux de Marie et le père nourricier de Jésus-Christ. Il est ce serviteur sage et prudent que le Seigneur a établi sur sa famille pour lui distribuer la nourriture dans le temps. Il est cet homme admirable qui mérite nos louanges, ce gardien fidèle de l'enfance de son maître : en un mot, il est ce juste chéri de Dieu et des hommes, destiné à être sur la terre le coadjuteur du grand conseil et le coopérateur des desseins du Très-Haut. Tant de titres glorieux dont l'Église honore Saint Joseph doivent exciter en tous des sentiments de la dévotion la plus tendre envers lui. Priez-le d'employer sa puissante intercession auprès de Jésus-Christ, pour vous obtenir la grâce d'imiter son humilité, sa chasteté, sa confiance en Dieu et sa soumission aux ordres de sa providence. Travaillez surtout à acquérir cette justice que l'évangile attribue à ce grand saint, si vous voulez mourir comme lui dans l'amour et la grâce du Seigneur.

---

## ANNONCIATION.

*Le dimanche avant le 25 mars, (lorsque la fête de l'Annonciation n'est pas renvoyée à un autre jour), le curé dira :*

N....... prochain, 25 mars, l'Église célèbrera la fête de l'Incarnation du Fils de Dieu et de l'Annonciation que l'Ange fit de ce mystère à la glorieuse Vierge Marie.

# ANNONCIATION

*Le dimanche avant la solennité, le curé dira :*

Dimanche prochain, l'Eglise célèbrera la solennité de l'Incarnation du Fils de Dieu et de l'Annonciation que l'Ange fit de ce mystère à la glorieuse Vierge Marie. L'Eglise nous rappelle en cette solennité que le Verbe divin, la seconde personne de la Sainte-Trinité, s'est fait chair, en prenant dans le sein de la Bienheureuse Vierge Marie, par l'opération du Saint-Esprit, un corps et une âme semblables aux nôtres. Le Verbe s'est anéanti, c'est-à-dire, s'est humilié profondément en se faisant homme ; et s'étant fait homme, il obéit aux ordres de Dieu son Père. Apprenons à nous humilier et à obéir. Marie s'est reconnue pour l'humble servante du Seigneur : travaillons à imiter la modestie, la pureté et l'humilité dont cette vierge incomparable nous donne l'exemple dans ce mystère.

*Le dimanche avant le 25 mars, (lorsque la fête de l'Annonciation n'est pas renvoyée à un autre jour), le curé dira :*

N.........prochain, 25 mars, l'Eglise célèbrera la fête de l'Incarnation du Fils de Dieu et de l'Annonciation que l'Ange fit de ce mystère à la glorieuse Vierge Marie.

Cette fête n'est pas d'obligation, mais, par un indult du 28 janvier 1892, Notre Très Saint-Père le Pape maintient pour tous les fidèles de cette province l'obligation d'entendre la sainte messe ce jour-là. Une fois ce devoir accompli, il leur permet de s'adonner aux travaux ordinaires de leur profession, de leur métier ou de leur emploi. Ceux qui ne pourraient pas facilement entendre la sainte messe devront en demander dispense à leur confesseur ou à leur curé qui leur imposera, dans ce cas, une prière à réciter ou un exercice de piété quelconque à pratiquer.

Le jour de l'Annonciation et pendant l'octave les associés de la Propagation de la Foi pourront gagner une indulgence plénière aux conditions ordinaires.

C'est en ce jour que le Verbe divin, la seconde personne de la Sainte-Trinité, s'est fait chair, en prenant dans le sein de la Bienheureuse Vierge Marie, par l'opération du Saint-Esprit, un corps et une âme semblables aux nôtres. Le Verbe s'est anéanti, c'est-à-dire, s'est humilié profondément en se faisant homme ; et s'étant fait homme, il obéit aux ordres de Dieu son Père. Apprenons à nous humilier et à obéir. Marie s'est reconnue pour l'humble servante du Seigneur : travaillons à imiter la modestie, la pureté et l'humilité dont cette vierge incomparable nous donne l'exemple dans ce mystère.

Cette fête est d'obligation. (*)

*Le curé ajoutera :* (†)

Le jour de l'Annonciation on chantera les vêpres immédiatement après la grand'messe.

L'usage où est l'Église de chanter ce jour-là les vêpres à la suite de la grand'messe, est conforme à ce qui se pratique tous les jours de la semaine durant le Carême. Car ceux qui sont obligés à la récitation de l'office de l'Église doivent, dans ces jours, réciter les vêpres avant le repas du midi. L'Église l'a ainsi réglé pour se conformer, autant que possible, à ce qui s'observait autrefois dans le Carême, où le seul repas que l'on prenait était différé jusqu'après les vêpres, qui, dans les premiers siècles, ne se récitaient qu'au coucher du soleil.

Le jour de l'Annonciation et pendant l'octave les associés de la propagation de la foi, peuvent gagner une indulgence plénière aux conditions de la confession, de la communion et d'une prière dans l'église paroissiale aux intentions du Souverain Pontife.

---

(*) *Lorsque l'office de l'Annonciation est renvoyé à un autre jour, cette fête n'est plus d'obligation. Le curé dira alors :*

L'office de l'Annonciation, étant remis à.........., cette fête ne sera pas d'obligation cette année.

(†) *Ce qui suit doit s'omettre quand l'Annonciation n'est pas d'obligation.*

## DIMANCHE DE LA PASSION.

*Le dimanche de la Passion, le curé dira :*

L'Église a consacré le temps qui reste d'ici au saint jour de Pâques, à la mémoire et à la vénération particulière des souffrances et de la mort de Jésus-Christ. C'est pour cela qu'il s'appelle le temps de la Passion, et que l'Église se sert dans ses offices, de cantiques lugubres et voile ses croix et ses images.

Dimanche prochain, nous ferons la cérémonie de la bénédiction des rameaux immédiatement après l'aspersion de l'eau bénite.

Que chacun de vous ait soin de porter avec respect et dévotion le rameau qu'il veut faire bénir, de le tenir à la main pendant la bénédiction et la procession ainsi que pendant le chant (*ou* la lecture) de la passion. Cette pieuse cérémonie rappelle aux fidèles l'entrée triomphante de Jésus-Christ dans Jérusalem, lorsque le peuple vint au devant de lui, tenant à la main des rameaux, ou branches de palmier ou d'olivier, en signe de joie et d'honneur. Emportez-les dans vos maisons en souvenir de la passion de Notre Seigneur.

Rappelez-vous, Mes Frères, que la dispense de l'abstinence de viande accordée pour certains jours du carême, ne s'étend point au dimanche des rameaux ni à aucun des jours de la semaine sainte. Vous devrez donc observer strictement l'abstinence dimanche prochain et tous les jours de la semaine sainte.

Nous vous avertissons de nouveau aujourd'hui que tous les fidèles doivent se confesser au moins une fois l'an à leur curé ou à quelque prêtre approuvé, et communier dans leur

église paroissiale dans le temps d'pâques, suivant le canon
du IV<sup>e</sup> concile de Latran.

(*Le curé assis et couvert lira distinctement le canon de ce concile et donnera les explications requises ; voir ci-dessus page 80.*)

*Il ajoutera ensuite les avis donnés ci-dessus page 75 :* Nous
vous recommandons par-dessus toutes choses, etc... *jusqu'à
la fin.*

---

## DIMANCHE DES RAMEAUX

*Le dimanche des Rameaux, le curé dira :*

Nous sommes enfin arrivés, Mes Très Chers Frères, aux
jours de salut. Nous commençons aujourd'hui la semaine
sainte, que l'Église suivant les Pères, appelle la grande
semaine, la semaine pénible, à cause des mystères tristes
et douloureux que le Fils de Dieu a voulu y accomplir pour
notre rédemption. Ces différents noms donnés à cette
semaine doivent nous engager à prendre des sentiments
dignes de la grandeur des mystères qu'on y célèbre.

Jésus-Christ la commença par son entrée triomphante
dans Jérusalem : il la continua par l'institution du saint
sacrement de l'Eucharistie, dans lequel il donna son corps
pour nourriture et son sang pour breuvage à ses apôtres :
il la consomma en souffrant les supplices les plus cruels et
la mort la plus honteuse. Il voulut expirer sur une croix
pour satisfaire à la justice de son Père, et délivrer les
hommes de la puissance du démon, de la mort éternelle et
de l'enfer.

Ce sont là les grands mystères dont l'Église rappelle, tous
les ans, le souvenir aux fidèles par de saintes cérémonies,
qui doivent renouveler en eux des sentiments de piété, de
religion et de reconnaissance.

Afin d'entrer dans l'esprit de l'Eglise, vous devez, autant
que votre santé vous le permettra, augmenter vos mortifi-
cations et votre pénitence, ou du moins donner des marques
de votre zèle et de votre dévotion, en assistant avec assiduité aux offices de l'Église, pendant ces saints jours, particulièrement (mercredi), jeudi, vendredi, samedi et dimanche.

Vous emploierez le jeudi-saint à exciter en vous des
sentiments d'un véritable amour et d'une vive reconnaissance envers Jésus-Christ, pour le grand bienfait de
l'Eucharistie qu'il a institué ce jour-là, se donnant tout
entier à nous.

L'Église, pour se conformer aux sentiments de Jésus-
Christ, a cru devoir ne rien négliger pour disposer les
fidèles à recevoir dignement ce grand sacrement. C'est
dans cet esprit qu'autrefois elle donnait publiquement en
ce jour l'absolution aux pécheurs auxquels elle avait imposé
la pénitence publique le mercredi des Cendres, afin qu'ils
fussent en état de s'approcher du plus saint et du plus
auguste de tous les mystères. L'Église, par bonté et par
condescendance pour les pécheurs, s'est relâchée de sa première sévérité, et, si elle ne leur impose plus de pénitences
publiques, elle n'exige pas moins qu'ils se reconnaissent
coupables devant Dieu, et qu'ils se pénètrent des sentiments
d'une vive douleur de leurs péchés pour se disposer à s'approcher des sacrements de la Pénitence et d'Eucharistie, qu'ils
sont obligés de recevoir dans le temps de Pâques.

Entrez donc, Mes Frères, dans les vues de l'Église ;
détestez de tout votre cœur les péchés dont vous vous êtes
rendus coupables ; formez la résolution de vous en accuser
au plus tôt. Priez humblement le Seigneur de vous les
pardonner ; faites un ferme propos de ne plus les commettre
et demandez à Dieu qu'il vous en fasse la grâce. Unissez-
vous aussi, autant que vous le pourrez, aux sentiments
d'humilité, que Jésus-Christ a fait paraître ce même jour,

en lavant les pieds à ses apôtres, avant d'instituer l'auguste
sacrement de l'Eucharistie.

Le vendredi-saint, laissez-vous pénétrer d'une douleur et
d'une amertume profondes à la vue des souffrances que
Jésus-Christ notre Sauveur a endurées dans sa passion, et
du sacrifice douloureux qu'il a voulu consommer sur la
croix, en versant tout son sang pour notre salut.

Vous assisterez ce jour-là au sermon de la Passion et à
tout l'office divin. Vous adorerez Jésus-Christ en croix avec
des sentiments de componction, d'amour et de reconnaissance. Enfin, vous emploierez tout ce jour en de saints
exercices, dans le recueillement, la prière et les bonnes
œuvres et surtout celles de la charité.

Le vendredi-saint, pendant l'office du matin, il sera fait
une quête en cette église, en faveur des sanctuaires de
Jérusalem et de la Terre-Sainte. Saisissez avec joie, Mes
Chers Frères, cette occasion de témoigner par l'offrande
d'une obole, votre amour et votre reconnaissance à celui
qui a répandu tout son sang pour notre rédemption.

Le samedi-saint, vous honorerez la sépulture de Jésus-
Christ dans le tombeau. Ce mystère occupait autrefois si
saintement les premiers fidèles, que, s'oubliant eux-mêmes,
ils passaient le jour et la nuit en prières, sans prendre de
nourriture ni de repos ; parce qu'ils se souvenaient que,
par leur baptême, qu'on peut appeler le sacrement de la
mort et de la sépulture de Notre Seigneur Jésus-Christ, ils
avaient été comme ensevelis dans le tombeau avec ce divin
Sauveur, pour mourir au péché, et qu'ils en étaient sortis
vivants avec lui.

L'Église était autrefois dans l'usage de baptiser, le samedi-
saint, ceux qu'elle avait instruits et préparés pendant
l'année pour recevoir le baptême. Elle conserve encore
quelques restes de cette ancienne discipline dans la béné-

diction solennelle des fonts baptismaux qu'elle fait ce jour-là.

Assistez avec piété à cette sainte cérémonie, et renouvelez-y les promesses de votre baptême.

L'Église bénit aussi un feu nouveau, pour signifier la vie nouvelle que l'on reçoit par Jésus-Christ, et dont le cierge pascal, toujours ardent, représente la vie glorieuse.

Dimanche est le saint jour de Pâques, la première et la principale fête des chrétiens. C'est en ce jour que l'Église célèbre la glorieuse résurrection de Jésus-Christ, vainqueur de la mort et du péché ; c'est en ce jour qu'il a repris la vie qu'il avait donnée pour nous, et que réunissant son âme à son corps, il est sorti triomphant du tombeau. Préparez-vous à ressusciter avec lui et à reprendre une vie nouvelle.

Le temps de la communion pascale finira le dimanche de *Quasimodo*.

---

## PAQUES.

*Le jour de Pâques. le curé dira :*

L'Église célèbre en ce jour la résurrection de Jésus-Christ ; elle désire, et je souhaite comme elle, que vous soyez tous ressuscités avec lui. Cet Homme-Dieu qui a expiré sur une croix, dont le corps a été enseveli dans le tombeau, et que les saintes femmes n'ont cessé de pleurer pendant trois jours, est véritablement ressuscité.

Il a donné des témoignages irrécusables de sa puissance : il a rompu les liens de la mort, et s'est enfin ressuscité lui-même, après avoir détruit le péché, dépouillé l'enfer, confondu la synagogue et épouvanté les soldats qui gardaient son tombeau. Il n'est plus parmi les morts : il est vivant, mais d'une vie glorieuse qui ne finira jamais, et qui doit être pour nous une source de sainteté et le gage de notre résurrection. Car, comme Jésus-Christ est mort pour nous faire mourir au péché, il est aussi ressuscité pour nous faire vivre de sa vie glorieuse. C'est en ce jour que Jésus-Christ est ressuscité selon la chair, et c'est en ce même jour que vous devez être ressuscités selon l'esprit.

Tel est, Mes Frères, l'esprit de l'Église dans cette fête. Elle désire que nous ressuscitions tous en Jésus-Christ. Mais, quelle preuve pourriez-vous donner de votre résurrection spirituelle ? Quels sont les efforts que vous avez faits pour rompre les liens de vos mauvaises habitudes, pour vous éloigner des occasions qui vous engageaient dans le péché, et pour nous faire espérer raisonnablement que vous n'y retournerez plus ? Quel changement a-t-on remarqué en vous ?

Ne vous y trompez pas, Mes Frères, comme le font un grand nombre de chrétiens, qui s'imaginent être convertis et ressuscités, quoiqu'ils ne le soient pas en effet. Il y en a moins qu'on ne pense qui se convertissent sincèrement et qui ressuscitent spirituellement ; parce que peu de personnes travaillent efficacement à changer de vie, et que beaucoup n'en changent véritablement pas.

Pour être assurés de la vérité de votre résurrection spirituelle, il faut que la pâque ait été pour vous un passage, c'est-à-dire, que vous ayez passé de la mort du péché à la vie de la grâce, des ténèbres à la lumière, du vice à la vertu, de l'injustice à la justice, de l'impureté à la pureté, et des désirs de la terre aux désirs du ciel. Il faut que vous ayez renoncé à vos passions, à vos humeurs et à vos inclinations vicieuses, et que vous ayez conçu de l'horreur pour vos péchés ; il faut que vous vous soyez séparés de tout ce qui peut vous être une occasion de chute et de scandale.

Si tous ces changements se sont heureusement opérés en vous, Mes Très Chers Frères, demeurez stables, fermes et constants dans les résolutions que vous aurez prises en ces jours de grâces ; afin que le péché ne règne plus en vous, et qu'il y soit tout à fait détruit : afin qu'étant morts avec Jésus-Christ, vous ne viviez plus que pour lui, par lui et en lui : que vous ne cherchiez plus, que vous n'aimiez plus, que vous ne goûtiez plus que les choses du ciel, et que vous soyez entièrement détachés de celles de la terre. Voilà la fin de cette grande solennité et le fruit précieux que vous devez en tirer. C'est aussi ce qui doit continuellement vous occuper et ce que vous devez demander à Dieu, tous les jours de votre vie, le priant sans cesse de vous accorder la grâce d'une inviolable fidélité et de la persévérance finale.

L'Église continuera de nous occuper du grand mystère de la Résurrection de Jésus-Christ pendant toute cette semaine.

Le temps de la communion pascale se terminera dimanche prochain, qui est celui de *Quasimodo*.

Nous exhortons tous ceux qui n'ont point encore satisfait au devoir pascal, et nous leur enjoignons de la part de l'Église, de s'en acquitter pendant cette semaine, en donnant à cette sainte action toute l'attention et la préparation nécessaires.

---

## QUASIMODO.

*Le dimanche de Quasimodo, le curé dira :*

C'est aujourd'hui le dernier jour des pâques. Je vous avertis, de la part de l'Église, que s'il y avait quelqu'un qui n'eût pas encore accompli le précepte qu'elle fait à ses enfants de communier dans le temps pascal, il doit se rendre digne de le faire au plus tôt, par une bonne et sincère conversion. Prions pour ceux qui ne se sont pas

encore acquittés de ce devoir, et demandons à Dieu pour
ceux qui ont eu le bonheur de recevoir Jésus-Christ, qu'il
leur accorde la grâce de le conserver en eux par la sainteté
de leur conduite et de vivre dans l'innocence et la pureté,
comme des enfants nouveau-nés, maintenant qu'ils se sont
dépouillés du vieil homme et qu'ils se sont revêtus de
l'homme nouveau.

*Le dimanche de* Quasimodo, *le curé fera aussi l'annonce
suivante.*

## SAINTE FAMILLE.

Dimanche prochain, nous célèbrerons la fête de la Ste
Famille de Jésus, Marie et Joseph, qui est une fête particulière à cette province.

Offrez à Notre Seigneur, ce jour-là, vos personnes et vos
familles, mettez-les sous sa protection. Que les pères et
mères forment la résolution d'imiter, à l'égard de leurs
enfants, la tendre sollicitude et les soins vigilants de Marie
et de Joseph pour l'Enfant-Jésus. Que les enfants s'ap-
pliquent aussi à se montrer soumis et obéissants à leurs
parents, comme l'Enfant-Jésus l'était à Marie et à Joseph.

Demandez à Dieu, tous ensemble, que, par sa grâce, les
familles de cette paroisse soient des familles saintes :
qu'elles soient unies entre elles par le lien de la charité et
de la paix : que tous ceux qui les composent s'animent
mutuellement à la pratique de leurs devoirs et s'édifient
de même par leur pureté, par leur piété et par leur fidélité
à remplir toute justice. (*)

(*) Aujourd'hui le curé doit publier de nouveau le décret du cinquième concile de
Québec, contre ceux qui vont se marier devant un ministre hérétique, ci-dessus,
page 63.

## PATRONAGE DE SAINT JOSEPH.

*Le second dimanche après Pâques, le curé fera l'annonce suivante. Mais si cette fête est transférée, il la fera le dimanche avant le jour auquel l'office est renvoyé.*

Dimanche (*ou* N.........) prochain, nous célèbrerons la fête du Patronage de St Joseph, époux de Marie. Ce grand saint étant le premier patron du Canada et le Patron de l'Église Catholique, cette fête doit intéresser particulièrement notre piété. Demandons à Dieu, en ce jour, de nous rendre les imitateurs des vertus éminentes que St Joseph a pratiquées. A son exemple, soyons humbles, chastes et soumis aux ordres du Seigneur. Vivons, comme lui, dans cette justice que l'évangile lui attribue, afin de mourir, aussi comme lui, de la mort des saints.

A son exemple soyons pleins d'amour, de respect et de dévouement pour la sainte Église ; sachons, s'il le faut, souffrir pour cette divine mère à qui nous devons le don précieux de la foi. Il a eu le bonheur insigne de sauver la vie au Fils de Dieu lui-même, en le dérobant aux persécutions du cruel Hérode : aujourd'hui Jésus-Christ est persécuté dans son Église, qui est son corps mystique ; *allons avec confiance à Joseph*, afin qu'il nous protège par sa puissante intercession, car ce n'est pas en vain qu'il a été nommé le Patron de l'Église Catholique.

St Joseph est aussi appelé le patron de la bonne mort, parce qu'il a eu le bonheur insigne de mourir entre les bras de Jésus et de Marie. Imitons ses vertus et invoquons-le souvent pendant notre vie, si nous voulons, à ce moment suprême, qui décidera de notre éternité, pouvoir recourir à lui avec confiance et ressentir les effets admirables de sa puissante intercession.

## SAINT MARC.

*Le dimanche avant le 25 avril. ou avant le jour où la procession doit avoir lieu. le curé dira :*

L'Église sera en prière N......... prochain. Nous ferons à ........ heures une procession solennelle pour demander à Dieu sa bénédiction sur les biens de la terre. Nous lui demanderons aussi qu'il conserve en nous la grâce de la résurrection spirituelle, qu'il nous préserve de tout péché et qu'il éloigne de nous. dans sa bonté, tous les châtiments que nous méritons pour nos crimes.

Nous chanterons la messe au retour de la procession. Assistez à ces prières publiques avec piété, silence et recueillement.

(*) Après la messe, suivant le pieux usage de cette paroisse, nous bénirons les grains de semence que vous apporterez avec vous en venant assister à la messe des rogations. C'est Dieu, dit Saint Paul, qui donne la bénédiction à nos travaux et l'accroissement aux grains semés dans nos champs. C'est lui aussi qui peut préserver les récoltes de tous les accidents auxquels elles sont exposées. Venons avec foi et confiance implorer cette bénédiction et cette protection, pour lesquelles nous devrons plus tard lui témoigner notre reconnaissance.

---

(*) *A lire seulement dans les paroisses où c'est l'usage ou l'ordre de l'évêque. L'usage de ces paroisses est que les cultivateurs apportent à l'Église une petite quantité de grain à bénir, qu'ils mêlent ensuite à celui qu'ils sèment. Cette bénédiction se trouve dans le rituel à l'usage de la province de Québec, p. 459. Édition de 1870.*

---

7

## LE MOIS DE MARIE.

*Le dernier dimanche d'avril, le curé dira :*

N.........prochain, à.........heures, commenceront en cette église (*ou* dans l'église de...) les exercices publics du mois de Marie.

En tout temps de l'année sans doute Marie est le digne objet de notre amour filial et de notre confiance entière ; mais la piété des fidèles répandus dans le monde entier a voulu lui consacrer ce mois d'une manière spéciale. Mère de Jésus notre Sauveur, elle possède la plénitude de la vie qu'elle nous communique parce que nous sommes les frères de Jésus. Médiatrice toute-puissante auprès de son divin fils, elle est la dispensatrice des grâces qu'il nous a méritées. Cause de notre joie, elle est la consolatrice des affligés. Secours des chrétiens, elle est la mère de miséricorde et le refuge des pécheurs. En elle donc se réunissent tous les titres les plus incontestables à notre piété filiale, à notre confiance et à notre reconnaissance. Chaque jour de ce mois béni, efforçons-nous de lui témoigner ces sentiments par quelque exercice spécial de piété en son honneur : ajoutons-y une plus grande vigilance sur notre cœur et surtout un désir ardent d'imiter et de pratiquer les vertus dont elle a été un si parfait modèle. Prions pour nous-mêmes, pour ceux qui nous sont chers ; prions aussi pour la Sainte Église.

Les Souverains Pontifes ont accordé 300 jours d'indulgence chaque jour du mois, aux personnes qui font en public ou en particulier un exercice en l'honneur de la Sainte Vierge. De plus on peut gagner une indulgence plénière au jour que l'on choisira, aux conditions ordinaires de la confession, de la communion et d'une prière aux intentions du Souverain Pontife. Toutes ces indulgences sont applicables aux âmes du purgatoire.

## ✠ SAINT PHILIPPE ET SAINT JACQUES.

*Le dimanche avant la fête de Saint Philippe et Saint Jacques,
le curé dira :*

N........prochain, est la fête, (*ou* nous célébrerons la fête)
de Saint Philippe et Saint Jacques, apôtres.

Vous demanderez à Dieu en ce jour, par l'intercession de
ces saints apôtres, la grâce d'imiter leurs vertus, et surtout
de mettre en pratique les instructions que Saint Jacques
nous donne dans son épître canonique. Vous lirez cette
épître, Mes Frères, avec attention, respect et recueillement,
et vous graverez dans votre mémoire, pour vous les rappeler chaque jour, ces paroles remarquables : " La langue est
" un monde d'iniquité, un feu dévorant ; la religion de
" celui qui ne sait pas mettre un frein à sa langue est vaine
" et infructueuse ; la religion pure et sans tache aux yeux
" de Dieu, consiste à visiter les orphelins et les veuves dans
" leurs afflictions, et à se conserver exempt de la corruption
" de ce monde."

Réglez votre conduite sur les instructions que nous donne
cet apôtre, si vous voulez conserver en vous la grâce de la
résurrection et les fruits des grands mystères que nous
avons célébrés.

N......... prochain, 3 mai, et pendant l'octave il y aura
indulgence plénière pour les associés de la propagation de
la foi, aux conditions ordinaires de la confession, de la
communion et d'une prière dans l'église paroissiale selon
les intentions du Souverain Pontife.

## ROGATIONS ET ASCENSION.

*Le cinquième dimanche après Pâques, le curé dira :*

Demain, mardi et mercredi sont les jours des Rogations. L'Église y fera des prières publiques et des processions solennelles pour demander à Dieu la conservation des biens de la terre, et tous les secours qui nous sont nécessaires pour le temps et pour l'éternité.

L'office de ces trois jours commencera à.........heures. (*) Assistez-y avec piété et recueillement, soit en chantant, avec le chœur, les litanies des Saints ; soit en les récitant en votre particulier, avec les sept psaumes de la pénitence et les oraisons qui les suivent ; soit en faisant d'autres prières, selon votre dévotion.

En vertu d'un indult particulier, vous êtes dispensés de faire maigre les trois jours des Rogations.

Jeudi est la grande fête de l'ASCENSION. C'est en ce jour que Notre Seigneur Jésus-Christ, ressuscité d'entre les morts, monta au ciel en présence de ses apôtres, après leur avoir apparu plusieurs fois, durant l'espace de quarante jours, pour les convaincre de la vérité de sa résurrection, et pour achever de les instruire et de les former à la prédication de l'évangile qu'il leur avait commandé d'annoncer par tout le monde.

Jésus-Christ est monté au ciel, 1° Pour y être notre avocat et notre médiateur auprès de Dieu son Père ; 2° Pour lui offrir continuellement ses souffrances, ses prières et ses mérites pour nous ; 3° Pour nous y préparer une

---

(*) Dans les paroisses où la procession doit aller dans une église autre que la paroissiale, le curé ajoutera ici :

Nous irons processionnellement, demain, de cette église à celle de......... ; mardi à celle de......... et mercredi à celle de......... où nous chanterons la messe. Assistez-y, etc., *comme ci-dessus.*

place. Mais nous ne participerons point à sa gloire, si nous ne consentons à prendre part à ses souffrances. Ce divin Sauveur n'est entré dans sa gloire qu'après avoir souffert ; il veut que nous y entrions à sa suite en passant par les tribulations ; c'est une nécessité : personne n'en est exempt. Il faut participer à la croix de Jésus-Christ pour être participant de son bonheur.

Cette fête est d'obligation.

———

## PENTECOTE.

*Le dimanche après l'Ascension, le curé dira :*

Dimanche prochain, l'Église célèbrera la grande fête de la Pentecôte.

C'est en ce jour que le St-Esprit, la troisième personne de la Ste Trinité, descendit d'une manière éclatante, sous la forme visible de langues de feu, sur les apôtres et sur les disciples assemblés dans le cénacle. C'est en ce jour que l'Église a été formée, et que les apôtres, remplis de la vertu puissante de l'Esprit Saint, ont commencé à annoncer Jésus-Christ ressuscité et à prêcher les vérités de l'évangile. L'Église a consacré ce dimanche à adorer le St-Esprit, à reconnaître et à célébrer les effets merveilleux qu'il opéra dans les apôtres, et à demander l'effusion de ses grâces dans les âmes des fidèles.

A l'imitation de la Ste Vierge et des apôtres, préparons-nous, pendant cette semaine, à recevoir le St-Esprit, par l'éloignement du monde et des compagnies, par le silence et l'humilité, par des prières et des bonnes œuvres, par des vœux, des désirs ardents, et surtout par une bonne et sincère confession. Reconnaissons que, sans le secours du St-Esprit, nous ne pouvons rien faire de bon pour notre

salut, et qu'avec lui nous pouvons tout.  Demandons-lui
avec instance de venir demeurer en nous.  Si nous avons
le bonheur de le recevoir, travaillons à le conserver avec
soin.  Rendons-nous fidèles à suivre ses saintes inspirations,
et prenons garde de rien faire qui puisse le contrister et
l'éteindre en nous.

Samedi prochain, veille de la Pentecôte, est un jour de
jeûne d'obligation.

Nous ferons ce jour-là la bénédiction solennelle des fonts
baptismaux.

Tâchez d'asister à cette sainte cérémonie.  Renouvelez-y
les promesses de votre baptême ; humiliez-vous d'y avoir
été infidèles, et demandez à Dieu qu'il vous purifie de tout
péché ; afin que vous puissiez, le lendemain, recevoir le
St-Esprit avec les dispositions convenables.

L'office de la veille de la Pentecôte commencera à.........
heures.

*Dans les paroisses où l'Ordinaire a fixé la quête pour les
écoles des enfants sauvages au jour de la Pentecôte, le curé
ajoutera ce qui suit :* (*)

Dimanche prochain on fera en cette église une quête en
faveur des enfants sauvages du Canada.  Cette aumône a
pour but d'instruire et d'élever ces pauvres enfants de
manière qu'ils ne soient pas exposés à mourir de misère et
qu'ils puissent devenir de bons chrétiens et des citoyens
utiles.  C'est une œuvre à la fois patriotique, civilisatrice
et chrétienne, à laquelle chacun est invité à contribuer
selon ses moyens, au nom de Notre Seigneur qui a promis
de regarder comme fait à lui-même et de récompenser ce
qui aura été fait de bien au plus petit d'entre ceux qui

---

(*) Si l'Ordinaire a fixé un autre jour pour cette quête, cette annonce se fera le
dimanche qui précèdera le jour fixé.

croient en lui. Par un indult du 8 avril 1883, Notre
Saint-Père le Pape accorde à perpétuité une indulgence
plénière applicable aux âmes du purgatoire, aux personnes
qui s'étant confessées et ayant communié le jour de cette
quête, donneront une aumône pour cette fin et prieront
pour la propagation de la foi et selon les intentions du
Souverain Pontife, dans l'église où elle se fait.

## LE JOUR DE LA PENTECOTE.

*Le jour de la Pentecôte, le curé dira :*

Je souhaite qu'en ce jour, on puisse dire de tous ceux
qui composent cette paroisse, comme autrefois des apôtres :
*Repleti sunt omnes Spiritu Sancto ;* " Ils ont tous été remplis
du Saint-Esprit. "

Dégagez vos cœurs, Mes Frères, de l'esprit du monde,
pour mériter d'y recevoir et d'y conserver le Saint-Esprit
avec tous ses dons et ses fruits. Exposez avec humilité et
confiance, tous vos besoins à ce divin consolateur, afin que
vous puissiez ressentir les effets de sa demeure en vos
âmes, et goûter les délices qui se trouvent dans le service
de Dieu, au milieu même des croix et des adversités insé-
parables de cette vie.

Demandez-lui, avec l'Église, ses sept dons, qui sont ceux
de sagesse, d'intelligence, de science, de conseil, de piété,
de force et de crainte de Dieu. Demandez surtout le don
de piété, pour aimer Dieu avec tendresse, et le servir avec
zèle ; le don de force pour résister au démon, au monde et
à la chair ; et le don de la crainte de Dieu, pour vivre
toujours dans une sainte frayeur de l'offenser et de lui
déplaire.

Mercredi, vendredi et samedi est le jeûne des **Quatre-temps**, etc., *ci-dessus, page* 53.

Dimanche prochain est le jour consacré à la SAINTE-TRINITÉ.

Quoique l'Église soit toujours occupée de la Sainte-Trinité, et qu'elle adore continuellement un Dieu en trois personnes, elle a cependant consacré ce jour particulier à célébrer cet auguste mystère, afin d'amener ses enfants à en faire chaque année une profession de foi publique et solennelle.

Ce sera dimanche que, tous ensemble, nous ferons cette profession ; que nous reconnaîtrons que nous avons été baptisés au nom du Père, et du Fils, et du St-Esprit, et que nous renouvellerons les promesses que nous avons faites à Dieu dans notre baptême. Disposez-vous pendant cette semaine à bien faire ce renouvellement.

---

### SAINTE TRINITÉ.

*Le dimanche de la Sainte Trinité, le curé dira :*

L'Église célèbre aujourd'hui, Mes Frères, le mystère de la Très Sainte Trinité, un seul Dieu en trois personnes distinctes, le Père, le Fils, et le St-Esprit : mystère qui doit faire l'objet continuel de nos adorations sur la terre et dans le ciel.

Quoique l'Église célèbre ce mystère ineffable tous les dimanches, et tous les jours de l'année, puisqu'ils sont tous consacrés à adorer. à louer et à bénir un Dieu en trois personnes, elle en fait une fête particulière en ce jour.

Soumettons notre raison à tout ce que l'Église nous propose d'en croire. Faisons une profession publique de notre foi dans ce grand mystère. Renouvelons les promesses de notre baptême, et remercions Dieu de nous avoir faits chrétiens et catholiques.

A ces fins, que chacun de vous répète, en son particulier, ce que je vais prononcer au nom de tous.

*Le clergé et le peuple se mettront à genoux ; et le curé ayant un cierge allumé à la main, dira :*

*(Si le prêtre qui fait le prône n'est pas le célébrant, il prendra une étole blanche avant de se mettre à genoux.)*

" Mon Dieu, je vous remercie de m'avoir fait chrétien,
" catholique, votre enfant, disciple de Jésus-Christ, et
" membre de votre Église.

" Hélas ! je n'ai pas vécu comme m'y engagent ces quali-
" tés si augustes. J'ai souvent péché, et je vous ai beaucoup
" offensé.

" Je vous en demande pardon, mon Dieu ; et je veux vous
" aimer et vous servir le reste de mes jours : et, pour ce
" sujet, je ratifie en votre présence, et je renouvelle les pro-
" messes de mon baptême.

" Je renonce à Satan.

" Je renonce à ses pompes, c'est-à-dire, aux maximes et
" aux vanités du monde.

" Je renonce aux œuvres de Satan et à toutes sortes de
" péchés.

" Je crois en Dieu le Père tout-puissant, créateur du ciel
" et de la terre.

" Je crois en Jésus-Christ, son Fils unique, Notre Sei-
" gneur, qui est né, qui a souffert, et qui est mort pour
" nous.

" Je crois au Saint-Esprit, la sainte Église catholique, la
" communion des saints, la rémission des péchés, la résur-
" rection de la chair, et la vie éternelle.

" Je crois tous ces articles, ô mon Dieu, et tous ceux que
" croit et enseigne votre sainte Église, à qui vous les avez
" révélés, et dans le sein de laquelle je veux vivre et
" mourir.

" Je jure aussi de garder vos commandements.

" Je vous aime et je vous aimerai de tout mon cœur, de
" toute mon âme, de tout mon esprit et de toutes mes forces.
" J'aime et j'aimerai mon prochain comme moi-même pour
" l'amour de vous.

" Donnez-moi, ô mon Dieu, votre grâce et votre bénédic-
" tion pour accomplir ces promesses."

*Le clergé et le peuple étant assis, le curé, après avoir laissé le
cierge (et l'étole), dira :*

Jeudi prochain, l'Église célèbrera la fête du TRÈS SAINT
SACREMENT DE L'EUCHARISTIE.

C'est le jeudi-saint que Jésus-Christ a institué le sacrement de l'Eucharistie ; mais l'Église, étant particulièrement pénétrée ce jour-là des sentiments de la douleur
qu'inspire la passion de Notre Seigneur, a remis après la
Pentecôte à célébrer l'institution de ce grand mystère, afin
de le faire avec plus de pompe et de joie. Elle y a même
consacré une octave entière, afin de témoigner plus solennellement sa reconnaissance et son amour à Jésus-Christ,
réellement présent dans cet auguste sacrement.

L'Église célèbre cette fête comme le triomphe de Jésus-
Christ sur l'impiété et sur l'hérésie. Elle regarde ce mystère
comme l'abrégé des merveilles de ce divin Sauveur, comme
le signe de son amour pour les hommes, et la consommation de tous ses mystères. C'est le sacrifice et la victime de
la nouvelle alliance : c'est le signe de l'union et de la charité qui doivent régner entre tous ceux qui y participent.

L'Église demande de ses enfants, pendant cette octave
solennelle :

# FETE - DIEU

---

*Le dimanche avant la Fête-Dieu, le curé terminera l'annonce de cette fête en disant :*

Cette fête n'est plus strictement d'obligation. Mais nous vous rappelons que vous devez assister, ce jour-là, au saint sacrifice de la messe, comme par le passé. Ceux qui ne pourront pas facilement accomplir ce devoir, s'en feront dispenser par leur curé ou leur confesseur qui leur imposera la récitation d'une prière ou un exercice de piété quelconque.

1° Qu'ils croient et confessent Jésus-Christ réellement et véritablement présent dans la sainte Eucharistie, sous les apparences du pain et du vin, et qu'ils soumettent leur foi à tout ce qu'elle leur enseigne touchant ce mystère adorable;

2° Que pendant cette octave, ils viennent dans son temple pour lui rendre leurs respects et leurs hommages, l'y adorant en esprit et en vérité, assistant aux offices, à la sainte messe, aux processions et aux saluts, avec modestie et piété;

3° Qu'ils reçoivent Jésus-Christ dans l'Eucharistie avec des sentiments d'amour et de reconnaissance, puisque ce divin Sauveur ne s'est mis dans ce sacrement que pour servir de nourriture à leurs âmes, comme il nous en assure, en disant : *Ma chair est véritablement une nourriture, et mon sang est véritablement un breuvage* ;

4° Qu'ils l'offrent avec le prêtre, à la sainte messe, y assistant avec piété et dévotion, comme des adorateurs et des victimes avec Jésus-Christ.

Cette fête est d'obligation. (*)

FÊTE-DIEU.

*Le jour de la Fête-Dieu, le curé dira :*

Aujourd'hui après la grand'messe, nous ferons la procession dans l'église. (et le S. Sacrement restera exposé jusqu'à la fin de l'office du soir).

Dimanche prochain, si le temps le permet, nous ferons, après la messe qui commencera à...... heures, la procession

(*) Le curé indiquera dès aujourd'hui les rues et chemins que suivra la procession solennelle de dimanche prochain, et les reposoirs ou églises, où se feront les stations. Il donnera les avis qu'il jugera utiles pour l'ornementation des rues et chemins.

solennelle du St Sacrement. Ne vous y trouvez pas
comme à un spectacle profane ; que la curiosité ou la
vanité n'y aient aucune part dans vos cœurs ; détournez
vos yeux de tout ce qui pourrait vous y distraire. Venez
au contraire y faire amende honorable à Jésus-Christ, pour
tous les péchés qui se commettent contre lui, et que vous
avez peut-être commis vous-mêmes, par vos mauvaises
communions, vos immodesties dans les églises et vos irrévérences à la sainte messe.

Demandez à Jésus-Christ qu'il sanctifie tous les lieux
par où il passera ; qu'il répande ses bénédictions sur les
personnes qui les habitent ; et que sa grâce demeure en
tous ceux qui auront eu le bonheur de l'accompagner dans
cette procession.

Durant cette procession, occupez constamment votre
esprit de Jésus-Christ ; méditez son amour, pensez à tout
ce qu'il a fait et entrepris pour vous. Les reposoirs doivent
vous représenter les différents endroits où ce divin Sauveur
s'est arrêté pour accomplir l'œuvre de notre salut. Pensez
surtout à l'étable de Bethléem où il a commencé ce grand
mystère, et à la montagne du Calvaire où il l'a consommé.
C'est là qu'il nous a donné des marques authentiques de
son amour. Témoignez-lui en votre reconnaissance.

Pendant l'octave de la Fête-Dieu le St Sacrement sera
exposé tous les jours dans cette église à la messe qui se
dira à......... heures ; et tous les soirs à......... heures, l'on
chantera un salut. Assistez à ces pieux exercices autant
que vos occupations pourront vous le permettre.

## DIMANCHE DANS L'OCTAVE DE LA FÊTE-DIEU.

*Si la procession doit avoir lieu, le curé dira :*

La procession solennelle du Saint-Sacrement va se mettre en marche après la messe. Ce n'est pas assez, Mes Frères, d'accompagner le Saint-Sacrement dans cette procession ; vous devez y avoir continuellement présent à l'esprit le Dieu qu'il renferme. C'est le jour du triomphe de Jésus-Christ dans le sacrement de nos autels ; c'est aussi celui où vous devez lui donner un témoignage éclatant de votre foi et de votre amour dans cet auguste sacrement.

Vendredi prochain est la fête du SACRÉ CŒUR DE JÉSUS ; efforçons-nous en ce jour de témoigner à ce Divin Sauveur l'amour que nous lui devons, en retour de celui dont son cœur a été embrasé pour nous. Dimanche prochain nous en ferons la solennité, et après la messe il y aura procession du Saint-Sacrement suivie d'une consécration au Sacré Cœur. Il y aura indulgence plénière. Préparons-nous-y en faisant souvent pendant cette semaine des actes d'amour afin de nous unir plus intimement à ce Divin Cœur.

Comme le Cœur de Jésus a été le foyer et le symbole de son amour pour les hommes, il est convenable et souverainement juste qu'il reçoive un culte spécial. Aussi, dans tous les siècles, a-t-il été l'objet de l'amour, de l'adoration et de la confiance des disciples de Jésus-Christ. C'est le foyer et le symbole de cet amour tendre, compatissant et généreux qui a fait pour nous de si grandes choses, *car à peine quelqu'un voudrait-il mourir pour un juste......... mais l'amour de Dieu a éclaté sur nous par la mort de Jésus-Christ, qui nous a justifiés dans son sang, nous qui étions ses ennemis.* (Rom. V. 7....). C'est dans ce Cœur divin qu'ont été formés les desseins de notre salut : c'est le tabernacle de l'*alliance nouvelle* qui a réconcilié la terre avec le ciel ; c'est l'autel *des parfums et de l'holocauste,* où le Pontife éternel a offert et continue d'offrir *en odeur de suavité,* le sacrifice de sa mort ; et sur lequel brûle le feu d'une *charité qui ne s'éteindra jamais ;* c'est *la table d'or,* sur laquelle Jésus a préparé l'aliment céleste de son corps qui doit nourrir nos âmes : c'est cette *fontaine* divine où nous sommes invités *à venir puiser avec joie les grâces du salut.* (Isaïe, XII. 3.)

Aussi, la servante Dieu, la vénérable Marguerite-Marie, disait-elle, en parlant de la dévotion au Sacré Cœur de Jésus, ces paroles que nous vous répétons avec confiance : " Je ne " sache pas qu'il y ait un exercice de dévotion qui soit plus " propre à élever en peu de temps une âme à la plus haute " sainteté, et à lui faire goûter les véritables douceurs atta- " chées au service de Dieu : Oui, je le dis avec assurance, " si l'on savait combien cette dévotion plaît à Jésus-Christ, " il n'y aurait pas un chrétien qui ne s'empressât de la " pratiquer. Les personnes consacrées à Dieu y trouvent " un moyen infaillible de conserver leur ferveur et de l'aug- " menter, ou de la recouvrer, si elles l'ont malheureusement " perdue. Les personnes du monde y trouvent tous les " secours nécessaires à leur état, la paix dans leur famille, " le soulagement dans leurs travaux, et les bénédictions du " Ciel dans toutes leurs entreprises. C'est dans ce Cœur " adorable que nous trouvons tous un refuge pendant notre " vie et surtout à notre dernière heure. Ah ! qu'il est doux " de mourir quand on a eu une constante dévotion au Cœur " de Celui qui doit nous juger ! "

---

## SOLENNITÉ DU SACRÉ CŒUR DE JÉSUS.

*Le dimanche après l'octave de la Fête-Dieu, le curé dira :*

Pour nous conformer à la prescription des Pères du cinquième Concile de Québec, comme nous vous l'avons annoncé dimanche dernier, nous allons renouveler aujourd'hui la consécration publique et solennelle de cette paroisse au Sacré Cœur de Jésus. Après la messe, nous ferons une procession du Saint-Sacrement, à la suite de laquelle aura lieu cette consécration. Unissez-vous de cœur et d'âme à la formule qui sera prononcée au nom de tous les paroissiens.

En vertu d'un indult du 25 juillet 1877, une indulgence plénière est accordée aux personnes qui s'étant confessées et ayant communié réciteront ou entendront attentivement et dévotement, dans une église ou ailleurs, aujourd'hui ou pendant l'octave, la formule de consécration au Sacré Cœur de Jésus qui va être lue. (*)

(*Le prêtre qui lira la formule suivante, portera une étole blanche et aura un cierge allumé dans la main. S'il y a un autre prêtre que le célébrant, il monte en chaire pour lire la formule ; le célébrant reste toujours au pied de l'autel.)*

CONSÉCRATION AU SACRÉ CŒUR DE JÉSUS.

O Cœur très saint et très aimant de Jésus ! Attirez-nous à vous, afin que nous vous aimions de tout notre cœur, de toute notre âme et de toutes nos forces. Que par vous nous ayons accès *au trône de la grâce, afin d'y obtenir miséricorde, grâce et secours en temps opportun.* (Hébr. IV. 16.) Vous nous avez aimés d'un amour éternel ; une immense charité vous pressait dans la crèche, pendant votre vie, dans la dernière cène et sur la croix ; maintenant de retour auprès de votre Père, vous demeurez toujours vivant pour intercéder en faveur de tous ceux que vous avez rachetés de votre sang précieux. Ayez pitié de nous : ne considérez pas nos péchés, mais la foi de votre Église, et daignez

---

(*) Cette procession et cette consécration ont toujours lieu le dimanche qui suit l'octave de la Fête-Dieu, même quand il s'y trouve une fête qui empêche de chanter la messe et les vêpres de la solennité du Sacré Cœur.

Durant cette procession on chante une ou plusieurs hymnes de l'office du Sacré Cœur.

suivant votre volonté la maintenir dans la paix et l'unité.
Nous vous supplions donc de ne pas nous abandonner dans
nos difficultés et dans nos troubles ; ayez pitié de Notre
Pontife N........., votre serviteur ; conservez-le, vivifiez-le,
rendez-le heureux sur la terre et ne le livrez pas au pouvoir
de ses ennemis. Nous nous dévouons et nous nous consacrons
à vous pour toujours, ainsi que tous ceux qui dépendent
de nous, afin que vous soyez à tous notre salut, notre vie
et notre résurrection ; que par vous les justes croissent
dans la justice et persévèrent jusqu'à la fin ; que les
pécheurs se convertissent ; que les tièdes s'enflamment ;
que tous les maux disparaissent et que tous les biens nous
soient accordés. Que dans ce monde la foi soit vive,
l'espérance ferme, la charité parfaite, afin qu'après avoir
parcouru toute notre carrière, nous recevions avec vos
saints une couronne de gloire qui ne se flétrira jamais !

Ainsi soit-il !

(*Ensuite on chante le Tantum ergo, le verset Panem et les
oraisons ordinaires, auxquelles on ajoute l'oraison du Sacré Cœur
après celle du St Sacrement.*)

---

### SAINT JEAN-BAPTISTE.

*Le dimanche avant la solennité ou la fête de St Jean-Baptiste,
le curé dira :*

Nous célébrerons, dimanche prochain, la solennité (ou la
fête) de la naissance de St Jean-Baptiste.

L'Église célèbre le jour de la mort des autres saints,
mais elle célèbre la naissance de St Jean, parce qu'elle est
sainte.

Il a été le précurseur de Jésus-Christ, martyr, prophète
et plus que prophète. Il a été, au témoignage de Jésus-

# SAINT PIERRE ET SAINT PAUL

---

*Le dimanche avant la solennité de Saint Pierre et Saint Paul le curé dira :*

Dimanche prochain, l'Eglise célèbrera la solennité de Saint Pierre et Saint Paul. Saint Pierre a été le chef des Apôtres et de toute l'Eglise, et Saint Paul l'apôtre des gentils. (Le reste comme dans l'appendice).

Samedi prochain, veille de cette solennité, est un jour de jeûne d'obligation.

*Le dimanche avant le 29 juin, le curé dira :*

N..........prochain, l'Eglise célébrera la fête de Saint Pierre et Saint Paul. Nous devons vous rappeler que cette fête n'est pas strictement d'obligation, mais que pour des raisons graves soumises à l'approbation du Souverain Pontife, Sa Sainteté a jugé à propos de modifier la manière dont elle serait observée. Vous avez encore l'obligation d'assister, ce jour-là au Saint Sacrifice de la messe, comme par le passé, mais vous pourrez ensuite vous adonner aux travaux ordinaires comme aux autres jours de la semaine. Ceux qui ne pourront pas facilement accomplir ce devoir d'entendre la sainte messe, devront s'en faire dispenser par leur curé ou leur confesseur qui leur imposera la récitation d'une prière ou un exercice de piété quelconque.

Christ même, le plus grand des enfants des hommes. Tout est grand et merveilleux en lui,—sa conception,—sa naissance,—son zèle pour dire la vérité et pour faire connaître Jésus-Christ,—son humilité,—sa pénitence,—sa mort.

Nous devons, comme St Jean, aimer la pénitence, et, à son exemple, rendre témoignage à Jésus-Christ et à son évangile, en toute occasion ; nous souvenant que ce divin Sauveur nous déclare qu'il rougira, devant son Père, de ceux qui auront rougi de lui et de son évangile devant les hommes.

Demandons à Dieu cet Esprit dont St Jean a été rempli, afin que nous puissions préparer à Jésus-Christ des voies dignes de lui, et marcher, tous les jours de notre vie, dans la justice et la sainteté.

---

## SAINT PIERRE ET SAINT PAUL.

(*) *Le dimanche avant le 29 juin, le curé dira :*

N......... prochain, l'Église célèbrera la fête de Saint Pierre et Saint Paul, qui est d'obligation.

Saint Pierre a été le chef des apôtres et de toute l'Église, et Saint Paul, l'apôtre des gentils.

Demandons à Dieu, en ce jour, par l'intercession de ces deux grands apôtres, la grâce de pratiquer en tout les instructions qu'il nous ont données dans leurs épîtres ; d'avoir part à leur gloire ; de nous affermir dans la religion

---

(*) Lorsque cette fête tombe le lundi, le jeûne doit être annoncé pour le samedi précédent.

Le cinquième Concile de Québec, D. XIV, ordonne aux curés de prêcher contre le parjure *bis saltem in anno.* Plusieurs évêques ont ordonné de le faire en décembre et en juillet.

8

et dans la soumission à la sainte Église catholique, au Pape, successeur de Saint Pierre, à notre archevêque (*ou* évêque) et à tous les pasteurs que Dieu a chargés du soin de nos âmes.

Saint Pierre est pour nous le modèle d'une sincère pénitence ; car il a pleuré, toute sa vie, le malheur qu'il avait eu de renier son divin maître. Saint Paul nous apprend, par son zèle intrépide et par sa charité ardente, comment nous devons aimer Dieu et le prochain.

Lisez leurs épîtres et pratiquez les instructions salutaires qu'ils nous y donnent. Leurs paroles sont des reliques d'autant plus précieuses qu'elles peuvent guérir les infirmités de vos âmes, et vous procurer la vie éternelle.

Apprenez aussi de ces glorieux apôtres à vivre dans une parfaite soumission d'esprit à la foi, à rendre votre foi féconde par les bonnes œuvres et à endurer pour Jésus-Christ tout ce que le monde vous fera souffrir.

Priez aussi en ce jour pour notre Saint Père le Pape, pour tous ceux qui gouvernent l'Église, et en particulier pour vos pasteurs, afin que Dieu leur donne un esprit de sagesse, de prudence et de force, pour vous conduire sûrement dans la voie du salut.

(N.......... veille de cette fête, est un jour de jeûne d'obligation.)

------

## DÉDICACE. (*)

*Le premier dimanche de juillet, le curé dira :*

Dimanche prochain, nous célébrerons la fête de la Dédicace de l'église métropolitaine (*ou* cathédrale) et de toutes les autres églises de ce diocèse.

------

(*) Dans quelques diocèses la dédicace se célèbre à une autre époque. Voir le calendrier propre de chaque diocèse.

Dieu, par une grâce particulière, a choisi et sanctifié ce temple pour y faire sa demeure au milieu de vous, et pour y avoir ses yeux ouverts sur vos besoins et ses oreilles attentives à vos demandes.

Venez-y donc pour l'adorer, et demeurez-y avec respect en sa présence. Venez-y avec confiance et humilité, pour lui exposer vos besoins et lui demander ses grâces. Écoutez-y sa divine parole avec attention et docilité. Prenez garde de l'outrager en profanant son temple par des irrévérences, des immodesties et des regards criminels. Craignez que ces profanations ne fassent éclater sa colère sur vous.

Demandez à Dieu pardon de toutes les fautes que vous avez eu le malheur de commettre dans sa maison ; mais, en même temps, demandez-lui pardon, de la profanation que vous avez faite, par le péché, du temple spirituel qu'il s'était formé en vous par sa grâce, ayant choisi vos corps et vos âmes pour y établir sa demeure. Car vous êtes les temples du Dieu vivant, comme le dit Saint Paul, si vous ne l'en avez éloigné par le péché.

Souvenez-vous, en ce jour, de remercier Dieu de la consécration qu'il s'est faite de vos personnes par le baptême, et que chacun de vous prenne la résolution de traiter son corps comme le temple du Saint-Esprit, et de ne rien faire, rien souffrir qui puisse le souiller ou le profaner ; car, ajoute le même apôtre : " Dieu perdra celui qui aura profané son temple. "

---

✠ SAINT JACQUES-LE-MAJEUR. (25 juillet.)

*Le dimanche avant la fête de Saint Jacques-le-Majeur, le curé dira :*

N.........prochain, l'Église fera la fête (*ou* nous célèbrerons la fête) de Saint Jacques, apôtre, surnommé le Majeur.

Demandons à Dieu en ce jour la grâce de conserver en nous le dépôt de la foi et de l'évangile que les apôtres nous

ont annoncé. Mais prenons garde d'éteindre en nous cette
lumière par une conduite contraire aux règles saintes qu'ils
nous ont tracées par leur vie et par leur prédication. For-
mons la résolution, le jour de leur fête, de vivre selon les
lumières et les maximes de la foi ; car la foi sans les œuvres
est morte et inutile.   Il faut, comme Saint Jacques, vivre
selon la foi, et boire le calice des souffrances, si nous voulons partager sa gloire dans le ciel.

SAINTE ANNE. (26 juillet.)

*Le dimanche avant la fête ou la solennité de Sainte Anne,
le curé dira :*

N.........prochain, nous célèbrerons la fête (*ou* la solennité)
de Sainte Anne, mère de la Sainte Vierge et patronne de
toute la province civile de Québec.

Honorons cette grande sainte qui a donné la vie à Marie,
une mère à Jésus, une reine aux Anges, une protectrice aux
justes, un refuge aux pécheurs, aux affligés une consolatrice, et à tout le genre humain une mère pleine de miséricorde. Elle fait donner le repentir aux pécheurs, la persévérance aux justes, la santé aux infirmes, la liberté aux
prisonniers, à tous la grâce et la miséricorde de Dieu.
Recourons avec confiance à son intercession et soyons
assurés que nous ne pouvons rien faire qui soit plus agréable à Jésus et à Marie.

Depuis l'établissement de ce pays, nos ancêtres se sont
toujours distingués par leur dévotion à Sainte Anne, comme
le prouvent les nombreux autels et sanctuaires dédiés sous
son vocable, l'affluence toujours croissante des pèlerins qui
vont y invoquer cette grande sainte et les grâces signalées
que Dieu accorde par son intercession.   Continuons fidèlement ces pieuses traditions, et par notre attachement à

la foi de nos pères, rendons-nous toujours dignes de sa protection.

Prions cette grande sainte de nous obtenir les secours qui nous sont nécessaires pour vivre saintement dans notre état, et pour en remplir fidèlement tous les devoirs. Les pères et mères doivent en ce jour demander à Dieu la grâce de bien élever leurs enfants, de leur donner une éducation chrétienne, et surtout de les exciter et de les former à la pratique du bien et de la vertu par leur bon exemple et par la régularité de leur conduite.

---

### ✠ SAINT LAURENT. (10 août)

*Le dimanche avant la fête de Saint Laurent, le curé dira :*

N.........prochain, est la fête de Saint Laurent, diacre et martyr.

Ce saint a été rempli d'amour pour Dieu et de charité pour les pauvres. L'amour de Dieu dont son cœur était embrasé, l'a rendu insensible aux plus cruels tourments et a été plus fort que l'ardeur des charbons enflammés qui ont consumé son corps. La charité l'a dépouillé de tous ses biens en faveur des pauvres, auxquels il donna tout ce qu'il avait.

Aimons Dieu comme Saint Laurent; à son exemple, endurons patiemment pour Dieu ce que le monde nous fera souffrir, et distribuons aux pauvres une part abondante des richesses dont Dieu nous a confié l'administration.

---

## ASSOMPTION. (15 août.)

*Le dimanche avant la fête ou la solennité de l'Assomption de la Sainte Vierge, le curé dira :*

Dimanche prochain, nous célèbrerons la fête (*ou* nous ferons la solennité) de la glorieuse Assomption de la Sainte Vierge Marie, et de son couronnement dans le ciel. Cette fête (*ou* cette solennité) est la plus solennelle de toutes celles que l'Église célèbre en l'honneur de la mère de Dieu, et la seule qui soit précédée d'un jeûne.

Nous devons, au jour de cette grande solennité, renouveler les sentiments de notre dévotion et de notre confiance envers la Sainte Vierge, et la prier d'être notre protectrice auprès de Jésus-Christ son fils, dans tous nos besoins, dans nos tentations, dans nos peines ; et de nous obtenir les grâces qui nous sont nécessaires pour mener une vie pure et pour faire une sainte mort.

(*) Samedi prochain, veille de cette fête (*ou* de cette solennité), est un jour de jeûne d'obligation.

Le jour de la solennité et pendant l'octave, il y a indulgence plénière en faveur des associés de la propagation de la foi aux conditions ordinaires de la confession, de la communion et d'une prière dans l'église paroissiale suivant les intentions du Souverain Pontife.

---

(*) En vertu d'un indult du 11 juillet 1887, lorsque la solennité de l'Assomption doit avoir lieu le 16 août, le jeûne doit se faire le vendredi 14, afin qu'il n'ait pas lieu le jour même de la fête.

## ✠ SAINT BARTHÉLEMY. (24 août.)

*Le dimanche avant la fête de Saint Barthélemy, le curé dira :*

N.........prochain, l'Eglise fera la fête de Saint Barthélemy, apôtre.

Vous prierez Dieu en ce jour, qu'il vous rende participants de la gloire des saints. Mais souvenez-vous que vous n'y aurez part qu'en vivant comme les saints ont vécu, c'est-à-dire, dans la pénitence, la mortification et la patience au milieu des souffrances. C'est là le chemin qui conduit au ciel. Celui qui veut y aller, doit consentir à porter sa croix ; c'est une nécessité indispensable.

---

## ✠ SAINT LOUIS. (*)  (25 août.)

*Le dimanche avant la fête de Saint Louis, le curé dira :*

N.........prochain, est la fête de Saint Louis, roi de France, (second titulaire de l'église métropolitaine).

Adressons-nous avec confiance à ce grand saint, comme à un puissant protecteur auprès de Dieu, pour obtenir la grâce de suivre les exemples des vertus qu'il a pratiquées, même au milieu des délices de la cour.

Comme lui, ayons une grande horreur du péché ; renonçons à l'impiété et aux désirs du siècle ; imitons sa sobriété, sa justice, sa charité envers les pauvres, et sa soumission à la volonté de Dieu dans les épreuves et les adversités.

---

(*) Cette annonce est particulière à l'Archidiocèse de Québec.

## NATIVITÉ DE LA SAINTE VIERGE. (8 septembre.)

*Le dimanche avant la solennité ou la fête de la Nativité de la Sainte Vierge, le curé dira :*

Dimanche prochain, nous célèbrerons la solennité (*ou* la fête) de la Nativité de la Bienheureuse Vierge Marie.

L'Église ne célèbre que la nativité de Jésus-Christ, celle de la Sainte Vierge et celle de Saint Jean-Baptiste. Elle célèbre le jour de la mort des autres saints, parce qu'elle le regarde comme celui de leur naissance ou de leur entrée au ciel. Mais l'Église fait la fête de la naissance de la Sainte Vierge dans le monde, parce qu'elle a été toute sainte. Marie a été conçue sans péché, et elle est née pleine de grâces.

En célébrant la fête de la Nativité de Marie, prions cette Bienheureuse Vierge de nous obtenir de Jésus-Christ, son fils, les grâces dont nous avons besoin pour conserver la sainteté de notre régénération ou naissance spirituelle en Jésus-Christ.

----

## QUATRE-TEMPS.

*Le dimanche avant les Quatre-Temps de septembre, le curé dira :*

Mercredi, vendredi et samedi, est le jeûne des **Quatre-Temps**, etc., *comme ci-dessus, page* 53.

## ✝ SAINT MATTHIEU.

*Le dimanche avant la fête de Saint Matthieu, le curé dira :*

N......... prochain, l'Église fera la fête de Saint Matthieu, apôtre et évangéliste. Apôtre veut dire *envoyé*, c'est-à-dire, envoyé par Jésus-Christ pour prêcher l'évangile : Évangéliste, *qui a écrit l'évangile.*

Saint Matthieu est le premier des quatre historiens sacrés qui ont écrit l'évangile par l'inspiration du Saint-Esprit, et qui nous ont transmis ce qu'il lui a plu de nous apprendre touchant la vie et la doctrine de Jésus-Christ. Profitons de ce que Saint Matthieu a écrit dans son évangile ; lisons-le avec respect : méditons et pratiquons fidèlement tout ce qu'il nous enseigne.

Saint Matthieu quitta un emploi lucratif, à la voix de Jésus-Christ, qui l'appelait à sa suite. Apprenons, à son exemple, à tout quitter, au moins de cœur, pour suivre Jésus-Christ. Celui qui ne renonce pas pour lui, au moins d'affection, à tout ce qu'il possède, n'est pas digne de lui.

Il y a des emplois qu'on ne peut exercer sans péché, et qui, par là-même, sont dangereux pour notre salut ; il faut y renoncer ainsi qu'à tout ce qui peut nous porter au péché, quelque cher qu'il nous soit. "Si votre œil, votre pied, ou " votre main vous scandalise, dit Jésus-Christ, arrachez-le, " coupez-le et jetez-le loin de vous."—(*Matth.* XVIII, 8.)

## SAINT MICHEL.

(*) *Le dimanche avant la solennité ou la fête de Saint Michel,
le curé dira :*

Dimanche prochain, nous célèbrerons la solennité (*ou* la
fête) de Saint Michel, archange, et de tous les saints anges.

Remercions Dieu de nous avoir donné des anges pour
nous conduire et nous protéger dans toutes nos voies.
Prions-le de nous rendre fidèles à leurs inspirations.
Prenons, en ce jour, la résolution de révérer les saints
anges. Demandons à Dieu la grâce d'imiter la pureté de
ces esprits bienheureux, leur promptitude et leur fidélité à
faire sa volonté, et leur attention à conserver sa divine
présence en toute chose et en tout lieu.

## SAINT ROSAIRE.

*Le dernier dimanche de septembre, le curé dira :*

Dimanche prochain, l'Église célèbrera la fête du Saint
Rosaire de la Bienheureuse Vierge Marie.

Selon le pieux usage de l'Église, faisons-nous un devoir
de saluer souvent cette Vierge sainte, bénie entre toutes
les femmes, avec laquelle le Seigneur a toujours été par sa
grâce, et qui nous a donné Jésus, le principe et l'objet de
toutes les bénédictions. Reconnaissons hautement dans
Marie la dignité de Mère de Dieu, et, en cette qualité,
prions-la de nous obtenir, pendant notre vie, une part à la
grâce dont il lui a donné la plénitude, et à l'heure de notre

---

(*) D'après l'indult du 6 décembre 1885, quand la fête de Saint Michel ne tombe
pas un dimanche, la solennité aura lieu le 31 septembre, si c'est un dimanche, et dans
les autres cas, le second dimanche dans le mois d'octobre.

mort, une part à la félicité éternelle dont il a couronné ses mérites.

Conformément au décret apostolique du 20 août 1885, pendant tout le mois d'octobre et le premier novembre, nous réciterons chaque jour dans cette église le chapelet et les litanies de la Sainte Vierge ; suivis d'une prière à Saint Joseph, (pendant *ou* après la messe de......... heures) (*ou bien* à ......... heures de l'après-midi avec bénédiction du Saint-Sacrement. (*) )

Outre les indulgences déjà accordées à la récitation du chapelet et des litanies, le Souverain Pontife accorde une indulgence de sept ans et sept quarantaines aux fidèles qui assistent à ces pieux exercices et y prient selon ses intentions.

Ceux qui sont légitimement empêchés d'y assister peuvent gagner les mêmes indulgences en récitant privément les mêmes prières aux mêmes intentions.

Une indulgence plénière aux conditions ordinaires de la confession et de la communion est accordée aux fidèles qui auront assisté au moins dix fois à ces exercices publics, ou qui en étant légitimement empêchés, les auront faits en particulier.

Nous lisons dans les Actes des Apôtres (XII. 5.) que Saint Pierre ayant été emprisonné par Hérode, toute l'Église se mit à prier continuellement pour lui et que cette prière fut exaucée. Aujourd'hui, le successeur de Pierre étant emprisonné et l'Église persécutée, notre devoir est de prier pour obtenir la fin de ces maux. A l'invitation du Vicaire de Jésus-Christ, unissons-nous dans une commune invocation aux pieds de la Mère de Dieu dont l'intercession est toute-puissante. Mais, afin d'être exaucés, purifions nos

---

(*) La rubrique de cette bénédiction du Saint-Sacrement, qui ne doit avoir lieu que l'après-midi, est réglée par l'Ordinaire de chaque diocèse.

cœurs de toute attache au péché, témoignons toujours à
Dieu notre respect, notre obéissance et notre amour. (*)

———

## PRIÈRE A SAINT JOSEPH.

QUE LE SOUVERAIN PONTIFE ORDONNE DE RÉCITER CHAQUE JOUR,
APRÈS LE CHAPELET, PENDANT LE MOIS D'OCTOBRE,
ET A LAQUELLE IL ACCORDE UNE INDULGENCE
DE SEPT ANS ET SEPT QUARANTAINES.

Nous recourons à vous dans notre tribulation, bienheureux Joseph, et, après avoir imploré le secours de votre très
sainte Épouse, nous sollicitons aussi avec confiance votre
patronage.

Nous vous supplions ardemment, par ce lien sacré de
charité qui vous unit à la Vierge immaculée Mère de Dieu
et par l'amour paternel que vous avez porté à l'Enfant-
Jésus, de regarder d'un œil propice l'héritage que Jésus-
Christ a conquis au prix de son sang, et de subvenir à nos
besoins avec votre aide et votre pouvoir.

Protégez, ô gardien prévoyant de la divine Famille, la
race élue de Jésus-Christ ; écartez loin de nous, ô Père très
aimant, la peste de l'erreur et du vice ; assistez-nous avec
bonté du haut du ciel, ô notre très fort soutien, dans la lutte
contre le pouvoir des ténèbres ; et, de même qu'autrefois,
vous avez sauvé de la mort la vie menacée de l'Enfant-
Jésus, de même aussi défendez maintenant la sainte Église
de Dieu contre les embûches de ses ennemis et contre toute
adversité. Couvrez chacun de nous de votre constant patronage, afin que, à votre exemple et soutenus par votre
secours, nous puissions vivre vertueusement, mourir pieuse-

———

(*) Le Souverain Pontife a manifesté le désir que le chapelet se dise publiquement
tous les dimanches et fêtes d'obligation.

ment et obtenir dans le ciel la béatitude éternelle. Ainsi soit-il ! (*)

---

### ✠ SAINT SIMON ET SAINT JUDE.

*Le dimanche avant la fête de Saint Simon et Saint Jude, le curé dira :*

N......... prochain, l'Église fera (*ou nous célèbrerons*) la fête de Saint Simon et Saint Jude, apôtres.

L'Église, en célébrant cette fête, veut nous faire souvenir de ce que les saints apôtres et leurs successeurs ont entrepris et souffert, pour nous donner la connaissance du vrai Dieu et des vérités de l'évangile. Prions que leurs travaux et leurs prédications ne soient pas inutiles en nous ; et qu'après avoir été éclairés du flambeau précieux de la foi, nous marchions suivant ses lumières, et non pas selon les fausses et pernicieuses maximes du monde, ennemi de Jésus-Christ, qui ne s'est point nommé la coutume mais la vérité.

*Lorsque la Toussaint doit tomber le lundi, le curé ajoutera :*
" Samedi prochain, vigile anticipée de la Toussaint, est un "jour de jeûne d'obligation."

---

### LA TOUSSAINT.

*Le dimanche avant le premier novembre, le curé dira :*

L'Église célèbrera, N......... prochain, la fête de tous les saints.

Cette fête est d'obligation et une des plus solennelles qu'elle célèbre pendant l'année. Elle l'a instituée et la

---

(*) Le 21 septembre 1889, S.S. Léon XIII a accordé à perpétuité une autre indulgence de *trois cents jours*, que tous les fidèles pourront gagner une fois par jour, à n'importe quel temps de l'année, en récitant même privément cette prière à Saint Joseph.

célèbre : 1° pour nous faire honorer tous les saints par une
même solennité, et réparer les fautes commises dans les
fêtes particulières des saints ; 2° pour nous apprendre que
nous sommes tous appelés à être saints, et que notre sanctification dépend de notre correspondance à la grâce.

Vous devez, en ce jour, contempler cette gloire ineffable
dont les bienheureux jouissent dans le ciel et dire : la
même gloire m'est aussi préparée, mais à condition que je
vive comme eux dans la justice, dans la pénitence et
dans la sainteté ; car rien de souillé n'entrera dans la
Jérusalem céleste. Pénétrons-nous de cette importante
vérité, qu'il faut vivre comme les saints pour être glorifiés
comme eux. Prions-les d'être nos intercesseurs et nos
protecteurs auprès de Dieu.

Méditons, pendant cette octave, les huit Béatitudes. comme
les voies qui conduisent au royaume des cieux.

1° Bienheureux les pauvres d'esprit ; car le royaume du
ciel est à eux.

2° Bienheureux ceux qui sont doux ; car ils possèderont
la terre pour héritage.

3° Bienheureux ceux qui pleurent ; car ils seront consolés.

4° Bienheureux ceux qui ont faim et soif de la justice ;
car ils seront rassasiés.

5° Bienheureux les miséricordieux ; car ils obtiendront
miséricorde.

6° Bienheureux ceux qui ont le cœur pur ; parce qu'ils
verront Dieu.

7° Bienheureux les pacifiques ; car ils seront appelés
enfants de Dieu.

8° Bienheureux ceux qui souffrent persécution pour la
justice ; car le royaume du ciel est à eux.

(N.........., veille de la Toussaint. est un jour de jeûne d'obligation.)

Le lendemain de la Toussaint, l'Église fera la Commémoration des morts, etc. *Voyez la formule ci-après.*

*Si le jour de la Toussaint tombe le samedi, la Commémoration des morts aura lieu le lundi suivant, et on l'annoncera le dimanche qui précède immédiatement ce lundi.*

*Dans les paroisses où il y a indulgence le jour de la Toussaint, le jour des morts et le dimanche dans l'octave, le dernier dimanche d'octobre, le curé, après l'annonce de la Toussaint, et celle du jour des morts, si elle doit être faite ce même dimanche, dira :*

Le jour de la Toussaint, celui de la Commémoration des morts, et le dimanche dans l'octave de la Toussaint, il y aura indulgence plénière, applicable au soulagement des âmes du purgatoire, pour toutes les personnes qui, s'étant confessées et ayant communié, visiteront cette église, et y prieront selon l'intention du Souverain Pontife.

---

## JOUR DES MORTS.

N.........prochain. ( *ou* demain, *si cette annonce doit être faite la veille*), est le jour de la Commémoration des morts, c'est-à-dire, que l'Église fera. ce jour-là, des prières pour le soulagement et le repos des âmes de ceux qui sont décédés en état de grâce, mais qui n'ont pas encore pleinement satisfait à Dieu pour leurs péchés.

Souvenez-vous d'offrir pour eux des prières, des aumônes, et surtout le saint sacrifice de la messe.

Les âmes de vos parents et de vos amis s'adressent à vous dans leurs souffrances et vous disent : " Ayez pitié " de nous, vous au moins qui êtes nos amis. (Job. XIX, 21.) " Soyez sensibles à leur état ; soyez touchés de leurs peines,

et procurez-leur les secours qu'elles attendent de vous.
Entrez dans le cimetière pour y faire de sérieuses réflexions
sur la brièveté de la vie, sur la vanité des choses du monde
et sur la mort. Les ossements de ceux qui y reposent, vous
avertiront de penser à votre dernier jour. Préparez-vous y
par la mortification, par la pénitence et par les bonnes
œuvres.

---

## ✠ SAINT ANDRÉ.

*Le dimanche avant la fête de Saint André, le curé dira :*

N........prochain, l'Église fera la fête de Saint André,
apôtre.

Ce saint a été un vrai disciple de Jésus-Christ qu'il a
parfaitement imité pendant sa vie en toute sa conduite, et
en sa mort, par le genre de supplice qu'il a souffert.

Les paroles que l'on croit qu'il dit en voyant la croix qui
lui était préparée, doivent être dans la bouche des chrétiens,
lorsqu'il leur arrive des afflictions, des peines ou des croix.
Ils doivent dire alors, comme ce saint apôtre, s'ils sont
pleins de l'esprit du christianisme : " O bonne croix, ô
" croix que j'ai longtemps désirée, que j'ai longtemps cher-
" chée ! ô croix que j'ai toujours aimée, je vous ai enfin
" trouvée !"

Tels doivent être nos sentiments, dans les contradictions
et les adversités que nous éprouvons. Car Jésus-Christ
nous déclare dans l'évangile que nous ne pouvons être ses
disciples qu'en nous faisant gloire de marcher après lui en
portant notre croix. (*Luc*, XIV, 27.)

# INSTRUCTIONS AUX CURÉS

Notre second Concile Provincial, dans son décret XV<sup>e</sup> *De parochis et aliis animarum curam gerentibus*, rappelle aux curés l'obligation de visiter régulièrement leurs paroissiens.

" 30. Quia, ut ipse ait Christus, *Bonus Pastor cognoscit oves suas et vocat eas nominatim*, ideo parochus cognoscere debet fideles sibi commissos. Non ergo negligat morem hunc tam salutarem, singulas parœ ias suæ familias, si fieri potest, certis temporibus, visitandi. hocque munus adimpleat cum gravitate simul et modestia, ne non et singulari charitate. Quamvis enim a quolibet inutili, per parœciam, discursu abstinere debeat. non tamen officio suo satisfecisse arbitretur. si, domi inclusus, expectet ut ad ipsum veniant parochiani. Semper equidem valuit, sed hisce præsertim temporibus valet hoc præceptum Domini : *Ite ad oves quæ perierunt domus Israel.* "

I. Avant la visite annuelle, le curé aura soin d'en prévenir ses paroissiens par l'annonce qu'il trouvera page 58 dans cet *Appendice :* il indiquera distinctement les arrondissements qu'il parcourra chaque jour, afin que, dans chaque famille, l'on se tienne prêt à le recevoir ; il engagera tout le monde à prier pour le plein succès de cette visite.

II. Pendant qu'il la fait, il ne perdra pas de vue les trois buts qu'il doit s'y proposer : 1 connaitre tous ses paroissiens ; 2° être au fait de l'état religieux et moral de chaque arrondissement, et même de chaque famille ; 3° constater leurs besoins temporels et surtout spirituels, afin de se mettre en état d'y mieux pourvoir.

Tout cela suppose : 1° que le curé ne fait pas cette visite avec une trop grande rapidité, comme un homme qui veut

9

se débarrasser d'une corvée, mais que, dans chaque maison,
il prend le temps nécessaire pour dire un mot bienveillant
à chacun, s'assurer adroitement de la manière dont on rem-
plit ses devoirs, interroger et encourager les enfants;
2° qu'il entre partout, sans acception de personnes; (*) il
ne lui serait permis d'omettre tout au plus que certaines
maisons notoirement scandaleuses : et encore cette mesure
d'exclusion demande-t-elle beaucoup de prudence, car elle
est toujours injurieuse et sensible à ceux qui en sont
l'objet ; 3' qu'il prend note dans un cahier spécial. de
l'état de la population, nommément et en détail. Voici
les expressions du Rituel Romain là-dessus :

" *Familia quæque distincte in libro notetur, intervallo relicto
ab unaquaque ad alteram subsequentem. in quo singillatim
scribantur nomen, cognomen, ætas singulorum qui ex familia
sunt. vel tanquam advenæ in ea vivunt. Qui vero ad sacram
communionem admissi sunt. hoc signum C. in margine e contra
habeant. Qui sacramento Confirmationis sunt muniti, hoc
signum habeant Chr. Qui ad alium locum habitandum acces-
serint, eorum nomina subducta linea notentur.*"

En réservant une page ou une demi-page à chaque
famille, et une ligne à chaque personne, le curé pourra
d'un seul coup d'œil se rendre compte du nombre de
communiants. de non-communiants. de confirmés, de
défunts, etc. Ces derniers s'indiquent par ce signe † à la
marge.

Pour que cette visite annuelle produise tous ses fruits,
le curé doit s'en acquitter : 1° avec foi et piété, comme le
représentant de Jésus-Christ ; 2° avec modestie et affabilité,
comme un père qui visite ses enfants ; 3' avec douceur et
prudence, parlant et agissant partout avec patience et
modération ; 4° avec zèle et charité. cherchant à soulager

---

(*) Dans bien des circonstances une visite faite à des familles non catholiques
peut avoir de bons résultats. On fera bien cependant de consulter l'évêque.

toutes les misères, à porter dans chaque maison la consolation, la lumière et la paix. " *Gaudere cum gaudentibus,
flere cum flentibus.* " (Rom. XII.) " *Quis infirmatur, et ego
non infirmor ? quis scandalizatur, et ego non uror ?* " (II. Cor.
XI.)

Les choses qui doivent attirer particulièrement l'attention
du curé dans cette visite, sont les suivantes : 1° l'instruction
religieuse des parents et des enfants ; 2° la fréquentation
des catéchismes et des écoles : 3° l'assistance aux offices de
l'église, les dimanches et fêtes ; 4° le coucher des différents
membres de la famille ; 5° les mœurs de la jeunesse ; 6° les
réunions et divertissements dangereux ; 7° les livres et
les tableaux qui se trouvent dans les maisons ; 8° le
maintien de la tempérance. Il doit profiter de l'occasion
pour chercher à répandre les bons livres et les objets de
piété ; pour porter à chanter des cantiques et à souscrire à
la bibliothèque paroissiale : pour offrir de petites récom-
penses aux enfants qui savent bien leur catéchisme et leurs
prières.

III. Après la visite enfin, le curé doit s'efforcer :
1° d'affermir le bien qu'il a remarqué, et d'en rapporter
toute la gloire à Dieu ; 2° de remédier au mal qu'il a
observé, et d'en demander pardon à Dieu, comme s'il en
était la cause par son défaut de capacité, de piété et de
zèle ; 3° de redoubler de soin et d'ardeur dans l'accomplissement de tous ses devoirs.

Le dimanche qui suit la fin de la visite, il est à propos
qu'il dise à ses paroissiens les consolations qu'il a éprouvées ;
mais il ne doit parler des abus qui l'ont frappé qu'en
termes généraux et sans que personne puisse être blessé de
ses remarques.

(Le fond de ces Instructions est tiré du Rituel Romain,
de notre 2nd Concile de Québec, du Rituel de Belley, des
*Devoirs du Sacerdoce*, du *Bon Curé*, de *Vingt ans de ministère*,
du *Miroir du Clergé*, etc.)

# FORMULE DU RAPPORT ANNUEL

QUE LES CURÉS ET MISSIONNAIRES SONT OBLIGÉS DE PRÉSENTER A LEUR
ÉVÈQUE, TOUS LES ANS AVANT LE PREMIER SEPTEMBRE,
CONFORMÉMENT AU XV<sup>e</sup> DÉCRET DU PREMIER
CONCILE DE QUÉBEC.

*Remarques.* 1° *Les curés ou missionnaires chargés de plusieurs paroisses ou missions, doivent faire le rapport de chacune sur une feuille séparée.*

2° *Il n'est pas nécessaire de répéter les questions ici posées ; mais la réponse doit être précédée du No de la question et être complète et intelligible par elle-même, sans qu'il soit besoin, pour la comprendre, de recourir à la formule ici donnée.*

3° *Les réponses aux questions marquées d'un astérisque peuvent être omises les années où la visite pastorale ne doit pas avoir lieu dans la paroisse.*

4° *Lorsque l'Évêque visite une paroisse, ce rapport doit lui être présenté à son arrivée, comme il est dit ci-après au chapitre de la visite épiscopale.*

## QUESTIONS

AUXQUELLES DOIVENT RÉPONDRE LES CURÉS ET MISSIONNAIRES
DANS LEUR RAPPORT ANNUEL.

### I. POPULATION.

1. Quelle était la population catholique de la paroisse au 1er janvier dernier ?—la population protestante ?

2. Combien de communiants ?—de non-communiants ?

3. Combien de non-communiants ont plus de 14 ans ?—Combien sont idiots ?—Combien de sourds-muets ?—Combien ont été instruits ou sont à s'instruire ?

4. Combien de familles catholiques?—Combien culti-vent?—Combien sont emplacitaires?

5. Combien de familles Canadiennes-Françaises?—Irlan-daises, Anglaises, Écossaises, d'autre origine?

6. En l'année terminée au premier janvier dernier, com-bien de baptêmes?—mariages?—sépultures?—naissances illégitimes?—Les registres sont-ils tenus régulièrement, conformément à la circulaire collective de décembre 1882?

7. Depuis le premier de septembre de l'année dernière, combien de familles ont quitté?—Combien de ces familles sont allées aux États-Unis pour toujours?—Combien tem-porairement?

8. Dans le même temps, combien de familles sont arri-vées?—Combien sont venues des États-Unis?—Combien d'autres parties de la province?—Combien du Canada?

9. Dans le même temps, combien de jeunes gens et de jeunes filles ont quitté?—Combien pour les États-Unis? Combien pour la province?—Combien pour le Canada?— Combien sont allés aux États-Unis avec intention de s'y fixer?

* 10. Y a-t-il un village auprès de l'église?—Quel est le nombre de familles et de communiants qui y habitent? (†)

* 11. A quelle distance de l'église sont les habitants les plus éloignés?

### II. PAQUES.

12. Combien de communiants ont rempli le devoir pascal?

13. Combien de communiants se sont confessés en ce temps?

14. Combien sont en arrière depuis plus d'une année?

---

(†) Les questions marquées d'un astérisque sont celles auxquelles le curé n'est pas tenu de répondre, les années où la visite épiscopale ne doit pas avoir lieu dans sa paroisse.

### III. CATÉCHISME ET PREMIÈRE COMMUNION.

15. Combien d'enfants ont fait la première communion depuis le premier septembre de l'année dernière ?

16. Les enfants viennent-ils assidûment au catéchisme ? —Les parents sont-ils négligents à les y envoyer ?

17. Les catéchismes se font-ils tous les dimanches, suivant le XII décret du premier Concile de Québec ?

18. Combien de fois dans l'année ont été confessés les enfants de sept ans et plus, qui n'ont pas encore communié ? —Combien ont répondu à l'appel ?

19. Pendant combien de semaines et combien de fois par semaine, se sont faits les catéchismes préparatoires à la première communion ?—Par qui ?

20. Le catéchisme est-il enseigné dans les écoles ?

### IV. ÉCOLES.

21. Combien d'écoles modèles ?—élémentaires ?

22. Les parents négligent-ils d'y envoyer leurs enfants ?

23. Y a-t-il des écoles protestantes ?—sont-elles fréquentées par des enfants catholiques ?—Si oui, l'Ordinaire a-t-il été consulté ?

24. Y a-t-il des écoles où les garçons et les filles soient instruits ensemble ?—Sont-elles tenues par des institutrices ?—par des maîtres non mariés ?

\* 25. Y a-t-il une école de fabrique ?—La fabrique possède-t-elle quelque maison d'école ?—Fournit-elle quelque chose pour les écoles ?—A-t-elle reçu pour cela quelque donation ?

26. Combien y a-t-il d'instituteurs ?—d'institutrices ?— Le curé est-il consulté sur le choix des instituteurs et institutrices ?

* 27. Y a-t-il un collège ?—une académie ?—un couvent ?
—Quel est le nombre total des élèves ?—des pensionnaires ?
—des demi ou quarts de pension ?—des externes ?—Qui
en a la direction ?—Longueur ?—largeur ?—nombre
d'étages de l'édifice.

28. Combien de garçons fréquentent les écoles catholiques de la paroisse ?—Combien de filles ?

29. Le curé visite-t-il de temps en temps les écoles comme
l'ordonne le décret XV du second concile ?

V. BIBLIOTHÈQUE DE PAROISSE.

30. Y a-t-il une bibliothèque de paroisse ?—Combien a-t-
elle de volumes ?—de lecteurs ?

VI. AFFAIRES DE LA FABRIQUE.

* 31. Quelle est la superficie du terrain sur lequel sont
placés l'église, le cimetière. le presbytère, et leurs dépendances ?

* 32. La fabrique a-t-elle une terre ?—et quelle en est la
superficie ?— Est-elle loin de l'église ?

* 33. Les titres des propriétés de la fabrique et autres
papiers importants, sont-ils conservés avec soin dans le
coffre à deux clefs, prescrit par la discipline constante de
cette province ?                                      .

* 34. Y a-t-il une liste exacte de tous ces titres et autres
papiers intéressant la fabrique ?

* 35. Les actes d'acquisition d'immeubles sont-ils enregistrés conformément aux lois de la Province.

36. Les archives sont-elles en lieu sûr ?

37. Les comptes sont-ils tenus et rendus suivant la forme
prescrite par l'Appendice au rituel ?

38. Quel a été en l'année finie au 1er janvier dernier le revenu de la fabrique par les bancs ?—par le casuel ?—par les quêtes ?—par d'autres sources ordinaires, telles que arrérages, loyers, etc. ?—Total du revenu *ordinaire* ?—Quel a été le revenu *extraordinaire* ?—Quelle a été la dépense *ordinaire* de la fabrique ?—Quelle a été la dépense *extraordinaire* ?—Combien a été payé sur le capital de sa dette ?

39. Les dépenses extraordinaires ont-elles été autorisées par l'Évêque ?

40. À la dernière reddition de comptes, quel était le montant de l'avoir de la fabrique, en argent ?—en dépôt à la banque ?—le montant des dettes actives à part les dépôts à la banque ?—des dettes passives ? —des intérêts payés ?

41. Combien de marguilliers n'ont pas encore rendu leurs comptes ?—Pourquoi ce retard ?

S'il y a des syndics pour construction ou réparation des édifices religieux, ont-ils rendu leurs comptes dans le mois de décembre de chaque année, conformément aux lois de la Province ?

* 42. Combien y a-t-il de bancs ?—sont-ils vendus au capital, ou à rente annuelle ?—Quels sont les arrérages dûs ?

43. Les paroissiens ou notables assistent-ils aux élections de marguilliers et à la reddition des comptes ?—Les procès-verbaux des assemblées de fabriques et de paroisses sont-ils tenus régulièrement et signés séance tenante ?

### VII. ÉTAT DES ÉDIFICES.

* 44. Quelles sont les dimensions de l'église ?—de la sacristie ?—du presbytère ?—de la salle des habitants ?— L'église est construite en ;—la sacristie en ;—le presbytère en ;—la salle en.

45. Pour quel montant sont assurés l'église ?—la sacristie ?
—le presbytère ?—l'orgue ?—les cloches ?—les dépendances ?—À quelle assurance ?—Quand les polices seront-elles expirées ?—Ces édifices ont-ils besoin de réparation ?

46 La salle publique a-t-elle un appartement spécial pour les femmes ?

\* 47. Le cimetière est-il entouré d'une bonne clôture ou d'une muraille ?—Y a-t-il une grande croix au milieu ?—Y a-t-il une partie séparée pour les enfants morts sans baptême, ou pour ceux qui n'ont pas droit à la sépulture ecclésiastique ?—Quelle étendue est divisée en lots de famille ?

### VIII. OBJETS DU CULTE, FONDATIONS, ETC.

48. Y a-t-il dans la sacristie un tableau des fondations ?
—Ces fondations sont-elles acquittées régulièrement ?

49. La sacristie a-t-elle le linge ?—les ornements ?—les vases sacrés et autres choses nécessaires ?—En quel état sont tous ces objets ?—Où achetez-vous le vin de messe ?
—les cierges ?—les hosties ?—A-t-on les authentiques des saintes reliques ?

\* 50. Y a-t-il des fonts baptismaux dans l'église ?—Les objets qui servent pour l'administration du sacrement de baptême sont-ils conservés sous clef ?

\* 51. Combien y a-t-il de confessionnaux dans l'église ?
—dans la sacristie ?

### IX. CONFRÉRIES ET BONNES ŒUVRES.

\* 52. Combien de concours ont lieu dans l'année ?—A quelle occasion ?

53. Y a-t-il des indulgences dans le cours de l'année et s'efforce-t-on de les gagner ?

54. L'autel est-il privilégié ?—Y a-t-il dans la sacristie un avis qui le fasse connaître ?

\* 55. La Propagation de la Foi, le Denier de Saint Pierre, la Sainte Enfance, le Chemin de la Croix, e Scapulaire, l'Archiconfrérie, l'Apostolat de la Prière, la Colonisation, la Société de Saint François de Sales, le Tiers-Ordre de Saint François d'Assise, la Confrérie de Sainte Anne, des confréries pour les jeunes gens, pour les jeunes filles et pour les parents, etc., sont-ils établis dans la paroisse ?

\* 56. Quelle est la date de leur établissement ?—et en conserve-t-on les actes authentiques ?

57. Les fidèles sont-ils zélés pour ces diverses œuvres et confréries ?—les associés sont-ils nombreux ?

\* 58. Y a-t-il un hospice ou autre institution de charité ? —Par qui est-il dirigé ?—Combien d'infirmes renferme-t-il ?

### X. DE LA TEMPÉRANCE.

59. La Société de Tempérance est-elle établie ?—Combien d'associés compte-t-elle ?—Sont-ils fidèles à en observer les règles ?

60. Combien d'auberges ?—Combien de débits sans licence ?—Fait-on des efforts pour empêcher les désordres ?

61. Y a-t-il des ivrognes publics, ou autres pécheurs notoirement scandaleux ?

### XI. RETRAITES, SACREMENTS. DIMANCHES ET FÊTES. JEUNES ET ABSTINENCE.

62. Quand a eu lieu la dernière retraite dans la paroisse ou mission ? (Décret XV du 6e Concile.)

63. Les Sacrements de Pénitence et d'Eucharistie sont-ils bien fréquentés ?

64. Les dimanches et fêtes sont-ils bien observés ?

65. Vend-on de la boisson durant les offices ?

* 66. Combien y a-t-il de gens qui ne viennent pas à l'église ?

* 67. Comment sont observés les jeûnes et abstinences ?

## XII. REVENUS DU CURÉ.

68. Quel est le revenu du curé par dîme ?—par casuel ? par supplément, (dire quelle est la nature du supplément par ex. par capitation, foin, patates, bois...... par allocation de la propagation de la foi) ?—par terre de la fabrique, par rentes. loyers etc. ?—Total du revenu ?

69. Combien ont négligé de payer ce qu'ils devaient ?— A combien peuvent monter ces arrérages ?

## XIII. ORDONNANCES ÉPISCOPALES.

70. Les ordonnances épiscopales, soit générales, soit spéciales, pour cette paroisse, ou mission, ont-elles été mises à exécution ?

* 71. Les ordonnances faites dans la dernière visite ont-elles été accomplies ?

## XIV. DIVERS.

* 72. Y a-t-il une prison ?—Quel est le nombre ordinaire des prisonniers ?—Quels sont les rapports du curé avec la dite prison ?

* 73. Les élections des marguilliers, des conseillers municipaux, des députés. se font-elles paisiblement, ou sont-elles l'occasion de quelque désordre ?

* 74. Les concours agricoles sont-ils l'occasion de quelque désordre ?

75. Les sages-femmes et les médecins savent-ils bien *quand* et *comment* baptiser ?

76. Quels sont les principaux désordres : veillées, fréquentations, promenades, danses immodestes, jeux défendus, négligence des parents à l'égard des enfants, insubordination des enfants ; mariages mixtes ; parjures ; blasphèmes ; malédictions, etc......... ?

\* 77. L'usure est-elle pratiquée ?

\* 78. Le luxe est-il considérable ?

79. Y a-t-il des personnes mariées qui vivent séparées, sans l'intervention de l'autorité ecclésiastique ?

### XV. REMARQUES SPÉCIALES.

80. Avez-vous à mentionner quelque autre chose propre à donner une plus parfaite connaissance de la paroisse ou mission, et à mettre l'évêque en état de remédier aux abus qui pourraient s'y être introduits ?

Fait à......... le.........jour du mois de.........18 .

(*Signature du curé.*)

---

# VISITE ÉPISCOPALE.

### NOTANDA.

Lorsque le Curé aura reçu le mandement ou la circulaire qui annonce la visite épiscopale, il en donnera connaissance aux paroissiens et les exhortera à s'y préparer.

En temps opportun il commencera à instruire les personnes qui doivent être confirmées.

Il verra à ce que tous les marguilliers sortis de charge aient rendu leurs comptes.

L'église, la sacristie et les alentours doivent être mis en ordre. Le cimetière doit être fauché.

La veille et le jour de l'arrivée et pendant la visite on sonnera l'angélus comme dans les grandes fêtes.

Le dimanche précédent, le curé annoncera l'heure probable de l'arrivée de l'Évêque et donnera les avis qu'il jugera nécessaires. (Il lira aussi ou rappellera ce qui aura été spécialement prescrit ou défendu dans le diocèse à cette occasion.)

Les autels devront être ornés comme pour les plus grandes solennités.

On disposera dans la sacristie ou dans quelque autre lieu les ornements, linges, livres, vases sacrés, l'ostensoir, etc. afin que l'Évêque puisse les examiner facilement et en faire le dénombrement. Il en sera de même pour les reliques avec leurs authentiques, les vases des saintes huiles, les fonts baptismaux. Tous ces objets peuvent être laissés dans leurs armoires ou tiroirs, quand il est facile de les y examiner.

DOCUMENTS A PRÉSENTER A L'ÉVÊQUE DÈS SON ARRIVÉE.

1. Le rapport de l'année courante suivant la formule donnée ci-dessus, page 132, à moins que l'Évêque n'en ait prescrit une autre.

2. L'inventaire des linges, ornements et vases de l'église.

3. Le cahier où sont inscrits les noms des personnes confirmées dans les visites précédentes.

4. Le journal des recettes et dépenses avec les reçus, comptes, etc. Le tarif de la paroisse. Le cahier des bancs Le cahier du casuel.

5. Les redditions de comptes des marguilliers, et celles des syndics ou procureurs, s'il y en a. Tous ces comptes doivent avoir été réglés jusqu'au premier janvier de l'année courante.

6. Le registre des délibérations de la fabrique, et celui des syndics ou procureurs, s'il y en a.

7. Les deux registres des baptêmes, etc., pour l'année courante et celui des années précédentes depuis la dernière visite, avec l'index.

8. Les titres des propriétés paroissiales, avec la liste des papiers de la fabrique.

9. Les mandements et circulaires, ainsi que les ordonnances spéciales et lettres épiscopales ayant rapport à la paroisse ; conciles provinciaux, statuts synodaux........ etc.

10. Le recensement de la paroisse fait pendant la dernière visite du curé.

11. Les comptes et registres des diverses confréries.

12. Le cahier des intentions de messes.

13. Le cahier des prônes.

14 Les dispenses de bans et d'empêchements depuis la dernière visite.

15. Les documents civils, tels que statuts, gazette officielle......

16. Le coffre où sont conservés les papiers et l'argent de la fabrique.

### DIVERSES CHOSES A PRÉPARER.

Le jour de la visite, on placera au milieu du chœur, devant le grand autel, un prie-Dieu couvert d'un tapis avec un carreau : sur l'autel, un missel ouvert à l'endroit où est l'oraison du patron de l'église ; une bourse avec un corporal, et une étole blanche pour le prêtre qui tirera le Saint-Sacrement du tabernacle.

On placera aussi, du côté de l'évangile, un trône ou au moins un fauteuil, avec un dais, pour l'Évêque, et des sièges pour les ecclésiastiques qui l'accompagnent.

On préparera à la sacristie l'encensoir avec la navette, le
bénitier avec l'aspersoir, la croix de procession et les chandeliers des acolytes. On fera porter au presbytère l'amict
et la chape blanche qui doivent servir à l'Évêque, et quelques surplis pour les assistants. Enfin on placera un tapis
et un carreau à l'entrée du presbytère. Quand c'est la première visite de l'Évêque diocésain, on prépare un dais, qui
doit être porté par les marguilliers.

---

## ORDRE DE LA VISITE. (*)

Dès qu'on voit venir l'Évêque, on sonne les cloches jusqu'à ce qu'il soit arrivé au presbytère.

Pendant que l'Évêque prendra ses habits pontificaux,
le curé revêtu d'un surplis et d'une chape blanche, sans
étole, tenant entre ses mains un crucifix, et précédé de
tout le clergé, se rendra à la porte du presbytère, dans
l'ordre suivant. Le thuriféraire, portant l'encensoir et la
navette, marche le premier, ayant à sa gauche un clerc qui
porte le bénitier et l'aspersoir ; un clerc portant la croix de
procession marche entre les deux acolytes avec leurs cierges
allumés, puis le reste du clergé deux à deux, les moins
dignes les premiers ; et enfin le curé, (suivi des marguilliers qui portent le dais, si c'est la première visite de l'Évêque diocésain). Lorsque le clergé est arrivé à quelque
distance du presbytère, le porte-bénitier, le thuriféraire, le
porte-croix et les acolytes s'arrêtent et se placent du côté
droit. Tous les autres se rangent sur deux lignes droites,
de manière que les plus dignes se trouvent placés auprès
de la porte du presbytère. (Ceux qui portent le dais s'appro-

---

(*) Merati (§ VIII. annot. 2, Tome 2) dit que l'ordre de la visite n'est pas de
rigueur et que l'évêque peut le changer quand il a quelque raison de le faire.

chent du lieu où le tapis et le carreau ont dû être préparés
pour le prélat.)

L'Évêque étant sorti du presbytère et s'étant mis à
genoux sur le carreau, le curé demeurant debout lui présente le crucifix, sans lui faire d'inclination auparavant,
par respect pour le crucifix qu'il tient entre ses mains.
L'Évêque baise le crucifix et se lève.   Le curé remet à un
des assistants le crucifix qu'il portait, fait au prélat une
profonde inclination ou une génuflexion (*), et, après que
tout le clergé l'a salué par une génuflexion et que les
fidèles ont reçu la bénédiction à genoux, la procession se
rend à l'église dans le même ordre qu'elle en est venue.

Le prélat marche (sous le dais) immédiatement précédé
par le curé (†) et suivi des clercs de service et ayant à ses
côtés, un peu en arrière, ses deux assistants, en surplis.

Au départ de la procession, les chantres entonnent et
poursuivent l'antienne : *Sacerdos et Pontifex*..........ou bien
le répons : *Ecce sacerdos magnus* ........ comme dans le
Processionnal ou dans le Graduel.   Si le chemin est long,
on peut y ajouter le *Veni, Creator Spiritus*, ou d'autres
hymnes.   Lorsque c'est la première fois que le nouvel
Évêque diocésain visite cette église. on chante le *Te Deum*,
après l'antienne ou le répons susdit.

Pendant la procession, on allume les cierges du grand
autel.   Lorsqu'elle est arrivée à la porte de l'église, le
thuriféraire et le clerc qui porte le bénitier s'y arrêtent ;
le porte-croix et les acolytes s'avancent jusqu'à ce que le
cérémoniaire de l'évêque donne le signal d'arrêter.   Tous
se tournent alors vers le prélat, en continuant de chanter
le répons ou l'hymne qu'on y aura ajoutée.

_____

(*) Si le curé est en chape ou est grand vicaire du diocèse ou chanoine, il fait une
profonde inclination, sinon il fait la génuflexion.

(†) Si le Visiteur est archevêque dans son diocèse ou sa province, le curé marche
devant la croix archiépiscopale, qui est portée devant l'archevêque par un clerc en
surplis.

Lorsque le prélat est arrivé à la porte de l'église, le curé ayant la tête découverte reçoit l'aspersoir, fait une inclination profonde au prélat (ou une génuflexion), baise l'aspersoir et le lui présente, en baisant sa main ou son anneau. L'Évêque reçoit l'aspersoir, prend l'eau bénite et fait l'aspersion sur le curé, le clergé et le peuple. Après quoi il rend l'aspersoir au curé qui lui fait encore une profonde inclination (ou une génuflexion), baise sa main et l'aspersoir qu'il remet au porte-bénitier. Ensuite le curé, ayant reçu la navette des mains du thuriféraire, fait une inclination profonde (ou une génuflexion) au prélat, et lui présente, avec les baisers ordinaires, la cuiller à l'encens, en disant : *Benedicite, Pater Reverendissime*. Le thuriféraire se met à genoux avec le cérémoniaire et présente l'encensoir ouvert à l'Évêque, qui y met de l'encens, et le bénit. Le curé encense de trois coups le prélat, lui faisant une inclination profonde (ou une génuflexion) avant et après l'encensement. Le thuriféraire et le porte-bénitier vont se replacer à la tête de la procession, qui se remet en marche et s'avance vers le chœur.

La procession étant arrivée au chœur, le thuriféraire et le porte-bénitier portent l'encensoir et le bénitier à la sacristie. La croix est déposée auprès de l'autel, du côté de l'épître ; les acolytes mettent leurs chandeliers sur la crédence, auprès de laquelle ils se placent avec le porte-croix. Le clergé se met dans les bancs et stalles du chœur.

L'Évêque, étant arrivé au bas de l'autel, quitte la mitre et la crosse, se met à genoux sur le prie-Dieu et y fait une prière, ayant auprès de lui ses deux assistants et derrière lui, sur une même ligne, le cérémoniaire et les clercs de service. Tous se mettent à genoux à leur place (*) . Le curé se place au bas des degrés de l'autel au coin de l'épître,

---

(*) Si le *Te Deum* se chante, ou reste debout jusqu'à ce qu'il soit terminé, et ensuite on se met à genoux.

en sorte qu'il ait l'autel à sa droite et qu'il soit tourné vers le prélat.

Quand le chant est terminé, il se lève et toujours tourné vers le prélat, il chante sur le ton férial les versets et l'oraison qui suivent :

V. Protector noster aspice Deus.

R. Et respice in faciem Christi tui.

V. Salvum fac servum tuum,

R. Deus meus, sperantem in te.

V. Mitte ei, Domine, auxilium de Sancto,

R. Et de Sion tuere eum.

V. Nihil proficiat inimicus in eo,

R. Et filius iniquitatis non apponat nocere ei.

V. Domine, exaudi orationem meam,

R. Et clamor meus ad te veniat.

V. Dominus vobiscum ;

R. Et cum spiritu tuo.

OREMUS.

Deus, humilium visitator, qui eos paterna dilectione consolaris, prætende societati nostræ gratiam tuam ; ut per eos, in quibus habitas, tuum in nobis sentiamus adventum. Per Christum Dominum Nostrum.

*Si c'est la première visite que fait l'évêque diocésain dans cette paroisse, au lieu de l'oraison ci-dessus, le curé dit la suivante :*

OREMUS.

Deus omnium fidelium pastor et rector, famulum tuum N. quem ecclesiæ tuæ præesse voluisti, propitius respice ; da ei, quæsumus, verbo et exemplo, quibus præest proficere, ut ad vitam una cum grege sibi credito perveniat sempiternam. Per Christum Dominum Nostrum.

Dès que l'oraison est achevée, tous se lèvent ; et on chante l'antienne du *Magnificat* et le verset des secondes vêpres du patron de l'église, comme dans le vespéral, au propre ou au commun des Saints. Quand on chante le verset, le prélat monte à l'autel, le baise au milieu, passe au côté de l'épître, et après le répons qui suit le verset, il chante l'oraison du patron qu'on lui indique dans le missel. Cela fait, le curé quitte la chape ; l'Évêque revient au milieu de l'autel qu'il baise une seconde fois, reprend la mitre et la crosse, donne la bénédiction solennelle au peuple, (et s'il le juge à propos, fait annoncer une indulgence de 40 jours). Il se rend ensuite au trône, ou bien s'assied sur le fauteuil préparé au côté de l'évangile. Il annonce lui-même, ou fait annoncer la durée de la visite, les heures destinées aux confessions, le temps où l'Évêque sera prêt à confirmer les enfants, (*) à entendre les personnes qui voudront lui parler et à recevoir les marguilliers pour l'examen des comptes de la fabrique. Si l'Évêque est autorisé à accorder une indulgence plénière à l'occasion de la visite, il en fait connaître les conditions.

Après cela, l'Évêque fait une exhortation s'il le juge à propos et termine par la visite du Saint-Sacrement, à moins qu'il ne doive dire la messe immédiatement.

### VISITE DU SAINT-SACREMENT.

L'Évêque en chape se met à genoux sur le palier de l'autel : le thuriféraire, le cérémoniaire, et les deux acolytes

---

(*) Les confirmands d'une autre paroisse ne seront reçus qu'avec une attestation de leur curé, déclarant qu'ils ont été instruits, préparés et jugés capables de recevoir la confirmation. Une liste de ces étrangers doit être envoyée à leur curé respectif qui devra les enregistrer dans le registre des confirmés de la paroisse. Ils devront aussi être enregistrés dans la paroisse où ils ont été confirmés, avec une note qui indique de quelle paroisse ils sont.

portant leurs cierges allumés, font ensemble la génuflexion, au bas de l'autel à la place ordinaire. Les acolytes se mettent à genoux sur la plus basse marche, et le thuriféraire avec le cérémoniaire sur la seconde. Cependant le curé, en surplis avec une étole blanche, étend un corporal sur l'autel, ouvre le tabernacle et descend au côté droit de l'Évêque qui met l'encens et reçoit l'encensoir. Le curé ne baise pas la main de l'Évêque en lui présentant l'encens ou l'encensoir.

Lorsque le curé ouvre le tabernacle, les chantres entonnent la strophe : *Tantum ergo etc.*, et la suivante *Genitori, etc.* Après l'encensement, l'Évêque monte à l'autel, fait une génuflexion, visite le tabernacle, l'ostensoir, les ciboires et les autres vases dans lesquels on conserve le Saint-Sacrement. Le curé a le soin de les placer sur le corporal, et après qu'il ont été visités, il les remet dans le tabernacle, à l'exception d'un ciboire. L'Évêque alors fait une génuflexion et se remet à genoux sur le palier de l'autel. Le chœur ayant achevé la dernière strophe de l'hymne, on chante :

     v. Panem de cœlo præstitisti eis,

     r. Omne delectamentum in se habentem.

Au temps pascal, et dans l'octave de la Fête-Dieu, on ajoute *alleluia*.

Le prélat se lève et chante l'oraison suivante :

OREMUS.

Deus, qui nobis sub Sacramento mirabili passionis tuæ memoriam reliquisti ; tribue, quæsumus, ita nos corporis et sanguinis tui sacra mysteria venerari, ut redemptionis tuæ fructum in nobis jugiter sentiamus ; qui vivis et regnas in sæcula sæculorum. r. Amen.

Après l'oraison, l'Évêque reçoit le voile huméral, monte à l'autel, fait sur le peuple trois signes de croix avec le ciboire, qu'il remet sur le corporal.

Après la bénédiction, on chante au chœur le psaume *Laudate Dominum, omnes gentes, etc.* Le curé ayant repris l'étole, replace le ciboire dans le tabernacle, plie le corporal et descend sur le second degré, au côté droit du prélat. Celui-ci, ayant repris la mitre et la crosse, va au trône, au fauteuil ou à la sacristie, déposer les ornements sacrés, à moins qu'il ne veuille alors faire la visite des fonts baptismaux, ou l'absoute pour les défunts.

### VISITE SOLENNELLE DES FONTS BAPTISMAUX. (*)

À l'heure marquée pour la visite solennelle des fonts baptismaux, on s'y rend processionnellement. Le thuriféraire marche le premier,— puis le porte-croix et les acolytes,—et à la suite du clergé, le prélat couvert de la mitre, tenant la crosse à la main et ayant auprès de lui le curé et un autre prêtre pour l'assister.

La procession étant arrivée aux fonts, le thuriféraire se range du côté droit, et le porte-croix et les acolytes auprès des fonts, ayant le visage tourné vers le grand autel.

Le curé ouvre les fonts et les vases des saintes-huiles, puis l'Évêque bénit l'encens et encense trois fois les fonts baptismaux, en forme de croix. Il les examine et visite l'eau, les saintes-huiles et tout ce qui sert à l'administration du sacrement de Baptême, surplis, étole double, chrémeau. L'Évêque reprend la crosse, et la procession retourne au chœur dans le même ordre. Si la foule ou quelque autre raison empêche tout le chœur de venir aux fonts baptismaux, l'Évêque y vient avec les seuls clercs nécessaires.

---

(*) Le pontifical ne donne aucune direction sur la manière de faire cette visite. Celle qui est indiquée ici peut être modifiée au gré de l'Ordinaire.

A l'heure indiquée pour l'absoute, le porte-croix et les acolytes précédés du thuriféraire et du porte-bénitier, sortent de la sacristie. Le thuriféraire et le porte-bénitier s'arrêtent à quelque distance de la dernière marche de l'autel au côté de l'Évangile, après y avoir fait une génuflexion.

Le porte-croix et les acolytes vont se placer au bas du sanctuaire, auprès et au milieu du balustre, le visage tourné vers l'autel.

Le prélat, ayant pris le rochet, l'amict, l'étole, la chape noire ou violette et la mitre simple, se rend au chœur, accompagné du curé et d'un autre prêtre assistant, précédé du cérémoniaire et suivi des clercs qui portent le livre, le bougeoir et la mitre.

L'Évêque, étant arrivé au bas de l'autel, fait la génuflexion et se tourne vers le peuple. Puis demeurant debout, la mitre sur la tête, ayant le curé à sa droite et le second prêtre assistant à sa gauche, il entonne l'antienne : *Si iniquitates.*

Aussitôt les chantres entonnent le psaume : *De profundis* etc., que le chœur demeuré debout, continue de chanter, ajoutant à la fin : *Requiem æternam etc.* On répète l'antienne.

Pendant que le chœur chante le ps. *De profundis*, le prélat le récite avec ses assistants, ajoutant à la fin le v. *Requiem æternam etc.*, et l'antienne *Si iniquitates etc.*, qu'il dit tout entière. Ensuite le curé lui fait bénir l'encens, sans aucun baiser.

L'antienne chantée, l'Évêque laisse la mitre et dit tout haut les versets suivants :

v. *Kyrie eleison.* r. *Christe eleison.* v. *Kyrie eleison.*

*Pater noster, etc.*, que l'on continue tout bas. Cependant le curé présente l'aspersoir, puis l'encensoir au prélat, sans aucun baiser, mais en lui faisant une inclination profonde avant et après. L'Évêque, sans laisser sa place, jette trois fois de l'eau bénite sur le pavé devant lui, savoir, au milieu, à gauche et à droite, puis encense de trois coups de la même manière.

Ensuite demeurant toujours debout et découvert, il chante sur le ton férial :

℣. Et ne nos inducas in tentationem,

℟. Sed libera nos a malo.

℣. In memoria æterna erunt justi :

℟. Ab auditione mala non timebunt.

℣. A porta inferi,

℟. Erue. Domine, animas eorum.

℣. Requiem æternam dona eis, Domine,

℟. Et lux perpetua luceat eis.

℣. Domine, exaudi orationem meam,

℟. Et clamor meus ad te veniat.

℣. Dominus vobiscum ;

℟. Et cum spiritu tuo.

### OREMUS.

Deus, qui inter apostolicos sacerdotes famulos tuos pontificali fecisti dignitate vigere, præsta. quæsumus, ut eorum quoque perpetuo agregentur consortio. Per Christum Dominum nostrum. ℟. Amen.

Après cette oraison, le prélat fait la génuflexion vers l'autel, reprend la mitre. et les chantres ayant entonné le répons : *Qui Lazarum etc.*, on va processionnellement au cimetière. Le porte-bénitier et le thuriféraire marchent

les premiers, puis le porte-croix entre les acolytes, ensuite
le reste du clergé deux à deux et le prélat avec ses
assistants. Pendant que le clergé chante le répons indiqué,
l'Évêque récite à voix basse avec ses assistants l'ant. *Si
iniquitates etc* , puis le ps. *De profundis etc.*, répétant à la
fin l'ant. *Si iniquitates, etc.,* comme ci-dessus. Le peuple
suit l'Évêque au cimetière et se place autour du clergé.

Tous étant arrivés au cimetière, le porte-croix y prend
place entre les acolytes au pied de la grande croix. Le
prélat se place vis-à-vis avec ses deux assistants. Le
cérémoniaire, le thuriféraire et le porte-bénitier se mettent
à la droite du prélat. Les clercs qui portent le livre, le
bougeoir et la mitre se placent derrière lui, et les autres
membres du clergé se rangent des deux côtés et en face,
les moins dignes auprès de la croix.

Tout étant ainsi disposé et le répons *Qui Lazarum etc.*
fini, on chante le *Libera*......... Pendant la répétition du
répons, le curé fait bénir l'encens par l'Évêque. Après
que les chantres ont chanté le dernier *Kyrie eleison*, le prélat
quitte la mitre et dit tout haut : *Pater noster.*

Pendant que les assistants continuent tout bas, l'Évêque
sans quitter sa place, jette trois fois de l'eau bénite devant
lui sur le cimetière, et encense de trois coups ; ensuite il
chante sur le ton férial : *Et ne nos inducas in tentationem,
etc.*, et les autres répons, comme dans l'église, (page 151.)
puis les oraisons suivantes :

OREMUS.

Deus, qui inter apostolicos sacerdotes famulos tuos sacerdotali fecisti dignitate vigere, præsta, quæsumus, ut eorum
quoque perpetuo agregentur consortio.

Deus, veniæ largitor et humanæ salutis amator, quæsumus clementiam tuam ut nostræ congregationis fratres,

propinquos, et benefactores qui ex hoc sæculo transierunt, beata Maria semper Virgine intercedente, cum omnibus Sanctis tuis, ad perpetuæ beatitudinis consortium pervenire concedas.

Deus, cujus miseratione animæ fidelium requiescunt, famulis et famulabus tuis omnibus hic et ubique in Christo quiescentibus, da propitius veniam peccatorum, ut a cunctis reatibus absoluti, tecum sine fine lætentur. Per Christum Dominum nostrum. R. Amen.

v. Requiem æternam dona eis, Domine,

R. Et lux perpetua luceat eis.

Les chantres chantent : v. Requiescant in pace. R. Amen.

Après quoi le prélat, élevant la main droite, fait quatre signes de croix sur le cimetière vers les quatre parties du monde et reprend la mitre. Tout le clergé s'en retourne processionnellement à l'église, dans le même ordre qu'il en est venu, et en psalmodiant le ps. *Miserere etc.*, que l'Évêque dit à voix basse avec ses assistants.

On ajoute à la fin du psaume le v. *Requiem æternam etc.*

Le prélat étant revenu au bas de l'autel laisse la mitre et debout avec ses assistants dit tout haut les versets : *Kyrie eleison, etc.. Pater noster, etc. (Le chœur et les fidèles sont à genoux.)*

v. Et ne nos inducas in tentationem.

R. Sed libera nos a malo.

v. A porta inferi,

R. Erue, Domine, animas eorum.

v. Requiescant in pace. R. Amen.

v. Domine, exaudi orationem meam,

R. Et clamor meus ad te veniat.

℣. Dominus vobiscum ;

℟. Et cum spiritu tuo.

OREMUS.

Absolve, quæsumus, Domine, animas famulorum famula-rumque tuarum, ab omni vinculo delictorum, ut in resur-rectionis gloria inter sanctos et electos tuos ressuscitati respirent. Per Christum Dominum nostrum.

℟. Amen.

L'Évêque quitte les ornements noirs, et, s'il doit conti-nuer la visite, il prend ceux qu'il a laissés pour faire l'absoute.

NOTE.—Si le cimetière est si éloigné de l'église, ou le temps si mauvais, que le prélat ne puisse y aller procession-nellement, l'on fait dans le chœur les mêmes cérémonies que dans le cimetière, excepté que l'Évêque fait, devant lui, au milieu, à gauche et à droite, le signe de croix qu'il doit faire sur le cimetière vers les quatre parties du monde.

VISITE DES MEUBLES, LINGES, ORNEMENTS ET AUTRES EFFETS
DE L'ÉGLISE.

Au temps le plus commode, le prélat revêtu de son rochet et de son camail visite les autels, les pierres sacrées, et examine le sceau qui en couvre le sépulcre. Il examine les reliques avec leurs authentiques, les tableaux, les images, la chaire et les confessionnaux ; les décorations du chœur, des chapelles et de la nef de l'église ;—la sacristie, les orne-ments, les calices et autres vases sacrés, les linges, les livres d'église. et toutes les choses qui ont rapport au service divin :—le vase de l'huile des infirmes, ainsi que les diffé-rents objets qui servent à l'administration de l'Extrême-Onction, et il s'informe du lieu où l'on dépose habituelle-ment la boîte ou le sac destiné à les contenir. Il visite aussi l'extérieur de l'église, le cimetière, s'il ne l'a pas examiné après l'absoute pour les morts,—les chapelles séparées de l'église, qui servent aux processions du Saint-Sacrement ou à recevoir les corps des défunts. Il se fait rendre compte de l'état du clocher et des autres choses dépendantes de l'église. Il s'informe du nombre de croix actuellement plantées dans la paroisse ; si elles sont bénites, décentes et convenablement entourées ; si elles sont au moins à une lieue de distance les unes des autres, et si à leur occasion, il se commet quelque abus auquel il puisse remédier.

L'Évêque examine les différents documents énumérés ci-dessus page 141.

L'Évêque bénit les ornements ou linges qu'il y a à bénir ; et il examine et interroge, ou fait interroger en sa présence, sur le catéchisme, les enfants des écoles et autres.

À l'heure marquée, il fait sonner la cloche de l'église, pour convoquer les marguilliers, et les syndics, s'il y en a, dans la sacristie ou au presbytère ; il reçoit et alloue, s'il le trouve convenable, les comptes de ceux d'entre eux qui ont été rendus depuis la dernière visite. Il fait de même à l'égard des comptes des confréries et associations de charité, s'il y en a dans la paroisse.

Il reçoit et écoute avec bonté ceux des paroissiens qui désirent prendre ses avis ou qui ont besoin de se confesser à lui ; il entend aussi les plaintes ou remontrances tant du curé que des paroissiens. Il s'informe s'il y a des désordres publics et des scandales dans la paroisse ; si les paroissiens vivent en paix entre eux et en bonne intelligence avec le curé ; il s'informe aussi de la vie et conduite des ecclésiastiques qui y demeurent. En un mot, le prélat examine tout ce qui concerne le spirituel et le temporel de l'église, afin de voir si chaque chose est dans l'ordre requis et en bon état : et il prend connaissance de tout ce qui a rapport à la

desserte de la paroisse, aux mœurs et à la conduite des
paroissiens, afin de savoir s'il y a quelque abus ou quelque
désordre à corriger et par quels moyens il peut prudem-
ment et efficacement y apporter remède. A cette fin il
rend les ordonnances et donne tant en particulier qu'en
public, les avis qu'il juge convenables.

L'Évêque, avant de quitter la paroisse dont il a fait la
visite, se rend à l'église, revêtu de ses habits ordinaires.
Se tenant debout et découvert du côté de l'épître, il récite
tout haut le psaume De Profundis etc., l'antienne Si iniquitates etc., puis Pater noster, etc., et les versets, comme ci-dessus
page 153.

Il termine par l'oraison Deus, cujus miseratione, etc., mentionnée plus haut. (page 153.)

---

# VISITE

## PAR LE VICAIRE CAPITULAIRE.

(Voir dans Gardellini le cérémonial de cette visite. approuvé
par Grégoire XVI le 8 novembre 1843.)

Il n'y a aucune rubrique prescrite ou approuvée pour les
visites faites par les vicaires généraux, les archidiacres. etc.

---

## DISCIPLINE INTÉRIEURE DES ÉGLISES.

### DES ENFANTS DE CHŒUR, DES CHANTRES ET DES EMPLOYÉS
### DE L'ÉGLISE.

1° Tous ceux qui sont employés au service de l'église
doivent être de bonne conduite et fréquenter les sacrements.

2° Si quelqu'un des enfants de chœur, des chantres ou
des autres employés de l'église, manquait à ses devoirs, le

curé le reprendra avec charité ; s'il persistait dans sa
mauvaise conduite, le curé tâchera de l'éloigner en
employant les moyens que la prudence suggèrera pour
empêcher le scandale.

8° Le curé a le droit d'éloigner du chœur les enfants et
les chantres qui ne seraient pas propres aux fonctions qu'ils
ont à remplir, ou qui accompliraient mal leurs devoirs
religieux.

### RÈGLEMENT DU CHŒUR.

Pour être admis au chœur. et conserver sa place, il
faut :

1° Savoir les répons de la messe et être capable de servir
aux offices.

2° Assister régulièrement à la messe et aux vêpres, les
jours d'obligation, et aux exercices de cérémonies qui se
feront au temps le plus convenable.

3° Se bien tenir au chœur, n'y point parler, n'y jamais
rire, n'y pas tourner la tête de côté et d'autre, s'occuper à
lire, à prier, à chanter.

4° Ne point sortir du chœur pendant les offices sans la
permission de celui qui sera nommé pour surveiller.

5° Ne parler dans la sacristie que par nécessité et à voix
basse.

6° Avoir bien soin de ses habits de chœur et ne jamais
les laisser traîner à terre. N'en point porter de sales ou
de déchirés.

7° Avoir les cheveux modestement tenus.

8° Être très soumis au maître des cérémonies ou à celui
qui sera chargé de les enseigner ; montrer un grand zèle
pour profiter de ses leçons.

9° Être disposé à servir aux différents offices et s'efforcer de s'en bien acquitter.

## DU MAÎTRE DES CÉRÉMONIES.

I. L'on choisira pour maître des cérémonies celui qui sera jugé le plus exemplaire et en même temps le plus capable de remplir cet office. Un des instituteurs pourrait en être chargé.

II. Il étudiera avec soin le cérémonial et tâchera d'exercer les enfants du chœur, avant la messe ou après les vêpres. Cela est nécessaire surtout quand il doit y avoir quelque cérémonie extraordinaire.

III. Le curé, ou à son défaut, le maître des cérémonies, dira à la sacristie, avant de partir pour le chœur, le *Veni Sancte Spiritus, etc.*, et l'oraison *Deus qui corda, etc.*, et après les offices le *Sub tuum præsidium.* Il fera marcher les enfants deux à deux ; leur fera faire la génuflexion à quelque distance des degrés de l'autel et un salut réciproque en se séparant pour aller à leurs places.

IV. Lorsque le chœur devra se lever, s'asseoir ou se mettre à genoux, il en donnera le signal, en frappant légèrement sur son livre.

V. Il surveillera le chœur afin que tous les enfants s'acquittent bien de leurs offices, et se conduisent avec édification ; il signalera au curé ceux qui sont dissipés ou se comportent mal au chœur.

VI. Si quelqu'un se conduit mal, il tâchera de l'arrêter sans bruit, par quelque signe ; sinon, il ira l'avertir.

VII. Il tiendra un catalogue des enfants de chœur, et remarquera les absents dont il donnera les noms à M. le curé.

VIII. Il aura soin que tous se tiennent droit sans s'appuyer lorsqu'ils seront debout ; qu'ils ne s'essuient point le visage avec les manches de leurs surplis ; qu'ils ne s'en servent point comme éventail ; qu'ils ne tournent point la tête vers la nef ; qu'ils ne mâchent point de tabac ; enfin qu'ils observent fidèlement le règlement et ne fassent rien qui ne convienne à la sainteté du lieu.

### DES CHANTRES.

Les chantres observeront ce qui les regarde dans le règlement du chœur.

I. Ils doivent exercer d'avance ce qu'ils ont à chanter pendant les offices. Pour cela ils auront soin, chaque dimanche, de s'informer auprès de M. le curé, de l'office du dimanche suivant.

II. Ils se feront un devoir de donner aux enfants de chœur l'exemple de la modestie et de la retenue, dans l'église ou la sacristie, ne parlant que par nécessité, en peu de mots et à voix basse, et édifiant ainsi tous ceux qui assistent aux saints offices.

III. Ils doivent chanter gravement ; se souvenant qu'ils font l'office des anges en chantant les louanges du Seigneur.

IV. C'est au 1er chantre à commencer les différents morceaux qui se chantent à la messe ; mais à vêpres chaque chantre entonnera son antienne et son psaume, suivant la place qu'il occupe. Les versets (v) sont chantés par un ou deux chantres ; les répons (r) par le chœur.

V. Ils ne doivent pas chercher à dominer les uns sur les autres ; chacun doit se régler sur le premier qui se trouve du même côté du chœur.

VI. En commençant l'Introït, ils doivent faire sur eux le signe de la croix.

### DE L'ORGANISTE.

I. On peut jouer de l'orgue tous les dimanches et fêtes de l'année, excepté pendant l'avent et le carême.

II. On en peut jouer néanmoins le 3e dimanche de l'avent et le 4e du carême, à la messe seulement, à la messe du jeudi-saint jusqu'au *Gloria in excelsis* inclusivement ; pareillement à la messe et aux vêpres du samedi-saint, ainsi qu'aux fêtes et aux féries qu'on célèbre solennellement *et cum lætitia pro aliqua re gravi.*

III. Il convient de le faire toutes les fois que l'évêque doit célébrer solennellement, ou assister à la messe aux fêtes les plus solennelles, lorsqu'il entre dans l'église ou qu'il en sort après l'office.

IV. De même à l'entrée de l'archevêque ou d'un autre évêque, que l'évêque diocésain veut honorer, jusqu'à ce qu'il ait prié et que l'on commence l'office.

V. Aux matines et aux vêpres solennelles des fêtes majeures, on peut jouer dès le commencement.

VI. A vêpres, à matines et à la messe, le chœur doit chanter le premier verset des cantiques et des hymnes, et aussi le verset des hymnes où l'on doit s'agenouiller : v. g. *Te ergo quæsumus*, etc. ; *Tantum ergo sacramentum....* quand le Saint-Sacrement est sur l'autel.

VII. La même règle doit être observée pour le *Gloria Patri* et les derniers versets des hymnes, quand même le verset précédent aurait été chanté par le chœur. Quelqu'un du chœur devrait réciter à haute voix les parties des hymnes et des cantiques jouées par l'orgue sans être chantées.

VIII. Aux vêpres solennelles, l'orgue a coutume de jouer à la fin de chaque psaume, et alternativement aux versets de l'hymne et du cantique *Magnificat*, en observant ce qui est ci-dessus prescrit. L'antienne du *Magnificat* doit toujours être chantée par le chœur après ce cantique.

IX. A la messe solennelle on joue et on chante alternativement : *Kyrie, Gloria in excelsis Deo, Sanctus, Agnus*

*Dei* : et l'orgue joue après l'épitre, à l'offertoire, avant l'oraison post-communion et à la fin de la messe ; durant l'élévation le jeu doit être doux et grave.

X. Lorsqu'on dit le *Credo* à la messe, il doit être tout chanté par le chœur, et l'orgue ne peut jouer que pour accompagner les voix.

XI. On doit avoir soin que les sons de l'orgue ne soient point lascifs, et qu'on n'y chante que ce qui a rapport à l'office, et par conséquent rien de profane.

XII. Les chantres et les musiciens se rappelleront que l'harmonie des voix doit avoir pour effet d'exciter la piété, et pour cela ne doit ressentir en rien la légèreté et la mollesse, afin de ne pas détourner l'esprit des assistants de la contemplation des choses saintes.

XIII. L'organiste doit avoir soin de ne pas jouer si longtemps qu'il fasse attendre le célébrant pour commencer la préface, ou le *Pater*.

XIV. On ne doit pas jouer de l'orgue aux offices des morts, vêpres, matines, laudes. A la messe des morts il n'est permis de jouer de l'orgue que pour accompagner le chant ; la musique cesse avec le chant. Il convient de suivre la même règle dans les féries de l'avent et du carême. (*)

### DU BEDEAU.

Il doit :

I. Sonner l'angélus le matin à cinq heures, et le soir à sept heures, depuis le soir du samedi-saint inclusivement jusqu'au matin du 1 octobre exclusivement.

---

(*) Voici le texte du cérémonial des évêques tel qu'approuvé par Léon XIII (1886) chap. 23. art. 13 : " In officiis defunctorum organa non pulsantur : in missis autem, si musica adhibeatur, silent organa cum silet cantus ; quod etiam tempore adventus et quadragesimæ in ferialibus diebus convenit adhibere. "

On ne doit pas chanter de cantiques, ni de morceaux latins étrangers à la messe des morts.

Le reste de l'année, le matin et le soir, à six heures.

A midi tous les jours de l'année, excepté le jeudi-saint et le vendredi-saint.

II. Sonner l'angélus en tintons et en branle pendant trois minutes : on sonne pendant six minutes le midi et le soir de la veille, ainsi que le matin le midi et le soir des jours de fêtes solennelles, savoir : de Pâques, de l'Ascension, de la Pentecôte, de la Fête-Dieu, du Dimanche de la procession du Saint-Sacrement, de la fête de Saint-Pierre, de la Dédicace, de l'Assomption, de la Toussaint, de Noël, de l'Épiphanie, du patron de la paroisse. La veille du Mercredi des Cendres il annoncera l'ouverture des pâques, après l'angélus du soir, par la sonnerie solennelle de toutes les cloches pendant environ un quart-d'heure. Il annoncera de même la clôture des pâques, le dimanche de la Quasimodo, après l'angélus du soir.

III. *Fêtes et Dimanches :* Pour la messe sonner trois coups en branle, à une demi-heure ou une heure de distance ; pour vêpres, trois coups en branle à une demi-heure de distance ; ajouter quelques tintons au dernier coup.

IV. Dès qu'un décès est annoncé au curé, sonner les glas. Les glas se sonnent en trois volées, chacune de neuf tintons pour les hommes et de six pour les femmes, puis d'une sonnerie en branle.

V. Sonner une volée après l'angélus du soir de la veille et après l'angélus du matin du jour de la sépulture.

VI. Sonner pendant cinq minutes, y compris les soupirs, le branle et le tinton, avant de commencer l'office.

VII. Sonner en branle, pendant le *Libera*, après avoir commencé par des soupirs, et jusqu'à la fin de la sépulture.

VIII. Après les vêpres des morts, sonner les glas de temps en temps, jusqu'à l'angélus du soir ; et aussi depuis l'angélus du matin jusqu'à la messe solennelle des morts, pour laquelle on ne sonne que cinq minutes à l'ordinaire.

IX. Pour un service anniversaire, sonner le soir et le matin, comme au jour de la sépulture.

X. Aux grand'messes sur semaine, sonner comme le dimanche.

XI. Sonner durant les processions du Saint-Sacrement, et celles de Saint-Marc et des Rogations.

XII. Sonner en tintons pendant les deux élévations, aux grand'messes sur semaine, et à celles des dimanches et fêtes, et à la bénédiction du Saint-Sacrement.

XIII. Sonner en tintons quand le Saint Viatique est porté aux malades pendant le jour. On sonne pendant cinq minutes avant et cinq minutes après le départ du prêtre qui porte le Saint Viatique.

XIV. Pour la basse messe, sonner le premier coup en branle, suivi de quelques tintons ; le second coup en tintons, quand la messe est dite par un prêtre ; mais en branle si c'est un évêque qui célèbre.

## DU SACRISTAIN.

Autant que possible, il ne paraitra dans le chœur qu'en soutane ou jupon, avec surplis.

Il se conformera aux instructions du curé.

Il est chargé des devoirs suivants :

I. Avoir soin que les parements, vases sacrés, livres, cierges, ornements, etc., soient conservés dans la décence et la propreté convenables. Avertir le curé lorsque les ornements auront besoin d'être réparés, ou que les linges seront sales ou déchirés.

II. Veiller surtout à ce que la plus grande propreté règne sur l'autel, et à ce que tout ce qui sert dans l'administration des sacrements soit bien entretenu.

III. Tenir la lampe toujours allumée et la nettoyer au moins une fois par semaine.

IV. Avoir soin des reliques et les conserver honorablement.

V. Laver les bénitiers au moins tous les mois et renouveler l'eau bénite chaque semaine. Tenir dans une grande propreté l'église et les chapelles.

VI. Faire les parures suivant la direction du curé et le règlement qu'il jugera à propos de faire.

VII. Préparer d'avance les autels, les crédences, le chœur, les ornements et les autres choses nécessaires ; allumer les cierges, de manière que l'office ne soit point retardé.

VIII. Faire sonner la cloche aux heures fixées pour les offices.

IX. Ne pas souffrir qu'on tienne dans la sacristie des discours inutiles, ni qu'on y fasse quelque action profane.

X. Présenter, surtout aux prêtres étrangers, ce qui est nécessaire pour la célébration des saints mystères.

XI. Avoir un tableau des messes et anniversaires qui doivent être célébrés à des jours fixes.

XII. Remettre les ornements à leur place après les offices et plisser les surplis et les aubes.

XIII. Ne jamais poser ses pieds sur les pierres sacrées, quand il faut faire la parure des autels.

XIV. Ne jamais parler dans l'église ou la sacristie que par nécessité, et alors toujours à voix basse ; ne jamais courir quelque pressé qu'il puisse être. Faire la génuflexion jusqu'à terre, quand il passe devant le tabernacle du Saint-Sacrement.

I. Les bancs d'église se louent publiquement et au plus offrant enchérisseur, après une seule ou après deux ou trois annonces, selon l'usage des paroisses. Ces annonces se font, dans quelques lieux, au prône, et, dans d'autres, à la porte de l'église, à l'issue de la messe paroissiale d'obligation.

II. Le mode de louage de bancs le plus avantageux aux fabriques, est celui en vertu duquel le prix de l'adjudication fait le montant de la rente annuelle, payable six mois d'avance. Toutes les fabriques sont exhortées à adopter ce mode.

III. Un banc devient vacant par la mort du concessionnaire, ou, quand celui-ci a pris un domicile dans une autre paroisse, après une année révolue d'absence.

IV. A moins d'un règlement spécial, qui fixe un autre terme, le louage d'un banc est fait pour la vie de l'adjudicataire, et aussi pour celle de sa veuve, si elle demeure en viduité.

V. Les enfants, après le décès de leurs père et mère, peuvent retraire le banc qui leur avait été loué, en payant le prix de la dernière enchère.

VI. Lorsqu'un banc est devenu nuisible aux décorations ou aux changements jugés nécessaires dans l'église, l'évêque peut en ordonner la suppression. Dans ce cas, la fabrique s'accommode avec l'adjudicataire.

VII. Toute personne majeure, domiciliée dans la paroisse, a droit d'avoir un banc dans l'église, mais nul ne peut avoir plus d'un banc au détriment des autres paroissiens.

VIII. Les concessionnaires n'ont pas le droit de changer la forme de leurs bancs, de les peinturer, d'y ajouter des portes, de les fermer avec serrures, de les élever au-dessus des autres bancs.

IX. On doit porter sur un registre particulier les actes de concession de bancs, en y mentionnant les noms de l'adjudicataire, le jour, le mois, l'année et le prix de l'adjudication, le tout dûment signé. Mais on obvie à beaucoup d'inconvénients en faisant passer par-devant notaire ces actes de concessions. La fabrique peut avoir toujours prêtes des formules imprimées de ces actes ; et en les fournissant au besoin au notaire, celui-ci diminue ses honoraires. C'est le mode que bon nombre de fabriques ont maintenant adopté à leur grand avantage.

---

# EXTRAITS

DE LA CIRCULAIRE AU CLERGÉ DE LA PROVINCE ECCLÉSIASTIQUE

DE QUÉBEC. (*)

Décembre 1882.

Le Clergé, dans notre Province, est obligé de tenir les registres à deux titres différents : en vertu de la loi ecclésiastique et en vertu de la loi civile.

1° C'est à la fin du Rituel Romain, immédiatement avant le supplément (*Appendix*), que l'on trouve exprimée l'obligation de tenir des registres de baptêmes, mariages et sépultures.

" *Liber Baptizatorum habeatur in Ecclesiis in quibus confertur Baptisma...... Liber Matrimoniorum...... Liber Defunctorum habeatur etiam in omnibus Ecclesiis in quibus defuncti sepeliuntur. Hi...... habeantur a quolibet Parocho.*

---

(*) A cette époque, les provinces ecclésiastiques de Montréal et d'Ottawa faisaient partie de celle de Québec. Cette circulaire a force de loi dans ces trois provinces.

" *Advertat in primis Parochus ut in libris tam Baptizatorum*
......*quam Matrimoniorum et Defunctorum exprimat semper
non solum nomen personarum quæ ibi nominantur, sed etiam
familiam.*"

Il suit de là que les curés tiennent ces registres d'abord
comme ministres de l'Église, et qu'ils y seraient également
obligés lors même qu'il n'y aurait pas de loi civile à cet
effet.

2° Mais le pouvoir temporel, considérant l'importance
pour les individus, la famille et la société civile tout
entière, de la constatation exacte des naissances, mariages
et décès, a fait de son côté des règlements pour prescrire la
tenue de tels registres, et en déterminer tous les détails.
Il reconnaît pour les fins civiles nos registres ecclésiastiques, en exigeant toutefois certaines modifications qu'il
croit utiles ou nécessaires. À ce point de vue, les curés
les tiennent donc aussi comme représentants de l'autorité
civile, et doivent conséquemment observer les lois qui
règlent cette matière.........

N'écrire les actes que sur des feuilles volantes, sans ordre,
sans soin ni précaution, les laisser se disperser à l'aventure
comme des papiers de nul intérêt et de rebut, c'est... une
sorte de profanation et de crime, puisque la sûreté des
baptêmes et la légitimité des mariages en dépendent. On
doit donc veiller à ce qu'ils soient réunis, conservés et
transmis intacts à la postérité.

Voici les principaux points sur lesquels Nous croyons
devoir insister.

1° Se procurer à temps pour l'année suivante un registre
de bon papier, couvert solidement, et le faire numéroter,
parapher et authentiquer par qui de droit, de manière à
pouvoir s'en servir dès le 1er janvier.

2° Employer une encre convenable et écrire proprement
et lisiblement.

3° Suivre les formules que l'on trouve dans l'*Appendice au Rituel*, en les modifiant selon les circonstances. Dans les actes de mariage, mentionner si les témoins sont parents ou alliés des parties, de quel côté et à quel degré.

4° Inscrire les actes dans les deux registres de suite et sans blancs, aussitôt que l'on a rempli sa fonction, et avant de les faire signer.

5° Donner lecture de chaque acte aux parties comparantes ou à leur procureur, et aux témoins, et en faire mention dans l'acte par les mots : " *lecture faite.*"

6° Faire ensuite signer l'acte immédiatement par les témoins qui savent signer et ne signer qu'après eux.

7° Écrire tout au long, sans abréviation ni chiffres ; faire parapher les renvois par tous ceux qui signent l'acte, et mentionner ces renvois et les ratures à la fin de l'acte.

8° Éviter soigneusement de laisser dans les registres, à la fin de la journée, des actes en blanc ou incomplets.

9° Déposer au greffe, dans les six premières semaines de chaque année, le registre de l'année précédente, après l'avoir collationné avec l'autre double et avoir fait un index alphabétique.

10° Conserver en lieu sûr tous les anciens registres de la paroisse et avoir soin de faire préparer un index, afin de faciliter les recherches......

---

## FORMULE D'UN ACTE DE BAPTÊME.

Le (*jour, mois et année en toutes lettres*), nous soussigné, curé (*ou* vicaire) de cette paroisse, avons baptisé N.........
né (*ou* née) la veille (*ou tel jour*), fils (*ou fille*) légitime de N......... (*sa profession*) et de N......... de cette paroisse (*ou de telle autre paroisse ou mission*). Le parrain a été N...... (*sa*

*profession et son domicile*) et la marraine N..'.... (*sa profession* (\*) *et son domicile*), qui, ainsi que le père, ont signé avec nous (*ou* qui ont déclaré ne savoir signer). Lecture faite.

Si le père est absent, on doit en faire mention à la fin de l'acte.

Si un enfant est ondoyé à la maison, à cause du danger de mort, ou en vertu d'une autorisation de l'Ordinaire, il faut en faire mention dans l'acte de supplément des cérémonies, et y exprimer pourquoi, et par qui l'enfant a été ondoyé. S'il y avait du doute sur la validité de l'ondoiement, il faudrait donner l'eau sous condition, et le mentionner dans l'acte.

Si un enfant est baptisé dans une autre paroisse que celle à laquelle il appartient, le prêtre qui le baptisera, mentionnera dans l'acte de Baptême, de quelle paroisse il est, et enverra un certificat de Baptême au curé de l'enfant, afin qu'il le marque dans ses registres.

Si l'enfant qu'on présente au Baptême n'est pas né de légitime mariage, ou s'il a été trouvé, l'acte doit être ainsi conçu :

" .........avons baptisé N.........., né (*tel jour*) fils (*ou* fille) de parents inconnus. Le parrain a été etc. "

Dans ce cas, il ne faut jamais mentionner les noms du père et de la mère, à moins que tous deux ne soient libres ; qu'ils ne reconnaissent l'enfant comme leur appartenant, et qu'ils ne le demandent personnellement, s'ils sont présents, ou par un acte en bonne forme, s'ils sont absents, ou si l'un des deux est absent. Dans ce cas, l'on doit dire

---

(\*) Art. 54 du Code Civil. Comme la plupart des marraines n'ont pas de *profession*, il faut présumer que l'intention de la loi est que la marraine puisse être facilement distinguée de toute autre personne portant le même nom : on y satisfait en disant par exemple, *épouse* ou *veuve de N.*.... ou bien : *grand'mère, tante, sœur, cousine de l'enfant* ou encore : *fille de N.*.....

*fils* ou *fille de N*..........*et de N*.........., sans ajouter *légitime*. et
faire mention de la reconnaissance et de la demande qui
auront été ainsi faites par le père ou par la mère, ou par l'un
et l'autre ensemble.

Que faire si le mari désavoue l'enfant né de sa femme ?
(*Art.* 218 *à* 227 *du Code Civil B. C.*)

1° Le curé doit recommander au mari de ne rien faire
qui paraisse être un acte de reconnaissance de l'enfant,
comme serait de lui choisir un nom, un parrain ou une
marraine. et surtout d'assister au baptême. (*Art.* 1239 *du
Code de procédure.*)

2° L'acte doit être rédigé comme si l'enfant était légitime,
en mentionnant l'absence du père, comme à l'ordinaire.

3° Si quelque protêt est signifié au prêtre, celui-ci n'en
fait pas mention dans l'acte. Il faut répondre : " Je ferai ce
que le juge ordonnera. "

4° Si la mère ne choisit ni le nom, ni le parrain, ni la
marraine, le curé ou prêtre les choisit, en ayant soin de
donner un nom de baptême étranger au mari, ou à celui
qui est soupçonné d'être le père.

5° Si le juge ordonne de faire quelque modification à
l'acte de baptème, le curé marquera en marge ce qui aura
été ordonné en indiquant le nom du juge et la date de
l'ordre. (Art. 76 du C. C. B. C.)

Si l'enfant a été trouvé exposé, on le baptisera sous
condition, quand même on trouverait un billet qui énonce
que le Baptême lui a été conféré ; et on exprimera dans
l'acte quel jour, en quel lieu. et par quelle personne il a
été trouvé, et combien de jours il parait avoir.

Si le parrain et la marraine ont été représentés par
procureurs, on doit le mentionner de la manière suivante:

" ............Le parrain a été N......, représenté par N......, qu'il a nommé son procureur à cet effet. La marraine a été N......, représentée par N......, constituée procuratrice par elle à cet effet : comme il appert par une lettre datée de ......etc. "

### REMARQUES.

I. Le choix des sages-femmes est de la plus haute importance pour la société, puisque la santé et la vie des mères et des enfants, et même le salut éternel de ceux-ci, sont souvent entre leurs mains. Les curés doivent, en conséquence, veiller à ce qu'aucune femme de leurs paroisses ne s'ingère dans cette profession délicate, sans les talents et les connaissances nécessaires pour l'exercer convenablement.

Ils doivent de plus s'assurer que celles qui s'offrent pour cette fonction, sont de bonne vie, de mœurs honnêtes, et d'une grande discrétion, constatant par eux-mêmes, de temps en temps, si elles sont instruites, non seulement de la matière et de la forme du Baptème, et de l'intention qu'on doit avoir en le conférant, mais aussi des circonstances dans lesquelles il leur est permis de baptiser.

Ils leur recommanderont aussi d'avoir soin d'apporter à l'église, les enfants qu'elles auront baptisés dans le cas de nécessité, aussitôt qu'ils se trouveront hors de danger, et d'avertir les pères et mères de ceux qui viennent au monde en santé, de les faire baptiser au plus tôt.

Enfin ils recommanderont aux sages-femmes, de ne baptiser autant qu'il se pourra qu'en présence du père et de la mère de l'enfant, et de deux personnes qui puissent rendre témoignage, et d'être fidèles à garder les secrets de famille.

II. Le curé doit aussi, avec toutes les précautions convenables, s'assurer si les médecins de sa paroisse savent *quand et comment baptiser.*

Il fera bien de convenir avec eux qu'ils donneront un certificat par écrit, quand ils seront certains de la validité du baptême, qu'ils auront administré ou vu administrer.

---

## FORMULE D'UN ACTE DE MARIAGE. (*)

" Le (*le jour, le mois. l'année. en toutes lettres*), après la publication de trois bans de mariage, faite au prône de nos messes paroissiales, entre N. (*sa profession*) de cette paroisse, fils majeur (*ou* mineur) de N. et de N. de cette paroisse, d'une part ; et N. aussi de cette paroisse, fille majeure (*ou* mineure) de N. et de cette paroisse, d'autre part ; ne s'étant découvert aucun empêchement. nous soussigné, curé (*ou* vicaire) de cette paroisse, avons reçu leur mutuel consentement de mariage et leur avons donné la bénédiction nuptiale en présence de, etc......... Lecture faite. "

On doit aussi mentionner deux ou trois témoins, au moins, et déclarer s'ils sont parents de l'époux ou de l'épouse, et à quel degré ils le sont : et cet acte sera signé sur les deux registres, tant par celui qui aura célébré le mariage, que par les contractants et les témoins, s'ils savent le faire ; et s'ils ne le savent pas, il en sera fait mention.

Si les contractants sont mineurs, on doit mentionner le consentement de leurs parents, tuteurs ou curateurs, de la manière suivante :

".........Nous soussigné, curé (*ou* vicaire) de cette paroisse, du consentement du père et de la mère du dit N. (*ou, s'ils sont morts*), du consentement de N. tuteur (*ou* curateur) du dit N., avons reçu leur mutuel consentement, etc."

---

(*) Pour les mariages *mixtes*, voir l'instruction et la formule ci-après.

Si le mariage a été célébré avec dispense de bans, de consanguinité ou d'affinité, il en sera fait mention dans l'acte, comme suit :

" Le ........., vu la dispense de deux (*ou* d'un) bans de mariage, accordée par Monseigneur N. Évêque de......... (*ou* par Messire N. Vicaire-Général de Monseigneur l'Évêque de.........), en date du......... présent mois (*ou* de N.) ; vu aussi la publication du troisième ban (*ou* des deux autres bans) faite au prône, etc. "

Pour une dispense de consanguinité ou d'affinité :

" ......... vu la dispense du troisième degré (*ou autre*) de consanguinité (*ou* d'affinité) accordée par, etc., *comme ci-dessus.*"

Si l'un ou l'autre des contractants, ou tous les deux sont veufs, on doit l'exprimer dans l'acte, et y faire mention du nom des époux défunts.

Si le mariage a lieu dans une paroisse qui n'est point celle des contractants, on en fait mention dans l'acte, ainsi que de la dispense ou de la permission obtenue à cet effet.

Dans le cas d'une opposition faite au mariage, voyez les articles 61 et 62 du Code Civil :

61. Au cas d'opposition, mainlevée en doit être obtenue et signifiée au fonctionnaire chargé de la célébration du mariage. — 62. Si cependant cette opposition est fondée sur une simple promesse de mariage, elle est sans effet, et il est procédé au mariage de même que si elle n'eût pas été faite. (Voir ce que les théologiens en disent.)

Tout orphelin mineur qui veut se marier, et qui n'a point de tuteur ou de curateur, doit présenter une requête aux autorités civiles de son district, tendant à se faire nommer un tuteur *ad hoc*, aux fins d'être autorisé à contracter. Il en est de même des mineurs illégitimes. (c.c. art. 121.)

Dans ces cas, le curé ne procèdera point à la célébration du
dit mariage, avant d'avoir reçu l'expédition de l'acte de
tutelle *ad hoc* qui permet à cet enfant mineur de le contracter : et il gardera cet acte dans les papiers de la cure.
(c.c. art. 122.)

Quand on réhabilite un mariage nul à raison d'un empêchement *public* (*), on l'enregistre comme les autres en faisant mention 1° de la date et du lieu où a été contracté le
premier mariage ; 2° de l'empêchement qui l'a rendu nul ;
3° de la dispense obtenue. De plus, quand la chose est possible, on met en marge de l'acte du premier mariage, une
note disant que ce mariage a été réhabilité tel jour et en
telle paroisse.

Si le mariage a été nul à raison d'un empêchement *secret*,
on n'enregistre point l'acte de la réhabilitation ; mais il est
quelquefois utile d'en donner aux parties une déclaration
par écrit.

---

## FORMULE

### DE L'ACTE DE RÉHABILITATION D'UN MARIAGE.

" Le (*jour, mois, année en toutes lettres*), par-devant nous
curé (*ou* vicaire, *ou* prêtre dûment autorisé par) soussigné,
se sont présentés N. (*sa profession*) de cette paroisse (*ou* de
la paroisse de N.*), fils majeur (*ou* mineur) de N. et de N.,
d'une part ; et N., aussi de cette paroisse (*ou* de la paroisse
de N.) fille majeure (*ou* mineure) de N. et de N., d'autre
part ; lesquels ont déclaré avoir déjà contracté ensemble
mariage le (*jour, mois, année en toutes lettres*) (*ou bien* vers

---

(*) Les empêchements de *parenté légitime, d'affinité ex copula licita, d'affinité
spirituelle, d'honnêteté publique ex matrimonio rato*, sont *publics de leur nature* et ne
perdent jamais cette qualité, quelque ignorés qu'ils soient ; il faut donc toujours enregistrer les mariages réhabilités pour cette cause.

Les autres empêchements dirimants peuvent être *publics* ou *secrets*, selon les circonstances. Dans le doute il faut consulter l'**Évêque**.

le...*si l'on n'a pas pu constater la date précise*) en la paroisse de
X., mais que le dit mariage s'étant trouvé nul par suite
d'un empêchement dirimant de... (*marquer ici la nature et
le degré de l'empêchement*), qui a été découvert plus tard, ils
ont obtenu de Monseigneur N. (*ou de N. vicaire-général*),
le... (*date de la dispense*), dispense du dit empêchement, et
désirent faire réhabiliter leur dit mariage : nous curé (*ou
vicaire, ou prêtre dûment autorisé comme susdit*) soussigné,
n'ayant découvert aucun autre empêchement ; vu aussi la
dispense de trois bans accordée par le dit Monseigneur N.
(*ou Messire N. vicaire-général*) (*ou bien vu la publication de
un, avec dispense des autres, ou de deux, ou de trois bans*)
avons reçu leur mutuel consentement de mariage en présence de N. et N.... etc. Lecture faite. "

## INSTRUCTIONS

### POUR LA CÉLÉBRATION DES MARIAGES MIXTES. (*)

Le prêtre qui a reçu une dispense l'autorisant à célébrer
un mariage mixte, doit observer ce qui suit :

1° Il engagera la partie catholique à se préparer, par la
réception des sacrements de pénitence et d'eucharistie, aux
grâces du mariage, et l'avertira de l'obligation qu'elle
contracte de faire tout en son pouvoir pour convertir la
partie protestante à la foi catholique et d'élever dans la
même foi tous les enfants de l'un et de l'autre sexe qui
naîtront de son mariage.

2° Il ne consentira à célébrer un tel mariage que sous
la condition que la partie protestante promettra par
écrit en sa présence et devant au moins deux témoins, de
laisser baptiser et élever dans la religion catholique tous

---

(*) Lorsqu'on demande une dispense pour un mariage mixte, il faut exposer si la
partie protestante a été baptisée ou non. Dans le premier cas l'empêchement n'est
pas dirimant ; mais il l'est dans le second.

les enfants qui naitront de son mariage avec la partie catholique.

3° Il exigera que les époux promettent aussi par écrit de ne se présenter ni avant, ni après le mariage catholique, à un ministre protestant, pour contracter mariage devant lui.

4° Il célébrera ce mariage à la sacristie ou au presbytère, ou même à domicile, mais jamais à l'église. Si le Saint-Sacrement est alors conservé dans la sacristie, on ne doit pas y célébrer un tel mariage.

5° Il ne pourra assister au mariage que comme témoin, et par conséquent il n'y portera ni surplis ni étole, et n'y fera aucune prière, aucune exhortation, ni autre cérémonie religieuse. (*)

6° Avant le mariage, il exigera de la partie protestante la promesse dont la formule est ci-après, et la lui fera lire et signer en présence de deux témoins capables, autant que possible, de signer leurs noms. Il la signera lui-même et la conservera en dépôt dans les archives de la paroisse.

7° Les parties se donneront mutuellement en présence du prêtre et d'au moins deux autres témoins, le consentement de mariage, sans qu'il soit permis de le leur demander. L'époux dira : " *Je prends N......... qui est ici présente pour ma femme et légitime épouse* " ; et l'épouse dira ensuite :

---

(*) Une instruction du Souverain Pontife Pie IX adressée à tous les Évêques du monde, le 15 novembre 1858, dit expressément que telle est la règle générale à observer dans la célébration des mariages mixtes. Cependant elle autorise les Évêques à tolérer quelque chose de plus, à raison de circonstances tout à fait exceptionnelles, *oneratâ ipsorum Antistitum conscientiâ.*

Dans ce cas, le prêtre spécialement autorisé par l'Évêque, peut suivre le rite légitimement prescrit par le rituel du diocèse, c'est-à-dire, célébrer le mariage dans l'église, avec surplis et étole, interroger les parties, dire *Conjungo vos......* bénir l'anneau et dire les versets *Confirma hoc......* et l'oraison *Respice quæsumus......* Il doit *toujours* omettre les exhortations, la messe et les bénédictions solennelles. (*On peut voir dans le II Concile Plénier de Baltimore, cette instruction, p. 311 et une autre p. 344.)*

L'art. 335 du même Concile renferme des avis très importants sur ce sujet.

" *Je prends N.........qui est ici présent pour mon mari et légitime époux.* " Cela dit, il fera signer l'acte dans le registre.

8° Dans l'acte de mariage, il fera mention de la dispense
qui l'autorise à marier une partie protestante avec une
partie catholique, et à le faire sans aucune publication de
bans.

---

## FORMULE

### QUE LA PARTIE PROTESTANTE, DANS UN MARIAGE MIXTE,<br>DOIT SIGNER EN DOUBLE. (*)

Je, soussigné,... ne professant pas la Religion catholique,
désirant contracter mariage avec (†) ..., qui est membre de
l'Église catholique, me propose de le contracter avec l'en-
tente que le lien formé par ce mariage est indissoluble si ce
n'est par la mort ; et je promets que je laisserai à (†)...
toute liberté de pratiquer la religion selon la Foi Catholique
Romaine, et que tous les enfants, de l'un ou de l'autre sexe,
qui naîtront de ce mariage, seront baptisés et élevés dans
la foi et selon les enseignements de l'Église Catholique
Romaine, même dans le cas où (†)... viendrait à mourir.
Je promets de plus qu'aucune autre cérémonie religieuse
que celle faite par le prêtre catholique n'aura lieu à l'occasion de ce mariage.

Signé en présence du Révérend... et de... témoins à ce
appelés.

..........................................

.......... .................... ⟩
                              ⟨ Témoins.
.................... .......... ⟩

*N. B.—Une copie est envoyée à l'évéché et l'autre gardée dans
les archives de la paroisse.*

---

(*) D'après une réponse de la Propagande, 1 mars 1875, cette promesse peut être
exigée sous serment si l'évêque l'ordonne.

(†) On met ici le nom de la partie catholique.

12

## FORMULE D'ACTE DE MARIAGE MIXTE.

" Le (*le jour. le mois, l'année, en toutes lettres*), vu la dispense accordée par Monseigneur N., archevêque (*ou* évêque) de... (*ou* par Monsieur N. vicaire-général du diocèse), à l'effet de lever la défense de l'Église qui empêche de contracter mariage ensemble, N. catholique (*ou* protestant), fils majeur (*ou* mineur) de N. et de N. de *telle* paroisse, d'une part ; et N. protestant (*ou* catholique) fille majeure (*ou* mineure) de N. et de N. de *telle* paroisse, d'autre part ; vu aussi la dispense de toute publication de bans accordée au même effet par le dit Seigneur Archevêque (*ou* Évêque) de... (*ou* par le dit Sieur vicaire-général), ne s'étant découvert aucun autre empêchement au dit mariage (*mentionner ici le consentement des parents, si besoin est*) : Nous. prêtre soussigné, avons reçu leur mutuel consentement de mariage en présence de N. et de N., qui ont signé avec nous (*ou* qui ont déclaré ne savoir signer). Lecture faite."

---

## FORMULE D'UN ACTE DE SÉPULTURE.

" Le (*le jour. le mois et l'année, en toutes lettres*), nous soussigné, curé (*ou* vicaire) de N., avons inhumé dans le cimetière de cette paroisse, le corps de... (*sa profession*), (*s'il est marié, époux de... s'il est veuf*, veuf de...), (*si c'est une femme*, épouse de... *ou* veuve de... (*la profession du mari*), si c'est un enfant ou une personne qui n'est point mariée, fils ou fille de... (*la profession du père*) et de..., si l'enfant est illégitime, né de parents inconnus ; avec le nom et le domicile de la personne chez qui il demeurait*) ; décédé (*tel jour*), en cette paroisse, âgé de... ans, ... mois, ... jours. Étaient présents... qui ont signé avec nous (*ou* qui ont déclaré ne savoir signer). Lecture faite. "

On ne doit point inhumer le corps d'une personne trouvée noyée, ou morte dans le chemin, ou portant les indices de mort extraordinaire ou violente, ou avec d'autres circonstances qui donneraient lieu de le soupçonner, avant que les procédures requises en pareils cas, aient été faites par le Coronaire ou par ses substituts, ni avant d'avoir reçu le certificat des dites procédures. Dans l'acte de sépulture, le prêtre fera mention du dit certificat, du genre de mort y mentionné, et, si la personne défunte était inconnue, de tous les signalements qui y sont donnés.

Lorsque l'on fait l'acte de sépulture d'un enfant ondoyé, et mort sans que son baptême ait été enregistré, il faut compter cet enfant parmi les baptêmes de l'année. En marge il faut donc mettre deux chiffres, l'un indiquant le numéro du baptême, l'autre, celui de la sépulture. Par exemple B. 36. S. 15.

Quant aux enfants morts sans baptême, on doit : 1° faire un acte de leur sépulture ; 2' en tenir compte dans la récapitulation annuelle, afin que l'on puisse constater exactement le nombre des *naissances*.

----

## FORMULE

### DE L'ACTE DE DÉCÈS D'UNE PERSONNE DONT LE CADAVRE A ÉTÉ LIVRÉ A LA DISSECTION, CONFORMÉMENT A L'ACTE

### 46 Vict. ch. 30 §. 9. (1883.)

" Le (*jour, mois et année, en toutes lettres*), s'est présenté devant nous, prêtre soussigné, curé (*ou* vicaire) de cette paroisse, N. Écuyer, inspecteur d'anatomie pour la section de Québec (*ou* de Montréal *ou* de...) (*ou bien* sous-inspecteur d'anatomie pour le district judiciaire de...), lequel, conformément à l'acte 46 Vict. ch. 30. §. 9., nous a requis d'ins-

crire dans le présent registre l'acte de décès de N., fils (ou
fille) de N. et de N. (ou bien époux ou épouse de...) décédé
(ou décédée) tel jour, dans l'Hôpital de... (ou la prison de)
(ou bien trouvé mort ou morte à tel endroit) âgé (ou âgée)
de... ans et... mois (ou environ), appartenant à la religion
catholique. Et a le dit inspecteur (ou sous-inspecteur) signé
avec nous. Lecture faite." (*)

## RÈGLEMENTS POUR LES INHUMATIONS.

EXTRAIT DES STATUTS REFONDUS DE LA PROVINCE DE QUÉBEC (1888).
titre IX, ch. 4e, s. I Des inhumations.

### § 1.—Disposition interprétative.

**3458.** Le terme " municipalité locale," employé dans
cette section, désigne, outre les municipalités locales fonc-
tionnant sous l'autorité du code municipal, toute municipalité de cité ou de ville constituée par acte spécial. 51-52
V., c. 48, s. 18.

### § 2.—Dispositions générales.

**3459.** Sous peine d'une amende de vingt piastres contre
quiconque intervient, assiste ou prend part de quelque
manière que ce soit, ou se trouve sciemment présent à l'inhumation. nulle personne décédée ne doit être inhumée
avant l'expiration de vingt-quatre heures à compter de son
décès.

2. Le présent article n'affecte pas les règlements faits à
cet égard par un bureau de santé, conformément à la section deuxième, du chapitre troisième du titre septième des
présents statuts refondus, relativement aux dispositions
spéciales dans les cas d'épidémie, ainsi qu'aux règlements
adoptés par le conseil provincial d'hygiène concernant la
conservation de la santé publique. 51-52 V., c. 48, s. 1.

**3460.** Il appartient à l'autorité ecclésiastique catholique romaine seule de désigner dans le cimetière la place où

chaque personne de cette croyance doit être inhumée ; et si cette personne ne peut être inhumée, d'après les règles et lois canoniques, selon les jugements de l'Ordinaire, dans la terre consacrée par les prières liturgiques de cette religion, elle reçoit la sépulture civile dans un terrain réservé à cet effet et attenant au cimetière. 39 V., c. 19, s. 1, et 51-52 V., c. 48, s. 2.

§ 3.—*Des règlements pour les inhumations.*

**3461.** Dans toute inhumation faite dans une église, le cercueil doit être recouvert d'au moins quatre pieds de terre, ou renfermé dans une maçonnerie d'une épaisseur d'au moins dix-huit pouces si elle est faite en pierre, ou de vingt pouces si elle est faite en briques, la pierre ou la brique étant bien noyée dans le ciment. 51-52 V., c. 48, s. 3.

**3462.** Dans toute inhumation, faite dans une église, l'emploi des désinfectants est de rigueur. 51-52 V., c. 48, s. 4.

**3463.** Dans tous les cas de décès par la variole, le choléra asiatique, typhus, les fièvres typhoïdes, les fièvres scarlatines, la diphthérie, la morve ou la rougeole, l'emploi des désinfectants, dans le cercueil, est également de rigueur. 51-52 V., c. 48, s. 5.

**3464.** Le cadavre d'une personne décédée de quelqu'une des maladies mentionnées dans l'article précédent, ne doit pas être transporté d'une paroisse à une autre, à moins qu'il ne soit renfermé dans un cercueil métallique hermétiquement clos et rempli de désinfectants. 51-52 V., c. 48, s. 6.

**3465.** Le cadavre de toute personne décédée de quelqu'une des maladies mentionnées dans l'article 3463, doit être mis dans une fosse séparée et recouvert d'au moins quatre pieds de terre, et ne doit pas être déposé dans un charnier, ni enterré dans une église. 51-52 V., c 48, s. 7.

**3466.** Aucune inhumation n'est permise dans les charniers particuliers à moins que ce cercueil ne soit déposé dans une fosse et recouvert de quatre pieds de terre, quelqu'ait pu être la maladie qui a déterminé le décès, ou renfermé dans une maçonnerie d'au moins dix-huit pouces d'épaisseur, si l'ouvrage est en pierres, ou d'au moins vingt pouces d'épaisseur si l'ouvrage est en briques, la brique ou la pierre étant bien noyée dans le ciment. 51-52 V., c. 48, s. 8.

**3467**. Quand le typhus, le choléra asiatique, la variole, les fièvres typhoïdes, les fièvres scarlatines, la diphthérie ou la rougeole sont épidémiques, le conseil provincial d'hygiène ou le conseil local d'hygiène, représentés par leur président ou leur secrétaire, ou le maire de la municipalité, sur l'autorisation du conseil provincial d'hygiène, peuvent, après avoir obtenu à cet effet le consentement écrit de l'autorité religieuse locale ou diocésaine, prohiber, au moyen d'une proclamation durant le laps de temps y indiqué l'entrée des cadavres des personnes décédées par suite de ces maladies, dans les églises placées sous le contrôle de telles autorités religieuses et situées dans les limites de la municipalité.

Tant que cette mesure prohibitive est en vigueur, les cadavres des personnes décédées de ces maladies doivent être transportés directement de la maison au lieu de la sépulture. 51-52 V., c. 48, s. 9.

**3468**. A défaut de telle proclamation, l'autorité religieuse locale ou diocésaine peut, en tout temps, défendre l'entrée des cadavres dans les églises placées sous son contrôle, lorsqu'elle juge que l'entrée de ces cadavres dans les églises pourrait être dangereuse pour la santé publique. 51-52 V., c. 48, s. 10.

**3469**. Quiconque a, en sa possession ou sous sa garde, des vêtements ou du linge ayant servi a quelqu'un qui a été atteint du typhus épidémique, du choléra asiatique, de la variole, des fièvres typhoïdes, des fièvres scarlatines, de la diphthérie ou de la rougeole doit, sans délai, les brûler ou les désinfecter conformément aux prescriptions du conseil provincial d'hygiène. 51-52 V., c. 48, s. 11.

**3470.** Toute contravention ou participation à une contravention aux dispositions du présent paragraphe, est passible d'une amende n'excédant pas trois cents piastres, recouvrable avec les frais, dans les six mois suivants, sur poursuite instituée devant la cour de circuit du district, ou devant tout autre tribunal de juridiction civile compétent.

Quelle que soit la personne qui institue la poursuite, l'amende appartient à la couronne. 51-52 V., c. 48, s. 12.

**3471.** Le lieutenant-gouverneur peut déclarer, par proclamation, que les articles 3463, 3464, 3465, 3467, 3468, 3469 et 3470 seront applicables, dans toute la province ou dans certaines localités seulement, à toute autre maladie qu'il désigne dans telle proclamation et que, d'après le rapport de personnes compétentes, il croit posséder un caractère dangereux ou épidémique. 51-52 V., c. 48, s. 13.

**3472.** Dans toute nouvelle paroisse, le site du cimetière doit être choisi, autant que possible, en dehors des limites probables de la ville ou du village, sur un terrain élevé, incliné du côté opposé à celui où les maisons se trouvent situées, de manière à ce que les eaux potables ne soient pas contaminées par le drainage de ce terrain.

Cette règle s'applique également aux paroisses déjà établies, où doit se faire un déplacement de cimetière. 51-52 V., c. 48, s. 14.

**3473.** Lors d'une maladie épidémique dans une municipalité locale, le conseil de cette municipalité peut nommer un ou plusieurs médecins vérificateurs, pour constater la cause du décès de toute personne décédée de cette maladie.

Il est donné avis de la nomination de ces médecins vérificateurs dans la municipalité, de la même manière que pour les affaires ordinaires de cette municipalité. 51-52 V., c. 48, s. 15.

**3474**. Après cet avis, l'inhumation d'aucune personne décédée de cette maladie, dans la municipalité, ne peut être faite avant l'expiration du délai ordinaire de vingt-quatre heures sans l'ordre du médecin vérificateur ou de l'un d'eux, s'il y en a plusieurs, sous peine de l'amende imposée par l'article 3459. 51-52 V., c. 48, s. 15.

**3475**. A défaut d'officier de santé ou d'inspecteur nommé par le conseil, chaque fois qu'une maladie est épidémique, l'ordre d'inhumer les personnes décédées de cette maladie, avant l'expiration du délai de vingt-quatre heures, peut être donné par le curé ou par le ministre desservant de telles personnes et par un conseiller municipal, ou deux conseillers municipaux en cas d'absence du curé ou du ministre. 51-52 V., c. 48, s. 16.

**3476**. Il est loisible à l'autorité ecclésiastique supérieure ou diocésaine, lorsqu'elle le croit convenable pour la décence ou la santé publique, de défendre, sous peine de l'amende imposée par l'article 3470, les inhumations dans les cimetières ou les églises placés sous son contrôle. 51-52 V., c. 48, s. 17.

---

## FORMULE D'UN ACTE D'ABJURATION. (*)

" Le (*jour*, *mois*, *année*). Nous soussigné, curé. (vicaire *ou* prêtre...), en vertu du pouvoir à nous accordé par Monseigneur N., (*ou* par Monsieur N. Vicaire-Général de Monseigneur...), avons reçu la profession de foi catholique de N. âgé de..., fils (*ou* fille) de... et de... (*ou bien* mari *ou* épouse de N.), l'avons baptisé (†) (sous condition), ayant N. pour parrain et N. pour marraine, et l'avons absous de l'hérésie et de toute censure encourue pour cette cause, en présence de N. et de N., qui ont signé avec Nous ainsi que le dit N."

--- 

*(Signatures).*

(*) Cet acte doit être envoyé au secrétaire du diocèse, pour être conservé dans les archives.

(†) Le décret VII, art. 4, 5 et 6, du II Concile de Québec, fait connaître quand on peut et doit baptiser un converti, avec ou sans condition.

# FORMULE

*Après avoir copié le ban tel qu'il a été publié...*" Il y a promesse de mariage etc., *(ci-dessus page* 11) " *le curé ajoutera :* " Nous, soussigné, certifions que le ban de mariage ci-dessus a été publié *(tel et tel jour)* au prône des messes paroissiales de cette paroisse de... et qu'il ne s'est découvert aucun empêchement, ou opposition au dit mariage..., le... jour du mois de... en l'année...

.................... Ptre, curé."

Ce certificat ne doit être délivré que 24 heures après la dernière publication.

---

## FORMULE D'UN CERTIFICAT DE MARIAGE.

" Nous, soussigné, curé de la paroisse de N., dans le diocèse de..., certifions par les présentes que N. et N. ont été légitimement mariés, selon le rit de l'Église catholique, dans l'église de la paroisse de N., ci-dessus mentionnée, le..."

" En foi de quoi nous avons signé les présentes, à N. le..."

---

# FORMULE

" Extrait du registre des baptêmes, mariages et sépultures de la paroisse de... pour l'année mil...

*Ici doit être l'acte dont on demande copie, qui sera écrit en*

*entier. et tel qu'il est sur le registre. sans addition ni altération.*
*Ensuite le curé apposera au bas de la copie le certificat suivant :*

Lequel extrait, nous, soussigné, curé de..., certifions ètre
conforme au registre original déposé dans les archives de
la dite paroisse.

...le... mil...

.................... Ptre."

## LISTE DES CONFIRMÉS.

A cause de l'empêchement d'affinité spirituelle que les
parrains et marraines de confirmation contractent avec le
confirmé et avec ses père et mère, il est important de tenir
un registre exact des confirmés, avec toutes les indications
précises, qui enlèvent la possibilité d'un doute sur l'identité
du confirmé et de son parrain ou de sa marraine.

Pour le confirmé : 1° l'âge. 2° le nom de ses père et mère.

Pour les parrains et marraines : 1° le degré de parenté
par ex. aïeul. frère, oncle, cousin... 2° s'ils ne sont pas
parents, époux de... ou bien âgé de... ans, avocat,... for-
geron... fils de... Les noms de baptème doivent ètre écrits
tout au long.

On peut faire un tableau par colonnes. 1° Nom et prénoms
du confirmé ; 2° son âge ; 3° le père ; 4° la mère ; 5° le
parrain ou la marraine avec les indications comme ci-
dessus.

La liste doit être datée et signée par le curé.

Le choix des parrains et marraines appartient au père et
à la mère, ou. à leur défaut, au curé.

Ne peuvent pas ètre parrains ou marraines à la confirmation : 1° Le parrain ou la marraine du baptème du

confirmand ; 2° le père ou la mère ; 3° l'époux ou l'épouse ;
4° les excommuniés et autres qu'on ne peut admettre
à être parrains du baptême, comme l'indique le Rituel
Romain ; 5° ceux qui n'ont pas été confirmés.

Le meilleur choix est celui des frères et sœurs, pourvu
qu'ils aient été confirmés.

---

## FORMULE

### DE LETTRES TESTIMONIALES EN FAVEUR DE CEUX QUI VONT EN VOYAGE. (*)

Nous, soussigné, curé de la paroisse de X., dans le diocèse
de..., en Canada, certifions à tous ceux qui les présentes
verront, que le porteur, X., âgé de... ans, maintenant sur
le point de laisser cette paroisse, est né de parents catholiques : qu'il est de bonnes mœurs, et qu'il a toujours rempli
fidèlement ses devoirs comme catholique. Nous certifions
de plus qu'il n'est lié d'aucune censure ecclésiastique, qui
puisse l'empêcher d'être admis à la participation des sacrements ; (et qu'à notre connaissance, il n'a contracté aucun
lien de mariage).

En foi de quoi nous avons signé les présentes, à X. le...

*Si le voyageur doit aller en pays étranger, ces lettres testimo-
niales seront données en latin, comme suit :*

Ego, infrascriptus, rector ecclesiæ parochialis N. in
diœcesi... in Canada, omnibus has litteras inspecturis fidem
facio N., parochianum meum, annos... natum, catholicis
honestisque parentibus ortum, bonis moribus esse imbu-
tum, fidelemque cultorem religionis catholicæ ; nec ullo

---

(*) Il serait bon dans certains cas de faire authentiquer ces lettres par l'Évêque
ou par son Grand-Vicaire, attestant la qualité et la signature du curé.

censurarum ecclesiasticarum vinculo irretitum, quominus ecclesiæ sacramentis participare possit. (Fidem æque facio prædictum N. nullo matrimonii vinculo ligari).

Datum... sub chirographo meo, die... mensis... anno Domini millesimo octingentesimo...

---

## FORMULE

### DE L'ACTE DE LA BÉNÉDICTION D'UNE PREMIÈRE PIERRE, OU D'UNE ÉGLISE, OU D'UN CIMETIÈRE. OU D'UNE CLOCHE.

(*A mettre dans le registre des délibérations de la fabrique ; ou dans celui des documents paroissiaux, s'il y en a un.*)

Le... de l'année de Notre Seigneur..., nous soussigné (Grand-Vicaire, *ou* curé, *ou* etc.). étant dûment autorisé par Monseigneur..., avons bénit avec les solennités prescrites, la première pierre de l'église (paroissiale) de...

*Ou bien*, la nouvelle église (paroissiale) de... la dite église construite en pierre (*ou* en brique, *ou* en bois) a... pieds de longueur en dedans, ... pieds de largeur en dehors, ... pieds de hauteur au-dessus des lambourdes ; les plans ont été tracés par Monsieur... architecte, la maçonnerie a été faite par Monsieur..., la charpenterie par Monsieur... ; les syndics ont été Messieurs... La première messe a été dite (*ou* chantée) par Messire...

*Ou bien*, le cimetière de la paroisse de N... ; le dit cimetière a... pieds de front, sur... de profondeur.

*Ou bien*, trois cloches pour l'église (paroissiale) de... ; la première, du poids de... livres, présentée par (*noms des parrains et marraines*) a reçu les noms de... ; la seconde, du poids de... livres, présentée par... a reçu les noms de... ; la troisième......

Ont été présents un grand nombre de fidèles et plusieurs membres du clergé qui ont signé avec nous (ainsi que les parrains et marraines *ou bien* les architectes, entrepreneurs, syndics, etc.)

Fait à... les jour et an que dessus.

N. (signature de celui qui a fait la bénédiction.)

(*Suivent les autres signatures.*)

---

## ÉRECTION CANONIQUE DES PAROISSES, OU ANNEXION D'UN TERRITOIRE A UNE PAROISSE. (*)

Quand il s'agit d'obtenir l'érection canonique d'une paroisse, ou l'annexion d'un territoire à une paroisse, l'on commence par faire signer une requête à l'autorité ecclésiastique, par la majorité des francs-tenanciers résidant dans le territoire que l'on veut ainsi faire ériger ou annexer. Eux seuls ont droit de la signer, mais ils ne peuvent exercer ce droit, à moins qu'ils n'aient atteint l'âge de

---

(*) EXTRAITS DU CHAP. I. DU TITRE IX DES STATUTS REFONDUS DE LA PROVINCE DE QUÉBEC (1888).

" 3387. Chaque fois que, dans une paroisse, ou dans deux ou plusieurs paroisses catholiques romaines voisines, il y a une minorité catholique parlant une langue différente de celle de la majorité, cette minorité ou une partie de cette minorité, peut être érigée en une paroisse distincte pour toutes les fins temporelles du culte, et constitue une corporation sous le nom de " Congrégation des catholiques de... parlant la langue..." 42-43. V., c. 41, s. 1.

" 3388. L'érection de cette minorité ou partie de cette minorité en paroisse séparée se fait en la manière réglée par le présent chapitre, sauf que les francs-tenanciers sont remplacés par les chefs de famille appartenant à la nationalité de cette minorité. 42-43 V., c. 41, s. 2.

" 3389. Le chef de la famille détermine la nationalité à laquelle appartient une famille, et toutes les fois que dans deux paroisses de nationalité différente, sur un même territoire, il y a contestation afin de savoir à laquelle des deux paroisses une ou plusieurs familles doivent contribuer pour toutes les fins du culte, l'Ordinaire catholique romain du diocèse dans lequel ces paroisses existent, détermine la paroisse à laquelle ces familles doivent contribuer pour les fins temporelles du culte. 42-43 V., c. 41, s. 3, et 50 V., c. 24, s. 5.

" 3390. L'évêque catholique romain, dans le diocèse duquel ces Congrégations existent, peut y annexer les paroissiens d'une paroisse voisine parlant la même langue, qui demanderont à être ainsi annexés. 42-43 V., c. 41, s. 4. "

majorité, et qu'ils ne possèdent divisément, à titre de propriété. et depuis au moins six mois, une terre, ou quelque autre immeuble dans le dit territoire.   Les cohéritiers majeurs résidants jouissent du même privilège.

Il n'y a pareillement que les francs-tenanciers résidants et les cohéritiers majeurs résidants qui aient le droit de s'opposer à l'érection de telle paroisse ou à l'annexion.

Ceux qui ont donné leur terre, ou autre immeuble, n'en conservant que la jouissance, n'ont le droit ni de signer telle requête, ni de s'y opposer, à moins qu'ils ne se soient réservé la propriété d'une partie de telle terre, ou autre immeuble.

Si une paroisse a contracté des dettes, pour la construction, ou les réparations d'une église, d'une sacristie, ou d'un presbytère. on n'en peut démembrer une partie, pour former une autre paroisse, ou partie d'une autre paroisse, avant que ces dettes ne soient payées et acquittées.

On doit transmettre à l'autorité ecclésiastique, avec la requête dont il est parlé plus haut, un plan détaillé sur lequel l'on aura marqué avec un grand soin les limites de la paroisse ou de l'annexion projetée, telles qu'elles sont désignées dans la requête.   Ce plan est indispensable et doit être fait par un arpenteur.

MODÈLE DE REQUÊTE POUR OBTENIR UNE ÉRECTION CANONIQUE DE

PAROISSE. OU UNE ANNEXION.

" A Sa Grandeur Monseigneur N. Archevêque (*ou* Évêque de.........)"

" L'humble requête de la majorité des francs-tenanciers résidants d'une partie ci-après désignée de la seigneurie de N. (*ou* du canton de N.,) ou des parties ci-après désignées des seigneuries de N. et de N. (*ou* des cantons de N. et de

N..) professant la religion catholique, lesquels représentent
très respectueusement à Votre Grandeur : "

" Que leurs habitations, terres établies et autres qui le
seront par la suite, dans la dite partie de seigneurie (*ou* du
canton de N.,) *ou* dans les dites parties de seigneuries (*ou*
de canton) de N. et de N., comté de N., district de N.,
comprennent une étendue de territoire d'environ N. milles
de front et d'environ N. milles de profondeur ; "

" Que ce territoire est borné vers le Nord (*ou* le Nord-
Est) par la rivière de N. (*ou* par la seigneurie de N., *ou* par
la paroisse de N., *ou* par le canton de N. *ou* par la ligne
qui sépare tel rang de tel autre, *ou* par tel chemin, *ou* par
la ligne qui sépare la terre de N. de celle de N. dans tel
rang, ou tels rangs, (*suivant que le cas y échet* ;) vers l'Est
(*ou* le Sud-Est) par N. ; vers le Sud (*ou* le Sud-Ouest) par
N. ; vers l'Ouest (*ou* le Nord-Ouest) par N. ; "

" Que dans l'espace compris entre ces lignes, il se trouve
N. terres de N. arpents de front sur N. arpents de profondeur, et (*si le cas y échet*) N. autres plus petites (*ou* plus
grandes) de N. arpents sur N. et de plus N. emplacements
bornés et divisés ; "

" Que de ce nombre de N. terres N. sont concédées et N.
déjà habitées par autant de familles, et que ces familles
forment une population de N. âmes et de N. communiants,
lequel nombre ne peut qu'augmenter à proportion du défri-
chement, tant des dites terres habitées, que de celles qui ne
le sont pas encore : "

" Que les habitants présentement établis sur les dites
terres pourraient fournir annuellement par leurs dîmes,
pour la subsistance d'un prêtre qui leur serait donné, la
quantité de N. minots de froment, de N. minots de pois, de
N. minots d'avoine, de N. minots d'orge, de N. minots de
seigle, (*et si le cas y échet*), de N. minots de gaudriole, de N.
minots de sarrasin et N. minots de bled d'Inde ; "

" (Que vos suppliants n'ont jamais régulièrement appartenu à aucune paroisse ; mais ont été desservis jusqu'à présent par MM. les Curés de N.) ; "

" (*ou*) Que vos suppliants ont été à la vérité connus vulgairement comme appartenant à la paroisse de N., et cela depuis nombre d'années ; mais que la dite paroisse n'a proprement été jusqu'à présent qu'une mission, et n'a jamais reçu d'érection régulière et canonique ; "

" (*ou*) Que le territoire susmentionné faisant autrefois partie de la paroisse de N. ou des paroisses de N. et N. érigées par les anciens Évêques de ce pays, et dont l'existence avait été civilement reconnue par le règlement de 1721, approuvé par arrêt du Conseil d'état de Sa Majesté Très Chrétienne, du 3 mars 1722 (*ou* par une proclamation de Sa Majesté, en date de N.) ; "

" Que la distance de N. milles où la plupart d'entre eux se trouvent de l'église la plus voisine (*ou* de la dite église de N. *ou* de l'église de la dite paroisse, *ou* des églises des dites paroisses de N. et N.), où ils ont été desservis jusqu'à présent, la difficulté que leur présentent les chemins, surtout le printemps et l'automne, (*on peut citer d'autres obstacles, s'il s'en trouve, tel que serait le gonflement d'une ou plusieurs rivières, ou ruisseaux qu'il faut nécessairement traverser*), la presque impossibilité d'envoyer d'aussi loin leurs enfants aux instructions chrétiennes, d'y transporter les nouveaunés pour le baptème, les défunts pour la sépulture, et de s'y rendre eux-mêmes régulièrement pour accomplir leurs devoirs religieux, sont de puissants motifs qui leur ont fait sentir depuis longtemps le besoin de former une paroisse à part : *ou bien* d'être annexés à telle paroisse ; "

" Que c'est dans cette vue (*si tel est le cas*) qu'avec votre permission (*ou* avec la permission de vos illustres prédécesseurs), ils ont construit une chapelle (*ou* église), dans laquelle le service divin se fait depuis l'année N. et ce en attendant mieux ; "

" Ce considéré, Monseigneur, ils vous supplient de vouloir bien ériger canoniquement en paroisse, sous l'invocation du mystère de N. (ou de Saint ou Sainte N. ou sous l'invocation de tel saint ou sainte qu'il vous plaira de désigner) ou bien annexer à la paroisse de... le territoire ci-dessus mentionné, se proposant, après avoir obtenu de Votre Grandeur le Décret Ecclésiastique requis en pareil cas, de s'adresser à MM. les Commissaires nommés dans le diocèse de N. pour les fins du chapitre 1 du titre IX des Statuts Refondus de la Province de Québec (3360 et ss.), afin de procurer à leur dite nouvelle paroisse une existence civile dont ils reconnaissent le besoin, ou bien faire reconnaitre civilement la dite annexion."

" Et vos suppliants ne cesseront de prier, etc., etc. "

*(Ici la date et les signatures.)*

*N. B.—Il est nécessaire que sur la page où finit la requête, et à la suite de la date, il y ait les signatures ou les marques d'au moins deux des francs-tenanciers résidants intéressés à l'érection de la paroisse.*

*Ceux qui ne savent pas signer doivent faire inscrire leurs noms sur la requête, et y ajouter eux-mêmes leurs marques.*

*Les signatures et les marques doivent être prises devant au moins deux témoins capables de signer un certificat rédigé à peu près dans la forme suivante :*

" Nous soussignés certifions que les signatures et les marques ci-dessus et de l'autre part ont été données librement en notre présence, et qu'elles sont véritablement de ceux dont elles portent les noms.  En foi de quoi nous avons signé le présent certificat à...

... le... 18...

*(Ici les signatures des témoins.)*

13

La requête ayant été reçue, ainsi que le plan qui doit
l'accompagner, l'Ordinaire nomme un député qu'il charge
d'aller sur les lieux pour constater la vérité des faits qui y
sont allégués.

Le prêtre qui aura reçu cette commission, donnera avis
aux intéressés du jour et de l'heure auxquels il se rendra
chez eux pour la mettre à exécution.   Voici comment
pourrait être rédigé cet avis :

MODÈLE D'AVIS.

" Avis à tous ceux qui peuvent être intéressés dans
l'érection d'une paroisse qui serait formée d'une partie de la
seigneurie de N. (*ou* du canton de N., *ou* de certaines
parties des seigneuries de N. et de N., *ou* des cantons de N.
et N.)—(*Ou bien, s'il s'agit d'une annexion*) : Avis à tous ceux
qui peuvent être intéressés dans l'annexion à la paroisse
de N. d'une partie de la seigneurie de N., (*ou* du canton de
N.) paroisse de N., comté de N., district de N.

" Vous êtes avertis que... le N. du présent mois (*ou* du
mois de N. prochain,) je soussigné, Vicaire-Général de N.
(*ou* vicaire forain, *ou* archiprêtre, *ou* curé de N.) me trans-
porterai auprès de l'église (*ou* du canton) de N. (*ou* à la
maison du Sieur N., située dans la dite partie de seigneurie
*ou* de canton de N.), par une commission spéciale de
Monseigneur l'Archevêque (*ou* l'Évêque) de N., pour vérifier les allégations d'une requête, en date de N., adressée à
Sa Grandeur par la majorité des habitants francs-tenanciers
de la dite localité (*ou* des dites localités,) à l'effet d'obtenir
une érection canonique de paroisse (*ou bien* l'annexion de
la dite localité, à la dite paroisse de N.).   En conséquence
tous ceux qui se croient intéressés, pour ou contre la dite
requête, sont requis de se trouver, le dit jour, au lieu ci-
dessus indiqué, à N. heures du matin (*ou* de l'après-midi.)

" N. le... 18..."

(*Ici la signature du député.*)

L'avis ci-dessus ayant été rédigé par le député, avec les changements requis par les circonstances, il en sera dressé autant de copies qu'il y a de lieux où il doit être publié. Il doit être lu publiquement et affiché par *deux dimanches consécutifs.* (*) à l'issue du service divin du matin, à la porte de l'église ou chapelle du territoire qu'il s'agit d'ériger en paroisse, ou, s'il n'y a ni église, ni chapelle, dans le lieu le plus public de la résidence des intéressés, tel qu'une maison d'école, ou un moulin, ou une maison particulière bien connue, et en outre à la porte de l'église ou chapelle, ou des églises ou chapelles, auxquelles les dits intéressés sont desservis.

Si deux des dites églises ou chapelles sont sous les soins d'un même prêtre, la publication prescrite ci-dessus peut être valablement faite dans celle, ou celles, où l'office divin est célébré.

Si la paroisse que l'on veut ainsi ériger se compose de plusieurs parties de seigneuries, ou de cantons, n'appartenant à aucune paroisse, l'avis doit être affiché dans le lieu le plus public de chacune des dites parties de territoire.

Le député ne doit se rendre sur les lieux, pour procéder à l'exécution de la commission qui lui a été donnée, que dix jours au moins après la seconde publication de l'avis. Le second jeudi après le dimanche où a été faite la seconde publication, est le premier jour auquel il peut faire son enquête.

Il convient que la lecture de l'avis soit faite par un huissier, ou par quelque autre personne capable de bien s'acquitter de ce ministère, et que la même personne soit aussi chargée d'afficher l'avis à la porte de l'église, ou chapelle, où elle aura fait telle lecture.

---

(*) Si ces publications doivent être faites dans plusieurs paroisses, il est essentiel qu'elles y aient lieu *les deux mêmes dimanches consécutifs* dans toutes, sauf l'exception mentionnée dans le paragraphe qui suit.

La personne, quelle qu'elle soit, qui aura lu publiquement et affiché l'avis, en donnera certificat que le député
pourrait lui envoyer tout dressé sur le dos de l'avis, et qui
serait conçu dans les termes suivants :

" Je soussigné certifie que l'avis de l'autre part a été lu
publiquement et affiché par moi à la porte de l'église (ou
chapelle) de N., à l'issue du service divin du matin dimanche le N. et dimanche le N. En foi de quoi j'ai signé le
présent au dit lieu de N. le... 18..."

*Dans les endroits où il n'y a ni église, ni chapelle, et où l'on
aura dû par conséquent se borner à afficher l'avis, le certificat
requis sera donné de la manière suivante :*

" Je soussigné certifie que l'avis de l'autre part a été
affiché par moi au moulin de N. (ou à la maison d'école, ou
à la maison du Sieur N.) situé (ou située) dans le N. rang de
la seigneurie (ou du canton) de N., dimanche le N. et dimanche le N. En foi de quoi j'ai signé le présent au dit lieu de
N. le... 18..."

*S'il s'agit de démembrer une certaine étendue de territoire
d'une paroisse pour l'annexer à une autre, l'avis doit être lu
publiquement et affiché, comme il est dit ci-dessus, aux portes des
églises ou chapelles des dites paroisses, et affiché pareillement dans
le lieu le plus public du dit territoire.*

*Le député doit tenir son assemblée, auprès de l'église ou cha-
pelle de la localité dont on demande l'érection en paroisse, ou,
s'il n'y a ni église, ni chapelle, dans l'endroit censé le plus public
de la dite localité.*

*Pour que le député puisse constater si la majorité des habitants
francs-tenanciers de telle localité consent à l'érection de la paroisse
demandée, il importe qu'on lui présente une liste exacte de toutes
les personnes qui y ont des propriétés : ce qui est facile en recou-
rant au livre de cotisation de la municipalité. On entend par
franc-tenancier tout propriétaire d'immeuble, soit divisément, soit*

*comme cohéritier, comme il est dit ci-dessus, page 189. Il faut aussi constater s'ils ont atteint l'âge de majorité.*

Voici un modèle du procès-verbal que le député doit dresser de son opération.

### MODÈLE DE PROCÈS-VERBAL.

L'an mil huit cent... le N. du mois de N., à N. heures du matin (*ou* de l'après-midi), en vertu de la commission à moi donnée par Monseigneur N. Archevêque de N. (*ou* Évêque de N.), la dite commission en date de N., je sous-signé, Vicaire-Général de N. (*ou* Vicaire-Forain, *ou* Archi-prêtre, *ou* curé de N.), me suis transporté dans la seigneurie (*ou* canton) de N., auprès de l'église (*ou* chapelle) de N. (*ou* au moulin de N. *ou* à la maison d'école, *ou* à la maison du Sieur N.), située dans le N. rang de la dite seigneurie (*ou* du dit canton), conformément à l'avis lu publiquement et affiché, dimanche le N. et dimanche le N., à l'issue du ser-vice divin du matin, à la porte de l'église (*ou* chapelle) de N., ou des églises (*ou* chapelles) de N. et de N., et (*si le cas y échet*) affiché pareillement, les mêmes deux dimanches, au moulin de N. (*ou* à la maison d'école, *ou* à la maison de Sieur N.), située dans le N. rang de la dite seigneurie (*ou* du dit canton) de N., ainsi qu'il appert par les certificats signés des Sieurs N. et N. ; et le peuple étant assemblé auprès de la dite église (*ou* chapelle *ou* du dit moulin, *ou* de la dite maison d'école, *ou* de la maison du dit Sieur N.), conformément à l'invitation à lui faite par le dit avis, j'ai d'abord donné lecture à haute et intelligible voix de la dite commission, puis de la requête adressée au dit seigneur Archevêque (*ou* Évêque) par les francs-tenanciers de la dite partie de seigneurie (*ou* de canton, *ou* de certaines parties des seigneuries *ou* des cantons) de N. et de N, en date de N., à l'effet d'obtenir une érection canonique de paroisse (*ou* l'annexion canonique...) ; et, procédant en présence de

toute l'assemblée à l'exécution de la dite commission, j'ai
constaté 1° que la dite requête, (*si le cas y échet*, après en
avoir retranché les noms des Sieurs N. et N qui n'ont
aucune propriété dans le dit territoire *ou* qui ont déclaré
que leurs noms avaient été apposés à la dite requête, sans
leur participation et contre leur gré, *ou* qu'ils étaient maintenant opposés à l'érection de la dite paroisse) était véritablement de ceux, au nombre de N., dont elle porte les signatures, ou les marques certifiées, et que ce nombre forme la
majorité des francs-tenanciers résidant dans le dit territoire ;
2° que les établissements des requérants, y compris ceux
qui se formeront par la suite, comprennent une étendue de
territoire de N. milles de front et de N. milles de profondeur, ce qui ne me semble pas (*ou* ce qui me semble) renfermer un territoire trop (*ou* assez) vaste pour être desservi
en une seule paroisse ; 3° que, etc., (*et ainsi du reste en continuant de suivre la requête, article par article, jusqu'à ces mots :*
Ce considéré *inclusivement, observant toutefois de déclarer que
telle ou telle allégation de la requête n'est pas exacte, si l'enquête
l'a ainsi démontré, et en quoi elle ne l'est pas*). De tous lesquels
dires, réponses et allégations des dits francs-tenanciers qui
n'ont été contredits de personne (*ou* qui n'ont été contredits
que par un petit nombre de personnes), j'ai dressé le présent procès-verbal *de commodo et incommodo*, pour être rapporté au dit seigneur Archevêque (*ou* Évêque), et par lui
réglé ce que de droit. En foi de quoi j'ai signé le dit procès-
verbal avec les Sieurs N. et N., témoins pour ce appelés, les
jour et an que dessus."

(*Ici les signatures de deux témoins au moins et du député.*)

S'il se présentait quelque opposition imposante, comme serait
celle des habitants francs-tenanciers d'un rang, ou d'une partie
notable de tel rang, le député supprimerait dans son procès-verbal
tous les mots depuis : " De tous lesquels dires " jusqu'à "par un
petit nombre de personnes " inclusivement, et substituerait ce qui
suit :

" Et à l'instant se sont présentés à moi les Sieurs N. et N. francs-tenanciers de N. rang, de la dite partie de seigneurie (*ou* de canton), lesquels m'ont déclaré qu'en ce qui les concerne, ils ne veulent pas appartenir à la paroisse demandée pour les raisons suivantes, savoir : (*détailler ici les raisons des opposants*)."

" Auxquelles dites raisons il aurait été répondu dans l'assemblée, 1° que (*détailler ici les réponses aux objections des opposants*). De laquelle opposition, ainsi que des dires, réponses et allégations des requérants, j'ai dressé le présent procès-verbal, etc.

*Il importe que ces sortes d'oppositions soient faites par écrit, au lieu de l'être verbalement, afin qu'elles puissent être discutées, à chances égales, comme la requête, dans l'assemblée. Dans le cas où l'on signifierait au député une opposition de ce genre, il en ferait mention comme suit dans son procès-verbal :*

" Et à l'instant il m'a été remis une opposition portant les signatures, ou les marques, de N. francs-tenanciers de N. rang de la dite partie de seigneurie (*ou* de canton), lesquels ne veulent pas appartenir etc., (*et continuer comme dit est ci-dessus pour l'opposition verbale*)."

*Le député doit biffer de la requête et de l'opposition les noms de ceux qui le demanderaient eux-mêmes, quelles que soient leurs raisons, ou qui seraient reconnus comme n'ayant pas le droit de les signer, et mentionner ces noms dans son procès-verbal.*

*Si quelques francs-tenanciers présents à l'assemblée demandent à se porter signataires de telle requête, ou opposition, le député doit s'y prêter volontiers, en ayant soin pareillement de mentionner dans son procès-verbal les noms de ceux qui ont fait telle demande.*

*Le député, après avoir rédigé, signé et fait signer son procès-verbal, le transmet à l'autorité ecclésiastique, avec la requête, les différentes copies de l'avis qu'il a fait publier, le plan de la paroisse projetée et l'opposition qu'on lui aurait présentée à l'érection, ou à l'annexion de telle paroisse.*

*L'autorité ecclésiastique ayant rendu son décret érigeant canoniquement une paroisse ou y annexant canoniquement un certain territoire, ce document doit être lu et publié, pendant* DEUX DIMANCHES CONSÉCUTIFS, *au prône de la messe parois-siale de la paroisse ou mission, ou des paroisses ou missions d'où la nouvelle paroisse ou partie de paroisse a été démembrée. A la suite de chaque publication, le prêtre qui l'aura faite donnera l'avis suivant :*

" Les personnes intéressées à la reconnaissance pour les effets civils de la paroisse de N. *(citer ici le nom de la nouvelle paroisse) (ou bien* à la reconnaissance pour les effets civils de l'annexion de telle partie de la seigneurie *(ou* du canton) de N. à la paroisse de N.*), sont informées que, sous trente jours, ou un jour plus tard, si le trentième jour est un dimanche, ou un jour de fête d'obligation, après la seconde lecture et publication du décret d'érection canonique de la dite paroisse ou de l'annexion.... dix ou la majorité des habitants francs-tenanciers mentionnés en la requête à l'autorité ecclésiastique, pour l'obtention du dit décret canonique, s'adresseront aux commissaires nommés pour l'érection des paroisses et la construction et réparation des églises, presbytères et cimetières dans le Diocèse Catholique Romain de N., à l'effet d'obtenir la reconnaissance civile du dit décret, et que toutes personnes, ayant ou croyant avoir quelque opposition ou réclamation à faire à la dite reconnaissance civile, seront tenues de les filer et déposer, avant l'expiration des dits trente jours, entre les mains du greffier des dits Commissaires, à défaut de quoi elles seront pour toujours forcloses du droit de le faire. "

*Cet avis sera annexé au décret canonique qui aura été ainsi lu.*

*Lorsque le décret canonique aura été lu et publié pour la seconde fois, le prêtre ou les prêtres qui auront fait cette lecture*

*et publication, écriront au bas du même décret un certificat dans
la forme suivante:*

" Je soussigné certifie que le décret ci-dessus et des
autres parts a été lu et publié par moi, pendant deux
dimanches consécutifs, savoir : le N. et le N. du mois de
N. de la présente année, au prône de la messe paroissiale
de N. *(citer ici le nom de la paroisse)* et que j'ai donné avis
aux intéressés à l'érection de la paroisse de N. *(ou* à l'annexion de telle partie de la seigneurie *ou* du canton de
N. à la paroisse de N.).* que, sous trente jours, ou un jour
plus tard, si le trentième jour est un dimanche, ou un jour
de fête d'obligation, après la seconde lecture et publication
du décret canonique d'érection de la dite paroisse, dix ou
la majorité des habitants francs-tenanciers, mentionnés en
la requête à l'autorité ecclésiastique pour l'obtention du
dit décret canonique, s'adresseront aux Commissaires
nommés pour l'érection des paroisses et la construction et
réparation des églises, presbytères et cimetières, dans le
Diocèse Catholique Romain de N., à l'effet d'obtenir la
reconnaissance civile du dit décret, et que toutes personnes,
ayant ou croyant avoir quelque opposition ou réclamation
à faire à la dite reconnaissance civile, seront tenues de les
filer et déposer, avant l'expiration des dits trente jours,
entre les mains du greffier des dits Commissaires, à défaut
de quoi elles seront pour toujours forcloses du droit de le
faire."

En foi de quoi, j'ai signé le présent certificat à N. le...
18..."

*(Ici la signature)* N. curé, ou desservant, ou vicaire de N.

*Dans les trente jours qui suivront la seconde publication du
décret, il faudra présenter aux Commissaires une requête signée
d'au moins dix ou de la majorité des habitants francs-tenanciers
qui ont signé la requête à l'autorité ecclésiastique, pour obtenir*

*l'érection canonique de la nouvelle paroisse ou la dite annexion
de territoire.*

*Un plan de la nouvelle paroisse ou du territoire à annexer,
dressé par un arpenteur, est invariablement exigé par les Commissaires.*

MODÈLE DE REQUÊTE A L'EFFET DE FAIRE RECONNAÎTRE UNE PAROISSE
CANONIQUE OU UN DÉMEMBREMENT CANONIQUE, POUR LES
EFFETS CIVILS. (*)

" A Messieurs les commissaires chargés de mettre en
opération dans le diocèse catholique romain de N., le
chapitre 1 du titre IX des Statuts Refondus de la Province
de Québec."

" L'humble requête de la majorité des habitants francs-
tenanciers d'une partie de la seigneurie (*ou* du canton) de
N., ou de certaines parties des seigneuries (*ou* des cantons)
de N. et de N., professant la religion catholique, lesquels
représentent très respectueusement à Vos Honneurs : "

" Que vos suppliants ayant présenté une requête à Sa
Grandeur Monseigneur l'Archevêque (*ou* Évêque) de N., en
date de N. du mois de N., pour le prier d'ériger canoniquement et ecclésiastiquement en paroisse, la dite partie
de seigneurie (*ou* de canton), ou les dites parties de
seigneuries (*ou* de cantons), (*ou* d'annexer à la paroisse de
N. la dite partie de seigneurie *ou* de canton de N.), il a
plu à Sa Grandeur, après les enquêtes et autres formalités
usitées en pareil cas, d'accéder à leur demande, comme il
appert par son Décret d'Érection Ecclésiastique, en date
de N., dont une copie (†) est jointe à la présente ; mais que
vos suppliants désirent obtenir une proclamation de Son

_____

(*) Voir à ce sujet les STATUTS REFONDUS DE LA PROVINCE DE QUÉBEC (1888), Vol.
II, art. 3373 et suivants.

(†) Le curé doit conserver dans les archives de la paroisse le décret ; la copie
envoyée aux commissaires doit être certifiée par le secrétaire du diocèse.

Excellence de Lieutenant-Gouverneur de cette Province, qui reconnaisse la dite nouvelle paroisse, (*ou* l'annexion susdite), pour les effets civils. C'est pourquoi ils supplient humblement Vos Honneurs de prendre leur demande en considération, et recommander à Son Excellence de vouloir bien émaner une proclamation aux fins susdites."

" Et vos suppliants ne cesseront de prier, etc., etc."

(*Ici la date et les signatures, certifiées, comme ci-dessus, page 193 pour la requête à l'autorité ecclésiastique*)

La requête ainsi préparée et accompagnée d'une copie du décret d'érection ou d'annexion canonique, ainsi que des avis et certificats de publication ci-dessus mentionnés, devra être présentée aux commissaires, le trentième jour après la seconde publication du dit décret. Ces documents doivent être accompagnés d'un plan exact de la nouvelle paroisse, ou du territoire annexé, et ce plan doit être fait par un arpenteur conformément à la loi. (*Il est bon de retenir d'avance l'avocat que l'on veut employer, et de bien suivre ses directions.*)

---

## CONSTRUCTION ET RÉPARATION

### DES ÉGLISES, CHAPELLES, SACRISTIES, PRESBYTÈRES ET CIMETIÈRES.

A l'autorité ecclésiastique seule appartient le droit de régler tout ce qui concerne la construction et la réparation des églises, chapelles, sacristies, presbytères et cimetières, d'en fixer la place et d'en déterminer les dimensions principales.

Lorsqu'il devient nécessaire de construire une nouvelle église dans une paroisse, il faut adresser à l'autorité ecclésiastique une requête signée de la majorité des habitants

francs-tenanciers de telle paroisse. Voici comment peut être
conçue cette requête :

**MODÈLE DE REQUÊTE POUR OBTENIR LA PERMISSION DE CONSTRUIRE
OU DE RÉPARER UNE ÉGLISE, ETC.**

" A Sa Grandeur Monseigneur N. Archevêque (*ou*
Évêque) de N., etc., etc., etc.

" L'humble requête de la majorité des habitants francs-
tenanciers de la paroisse de N., comté de N., district de N.,
lesquels représentent très respectueusement à Votre Grandeur :

" Que l'église de la dite paroisse est dans un tel état de
vétusté qu'il n'est plus possible de la réparer ; que d'ailleurs
elle est maintenant trop petite pour contenir la foule qui
s'y rend les jours consacrés au culte, ce qui les gêne fort
dans l'exercice de leurs devoirs religieux, et leur fait sentir
vivement le pressant besoin d'en avoir une nouvelle.

" Que la sacristie attenante à la dite église étant aussi
dans le même état de vétusté, il devient pareillement urgent
d'en construire une nouvelle.

" (*Ou bien*) Que l'église, *ou* la sacristie a besoin d'être
réparée ou agrandie.

" C'est pourquoi vos suppliants prient Votre Grandeur
de leur permettre de construire une nouvelle église, et une
nouvelle sacristie, en pierre, (*ou* en bois), en tel lieu qu'elle
voudra bien désigner, et sur telles dimensions qu'il lui
plaira de déterminer.

" Et vos suppliants ne cesseront de prier, etc."

(*Ici la date et les signatures.*)

*Les signatures et les marques doivent être prises, comme celles
de la requête pour obtenir l'érection d'une paroisse, devant au*

*moins deux témoins qui signeront un certificat de la forme sui-*
*vante (voir page 193) :*

" Nous soussignés, certifions que les signatures et les
marques ci-dessus et de l'autre part ont été données librement en notre présence, et qu'elles sont véritablement de
ceux dont elles portent les noms. En foi de quoi nous
avons signé le présent certificat à... le... 18..."

*S'il s'agit de réparer, ou d'agrandir une église, de construire,*
*de réparer, ou d'agrandir un presbytère, ou un cimetière, la*
*requête doit être rédigée à peu près dans la même forme, en y*
*faisant les changements requis.*

La requête ayant été présentée à l'Archevêque, ou à
l'Évêque, celui-ci charge un député d'aller vérifier sur les
lieux, les allégués de la requête et régler en son nom ce qui
concerne les conclusions de la requête.

*Le prêtre ainsi député fait connaître aux intéressés, par un avis*
*rédigé à peu près comme suit, l'époque à laquelle il se rendra dans*
*leur paroisse pour remplir la mission qui lui a été confiée.*

### MODÈLE D'AVIS.

" *A tous ceux qui peuvent être intéressés dans la construction*
*d'une nouvelle église et d'une nouvelle sacristie, dans la paroisse*
*de N., comté de N., et district de N.*

" Vous êtes avertis que... le N. du présent mois (*ou* du
mois de N. prochain), je, soussigné, Vicaire-Général de N.
(*ou* vicaire-forain, *ou* archiprêtre, *ou* curé de N.), me trans-
porterai auprès de l'église de la dite paroisse, par une commission spéciale de Monseigneur l'Archevêque (*ou* l'Évêque)
de N., pour ce qui concerne l'érection (*ou* la réparation, *ou*
l'agrandissement) d'une nouvelle église et d'une nouvelle
sacristie (*ou* presbytère, etc.), dans la dite paroisse, conformément à une requête en date de N., présentée à cet effet
à Sa Grandeur par la majorité des habitants francs-tenan-

ciers d'icelle paroisse. En conséquence tous ceux qui se croient intéressés, pour ou contre la construction des dites nouvelles église et sacristie, sont requis de se trouver, le dit jour, au lieu ci-dessus indiqué, à N. heures du matin (*ou* de l'après-midi).

(*Ici la date et la signature du député.*)

*L'avis ainsi rédigé doit être lu publiquement et affiché deux dimanches consécutifs, à l'issue du service divin du matin, à la porte de l'église de la paroisse où il s'agit d'en construire une nouvelle. La personne qui l'aura publié, en donnera son certificat de la manière suivante sur la feuille d'avis :*

" Je soussigné certifie que l'avis de l'autre part a été lu publiquement et affiché par moi, à la porte de l'église de N., à l'issue du service divin du matin, dimanche le N. et dimanche le N. En foi de quoi j'ai signé le présent au dit lieu de N., le... 18..."

*Le député ne doit se rendre sur les lieux, pour faire son enquête, que dix jours au moins après la seconde publication de l'avis, c'est-à-dire, pas avant le second jeudi qui la suit. Dans l'assemblée qu'il a convoquée à ce sujet, il donne d'abord lecture de la commission qu'il a reçue de l'autorité ecclésiastique, et de la requête des intéressés à la même autorité, après quoi il procède à l'exécution de sa commission, en observant, pour la vérification des signatures et des marques, et pour celle de la majorité des francs-tenanciers du lieu, ce qui a été dit ci-dessus pages 196 et 199, pour la requête concernant une érection de paroisse. Voici à peu près comment il doit rédiger son procès-verbal :*

MODÈLE DE PROCÈS-VERBAL.

" L'an mil huit cent..., le N. du mois de N., à N. heures du matin (*ou* de l'après-midi), en vertu de la commission à moi donnée par Monseigneur N., Archevêque (*ou* Évêque) de N., la dite commission en date de N., je soussigné,

Vicaire-Général de N. (*ou* vicaire-forain, *ou* archiprêtre, *ou* curé de N.), me suis transporté dans la paroisse de N., comté de N., district de N., auprès de l'église de la dite paroisse, conformément à un avis lu publiquement et affiché, dimanche le N. et dimanche le N. à l'issue du service divin du matin, à la porte de l'église de la dite paroisse de N., ainsi qu'il appert par le certificat signé du Sieur N. ; et le peuple étant assemblé auprès de la dite église, en conséquence de l'invitation à lui faite par le dit avis, j'ai d'abord donné lecture à haute et intelligible voix de la dite commission, puis de la requête adressée au dit Seigneur Archevêque (*ou* Évêque) par la majorité des habitants francs-tenanciers de la dite paroisse, à l'effet d'obtenir la permission de construire une nouvelle église et une nouvelle sacristie ; et, procédant, en présence de toute l'assemblée, à l'exécution de la dite commission, j'ai constaté 1° que la dite requête (*si le cas y échet* après y avoir ajouté les noms des Sieurs N. et N. qui l'ont demandé et qui sont qualifiés, et en avoir retranché les noms des Sieurs N. et N. qui n'ont aucune propriété dans la dite paroisse, *ou* qui ont déclaré que leurs noms avaient été apposés à la dite requête sans leur participation et contre leur gré, *ou* qu'ils étaient opposés maintenant à la construction des dites nouvelles église et sacristie) était véritablement de ceux au nombre de N., dont elle porte les signatures ou les marques certifiées, et que ce nombre forme la majorité des habitants francs-tenanciers de la dite paroisse ; 2° que l'église et la sacristie actuelles de la dite paroisse que j'ai soigneusement examinées (*si besoin est* avec l'aide des Sieurs N. et N., experts pour ce appelés), ne sont plus, à raison de leur vétusté, susceptibles d'être réparées, et que la dite église est d'ailleurs trop petite pour la population qui la fréquente, les jours consacrés au culte ; 3' qu'en conséquence la construction d'une nouvelle église et d'une nouvelle sacristie dans la dite paroisse, est devenue nécessaire.

" J'ai de suite, en vertu de la dite commission, et en présence de la dite assemblée, cherché et examiné le local le plus convenable pour les dites nouvelles église et sacristie, et j'en ai choisi l'emplacement à environ N. pieds, au Nord (*ou* au Sud, *ou autre direction*) de l'église actuelle, (*ou* du chemin royal), le portail de la dite église devant être tourné vers l'Ouest (*ou autre direction*) ; j'ai reconnu de plus qu'il est convenable que la dite église, qui sera construite en pierre (*ou* en bois), ait environ N. pieds de longueur, N. pieds de largeur et N. pieds de hauteur, au-dessus des lambourdes (*si le cas y échet* avec des chapelles latérales saillantes), et que la dite sacristie ait environ N. pieds de longueur, N. pieds de largeur et N. pieds de hauteur, entre les deux planchers finis, toutes les dites dimensions prises en dedans (*ou* en dehors) et à mesure française (*ou* anglaise).

" En foi de quoi, j'ai signé le présent procès-verbal, avec les Sieurs N. et N. témoins pour ce appelés, les jour et an que dessus, pour le dit procès-verbal être rapporté au dit seigneur Archevêque (*ou* Évêque), et par lui être réglé ce que de droit. "

*S'il se présentait quelque opposition, le député observerait ce qui est dit plus haut aux pages* 198 *et* 199, *concernant les oppositions faites à une érection de paroisse.*

*Le député ayant transmis son procès-verbal au supérieur ecclésiastique, avec la requête, l'avis qu'il a fait publier et l'opposition, s'il en a été fait par écrit, celui-ci émane un décret canonique.*

*Ce decret doit être publié une fois et le prêtre qui l'a publié, écrit au bas de ce document le certificat suivant :*

" Je soussigné, curé, (*ou* desservant, *ou* vicaire) de N., certifie avoir lu et publié le décret ci-dessus et de l'autre part, au prône de la messe paroissiale de la dite paroisse, dimanche le N., (*ou* jour de fête chômée le N.) En foi de quoi j'ai signé le présent au dit lieu, le... 18... "

*S'il s'agit de construire les dites église et sacristie par contri-*
*butions légales prélevées, suivant la loi, sur les propriétés en raison*
*de leur valeur, la majorité des habitants francs-tenanciers de la*
*paroisse doit présenter d'abord à MM. les commissaires une*
*requête pour obtenir la permission d'élire les syndics qui seront*
*chargés de diriger la construction des dits édifices. Voici un*
*modèle de cette requête.*

MODÈLE DE REQUÊTE A MM. LES COMMISSAIRES. (*)

" A Messieurs les Commissaires chargés de mettre en
opération, dans le diocèse catholique romain de N. le chap.
1 du titre IX des Statuts Refondus de la Province de
Québec.

" L'humble requête de la majorité des habitants francs-
tenanciers de la paroisse de N., comté de N., et district de
N., lesquels représentent très respectueusement à Vos
Honneurs :

" Que vu leur requête à Monseigneur N., Archevêque
(*ou* Évêque) de N., en date de N., par laquelle ils sup-
pliaient Sa Grandeur de leur permettre de construire une
nouvelle église et sacristie en tel lieu qu'elle voudrait
désigner, et sur telles dimensions qu'il lui plairait de
déterminer, il a plu au dit seigneur Archevêque (*ou* Évêque),
après les enquêtes et autres formalités usitées en pareil
cas, d'émaner un décret, en date de N., dont une copie (†) est
jointe à la présente, lequel permet à vos suppliants de
construire les dites église et sacristie, en désigne la place
et en détermine les dimensions principales ;

---

(*) Voir à ce sujet les *Statuts Refondus de la Province de Québec*, 1888, art. 3396
et suivants.

(†) Ce doit être une copie certifiée par le secrétaire du diocèse, différente de celle
qui doit être conservée dans les archives de la paroisse.

" Qu'il a plu au dit seigneur Archevêque (*ou* Évêque)
donner son approbation au plan, aussi joint à la présente,
pour servir à la construction des dites église et sacristie.

" Pourquoi vos suppliants prient humblement Vos Honneurs de leur permettre de s'assembler, pour procéder à
l'élection de trois, ou d'un plus grand nombre de syndics,
à l'effet de diriger la construction des dits édifices, conformément au dit plan.

" Et vos suppliants ne cesseront de prier, etc. "

(*Ici la date, suivie des signatures et des marques, certifiées
comme il est dit ci-dessus (page* 193), *pour la requête à l'autorité
ecclésiastique.*)

*Cette requête, avec la copie du décret et le plan ci-dessus
mentionnés, sera transmise aux Commissaires.* (\*) *Lorsque ceux-
ci auront rendu une ordonnance permettant de tenir l'assemblée
et de faire l'élection demandées par la dite requête, le curé (ou
le prêtre desserrant, ou faisant les fonctions curiales dans la
paroisse) convoquera, par un avis donné au prône pendant deux
dimanches consécutifs, une assemblée générale des habitants
francs-tenanciers de la paroisse, qui aura lieu sous sa présidence,
après avoir été annoncée par le son de la cloche, et dans laquelle
il sera procédé à l'élection des syndics à la pluralité des voix.
S. R. P. Q., ch.* 1 *du titre IX, s.* 3, *Nos* 3396... *L'assemblée
pour l'élection des syndics peut avoir lieu le jour même de la
seconde annonce. Le président devra dresser un acte en
bonne forme de cette assemblée.*

*Les syndics ainsi élus, avant d'entrer dans l'exécution des
devoirs de leur charge, présenteront aux commissaires une
requête rédigée à peu près de la manière suivante :*

---

(\*) Pour plus grande sûreté, il est très utile de se servir d'un avocat qui suive
cette affaire devant les commissaires.

### REQUÊTE DES SYNDICS.

" A Messieurs les Commissaires chargés de mettre en opération dans le diocèse catholique romain de N., le chapitre 1 du titre IX des Statuts Refondus de la Province de Québec.

" L'humble requête des syndics (*ou* la majorité des syndics) élus pour diriger la construction d'une nouvelle église et d'une nouvelle sacristie (*ou* la réparation de l'église, etc.) dans la paroisse de N , comté de N., et district de N., lesquels représentent très respectueusement à Vos Honneurs :

" Qu'en vertu de votre ordonnance de N., ·les habitants francs-tenanciers de la dite paroisse s'étant réunis en assemblée, le N. du présent mois, (*ou* du mois de N. dernier), ont élu vos suppliants pour diriger en leur nom, comme syndics, la construction d'une nouvelle église et d'une nouvelle sacristie (*ou* réparation, etc) dans la même paroisse, ainsi qu'il appert par la copie ci-jointe de l'acte de la dite assemblée ;

" Pourquoi vos dits suppliants prient Vos Honneurs de vouloir bien confirmer leur élection et leur permettre de cotiser les propriétaires de terres et autres immeubles situés dans la dite paroisse, et de prélever le montant de la somme pour laquelle chaque individu sera cotisé et colloqué pour sa part de contribution, tant pour effectuer la dite construction (*ou* réparation) que pour subvenir aux frais qu'elle devra occasionner ; (*)

" Et vos suppliants ne cesseront de prier, etc. "

---

(*) Voir le chap. XLIV, 51-52 Vict. 1888, concernant les paroisses et missions qui ne sont pas érigées civilement, mais ayant des limites fixées, et autorisant les commissaires à exempter en tout ou en partie les terres déjà cotisées dans une autre paroisse, dont elles faisaient partie.

*(Ici la date et les signatures et marques certifiées comme il est dit pour les requêtes précédentes, page 193.)*

*La nouvelle requête est également envoyée aux Commissaires avec une copie authentique de l'acte de l'élection des syndics. (Il importe de bien se conformer aux directions de l'avocat pour toutes les formalités à observer.)*

---

## ACQUISITION

### DE TERRES ET DE TERRAINS POUR LES ÉGLISES.

En vertu du chapitre 3 du titre IX des Statuts Refondus de la Province de Québec, toute paroisse, mission, congrégation ou société de chrétiens, peut acquérir, pour son usage, la quantité de deux cents acres anglais de terre, excepté que, dans les villes de Québec et de Montréal, il n'en peut être acquis de la sorte qu'une étendue d'un arpent en superficie, en dedans des murs, et hors des murs, mais dans les limites des dites cités, une étendue de huit arpents en superficie.

Si la fabrique d'une paroisse légalement reconnue veut acquérir plus de terrain qu'elle n'en possède, sans excéder toutefois la quantité à laquelle elle est limitée par le Statut, elle adoptera des résolutions à cet effet dans une assemblée de fabrique régulièrement convoquée. Un acte de cette assemblée sera dressé dans une forme à peu près semblable à la suivante :

### MODÈLE D'ACTE D'ASSEMBLÉE DE FABRIQUE.

" L'an mil-huit-cent..., le... jour du mois de..., à une assemblée de l'œuvre et fabrique de la paroisse de..., comté de..., district de.. , convoquée suivant l'usage, furent présents Messieurs N. curé de la dite paroisse, et N. N. et N. marguilliers, composant avec le dit Sieur curé l'œuvre et fabrique de la dite paroisse,* lesquels ont résolu : 1°—Qu'il est à propos de profiter des dispositions du chapitre 3 du titre IX des Statuts Refondus de la Province de Québec, pour acquérir au profit de la dite fabrique, *telle* étendue de terre (*ou* terrain) appartenant maintenant au Sieur N. ; 2°—Que le dit Sieur curé, conjointement avec le dit Sieur N., marguillier en exercice, soit autorisé à faire la dite acquisition, au nom de la dite fabrique, et à faire les déboursés nécessaires, tant pour la dite acquisition, que pour faire mesurer la dite étendue de terre (*ou* terrain) par un arpenteur juré, lequel dressera un procès-verbal de son opération, et pour faire enregistrer le dit procès-verbal, ainsi que les titres de la dite acquisition, au greffe de la Cour Supérieure du district, en conformité de la dite ordonnance ou au bureau d'enregistrement du comté. Et ont signé les dits Sieurs N. N. et N., les autres ayant déclaré ne le savoir faire."

Les personnes ainsi autorisées à agir au nom de la fabrique, ayant fait l'acquisition de la dite étendue de terre, et l'ayant fait mesurer par un arpenteur juré, doivent, aux termes de la loi, faire enregistrer dans les deux ans qui suivent la dite acquisition : 1° l'acte d'assemblée ci-dessus mentionné de la fabrique, 2° le titre de la dite acquisition, 3° le procès-verbal de mesurage de l'arpenteur. L'enregistrement doit se faire au greffe de la Cour Supérieure du district où se trouve l'étendue de terre ainsi acquise, ou au bureau d'enregistrement du comté. Il importe qu'il ait lieu dans l'intervalle prescrit de deux ans, car, faute de cette formalité, l'acquisition serait nulle.

Les paroisses qui ne sont pas érigées civilement, ou les congrégations religieuses qui se trouvent dans quelques lieux non compris dans les limites de paroisses, peuvent acquérir, hors des cités de Québec et de Montréal, la quantité de deux cents acres de terre, en observant les formalités suivantes :

1° Convoquer en la manière accoutumée une assemblée des francs-tenanciers de la dite paroisse, ou de la congrégation religieuse de telle seigneurie, ou partie de seigneurie, ou de tel canton, ou partie de canton, à l'effet d'élire des syndics qui auront le droit d'acquérir et de posséder, au nom de la dite paroisse, ou congrégation, une quantité de terrain n'excédant pas 200 àcres.

2° Choisir dans cette assemblée un ou plusieurs syndics (le nombre de cinq est celui qui convient le mieux), dont un devrait être le curé, ou desservant de la dite paroisse, ou congrégation religieuse. Dresser un acte de cette élection dans la forme suivante :

" Aujourd'hui le N. du mois de N. de l'année N., à une assemblée de la paroisse canonique (*ou* congrégation) catholique de N., dans le diocèse de..., convoquée selon l'usage par nous soussigné curé (*ou* desservant) de la dite paroisse (*ou* congrégation religieuse), la dite assemblée a choisi comme syndics pour acquérir et posséder au profit de la dite paroisse (*ou* congrégation), une quantité de terre n'excédant pas deux cents àcres, en vertu du ch. 3 du titre IX des S. R. P. Q., Messieurs N. prêtre, curé (*ou* desservant) de la dite paroisse (*ou* congrégation) et N. N. francs-tenanciers de la même paroisse (*ou* congrégation), *dont les successeurs ès dites qualités seront toujours le prêtre desservant de la dite paroisse (ou congrégation) et quatre francs-tenanciers du lieu, lesquels seront nommés par la majorité des syndics eux-mêmes, à mesure qu'il y aura vacance dans la place de l'un d'entre eux, sans qu'il soit besoin, pour leur élection, d'une nouvelle assemblée de paroisse (ou congrégation)* et cela, jusqu'à ce que la susdite paroisse (*ou* congrégation), étant civilement reconnue comme paroisse légale, la quantité du terrain acquis, comme dit est ci-dessus, tombe sous l'administration de Messieurs les curé et marguilliers de la dite paroisse. Fait au dit lieu de N., les jour et an que dessus ; et ont signé avec nous les Sieurs N. et N. témoins pour ce appelés."

3° Après leur élection, les syndics élus acquièrent la quantité de terrain qu'ils peuvent se procurer, en un ou plusieurs lots, pourvu qu'elle n'excède pas 200 âcres, et ils ont soin de faire mesurer le dit terrain par un arpenteur juré qui dresse un procès-verbal de cette opération.

4° Dans l'acte d'acquisition du terrain, il doit être fait mention de la manière dont se fera la succession des dits syndics. Le notaire qui dressera cet acte, pourra se servir à cet effet des expressions désignées en lettres italiques dans le modèle d'acte d'élection ci-dessus donné.

5" Il est ensuite du devoir des syndics de faire enregistrer, dans le cours des deux années qui suivent : 1° l'acte d'élection des dits syndics, 2' le titre de la dite acquisition, 3° le procès-verbal de mesurage de l'arpenteur.

Il faut avoir soin de remplacer immédiatement chaque syndic qui vient à décéder, ou à quitter la paroisse, ou congrégation religieuse. Le choix du nouveau syndic se fait par les anciens, et le curé, ou desservant, en dresse un acte qui doit être conservé fidèlement par les syndics, avec les autres documents dont il vient d'être question.

Du moment qu'une paroisse non légalement érigée, ou quelque autre congrégation religieuse, est reconnue suivant la loi, comme paroisse, pour les effets civils, alors les devoirs des syndics cessent, pour passer à la fabrique de telle paroisse qui entre de droit en possession de tous les terrains acquis par eux, en leur qualité de syndics.

## COMPTES DE FABRIQUE.

Pour assurer l'exactitude et l'uniformité dans la tenue et la reddition annuelle des comptes, MM. les Curés doivent veiller à ce que l'on observe les règles suivantes : (*)

### I. JOURNAL.

1. Toute somme d'*argent* reçue ou payée, doit être *immédiatement* inscrite dans un cahier appelé JOURNAL, avec l'indication claire et brève de la source d'où provient chaque recette, et du motif de chaque dépense avec le N° du reçu que l'on doit garder soigneusement pour l'exhiber à qui de droit. Toutes ces sommes doivent être en piastres et centins. On trouvera ci-après un modèle de *Journal*.

2. Les dépenses *ordinaires*, qui sont de la compétence du bureau, composé du curé et des trois marguilliers du banc, sont les suivantes : *a*) frais ordinaires du culte ; *b*) l'acquit des fondations et charges ; *c*) registres des actes civils, livres de prône et de comptes, registres de la fabrique ; *d*) salaire des employés ; *e*) dépenses ordonnées par l'Évêque ; *f*) menues réparations de l'église, de la sacristie et du cimetière ; *g*) primes d'assurances et versements à l'assurance mutuelle.

3. Les autres dépenses sont réputées *extraordinaires*, et ne doivent se faire que d'après une résolution du corps des marguilliers anciens et nouveaux, avec le curé, inscrite dans le registre de la fabrique et approuvée par l'Évêque. Dans le JOURNAL on doit mentionner la date de la résolution.

----

(*) Voir à ce sujet le §. 2. *De administratione bonorum ecclesiarum*, décret XV du II Concile de Québec.

4. Aucun prêt ou emprunt, avec ou sans hypothèque, ne doit être fait sans l'autorisation de la fabrique, c'est-à-dire, du corps des marguilliers anciens et nouveaux, avec le curé, ni sans l'approbation de la paroisse (*) et de l'Évêque. Le dépot des deniers de la fabrique dans une banque, ou une caisse d'économie, n'a pas besoin de permission spéciale, parce que ce n'est qu'une manière plus sûre de mettre ces deniers à l'abri du feu et des voleurs. Le livret de dépot doit être au nom de *la fabrique de la paroisse de* **, et l'argent ne doit être retiré que sur la signature du curé.

## II. COMPTES DES BANCS. (†)

5. La tenue des comptes de bancs demande un soin particulier, parce que c'est la principale ressource des fabriques. Il faut que celui qui en est chargé puisse facilement connaître ce que chacun doit et ce que chacun a payé. On trouvera ci-après un modèle de cahier spécial avec des indications faciles à comprendre. Ce cahier doit avoir autant de pages qu'il y a de bancs dans l'église. On suppose dans le modèle qu'il s'agit de bancs payables tous les six mois. Il sera facile d'adapter ce modèle à des tenures différentes.

6. Tous les six mois, ou au moins à la fin de l'année, on doit porter au *Journal* la somme totale reçue pour les bancs, afin que la balance du *Journal* soit la même que dans la reddition des comptes.

## III. REDDITION ANNUELLE DES COMPTES.

7. Chaque marguillier sorti de charge doit rendre ses comptes au plus tôt après son année d'exercice.

---

(*) Voir Beaudry, *Code des Curés*... No. 31 ; Langevin, *Manuel*, art. 155, 171, 284, 285. (Ed. de 1878).

(†) Voir ce qui a été dit au sujet des bancs, page 165.

8. Ces comptes sont rendus, examinés, clos et arrêtés en présence du curé, ou prêtre desservant, et des marguilliers anciens et nouveaux, convoqués selon l'usage, à défaut de loi spéciale. Les francs-tenanciers n'y sont appelés que là où cet usage existe.

9. Cette assemblée est nécessairement présidée par le curé, ou le desservant, ou le député de l'Évêque.

10. Le marguillier rendant compte doit *a*) suivre la formule ci-après indiquée ; *b*) exhiber les reçus pour les dépenses soit ordinaires, soit extraordinaires ; *c*) fournir une liste détaillée des arrérages encore dûs et certifier qu'il a fait sans succès toute la diligence possible pour faire rentrer ces deniers : *d*) faire compter et vérifier en présence de l'assemblée, les sommes dont il se reconnaît redevable envers la fabrique et les remettre ensuite au marguillier en exercice qui se charge d'en rendre compte à son tour : cet article est de la plus grande importance et MM. les curés doivent veiller de près à ce qu'il soit fidèlement exécuté.

11. Le chapitre de *recette* se divise en quatre articles distincts : 1° le *reliquat* de l'année précédente, s'il y en a eu ; 2° la *recette ordinaire et propre de l'année* ; 3° les *arrérages perçus* ; 4° la *recette extraordinaire*. Chacun de ces articles doit être subdivisé et détaillé comme le montre le modèle ci-après.

12. Le chapitre de *dépense* doit de même être divisé en trois articles, subdivisés et détaillés comme dans le modèle ci-après : 1° *déficit de l'année précédente*, s'il y en a eu ; 2° *dépenses ordinaires et propres de l'année* ; 3° *dép_nses extraordinaires*.

13. Les deux chapitres des *dettes actives* et des *dettes passives* doivent renfermer en détail les noms soit des débiteurs, soit des créanciers, avec le montant qui concerne

chacun d'eux, et cette liste doit être répétée au long chaque année, quand même elle n'aurait pas varié. Le chapitre des *dettes actives* se divise en trois articles : 1° *arrérages propres de l'année* dont on rend compte ; 2° *arrérages antérieurs* ; 3° *argents placés.* (*) Celui des *dettes passives* doit se diviser en deux articles : 1° *dettes ne portant pas intérêts* ; 2° *dettes portant intérêts.* Ces deux chapitres sont de grande importance.

14. Le procès-verbal doit être inscrit dans le registre des délibérations de la fabrique, à moins que l'Évêque pour des raisons particulières, n'ait permis de le mettre dans un cahier spécial, toujours distinct du *Journal.* Il doit être daté et signé au moins du curé, du rendant-compte, du marguillier en exercice et des autres marguilliers du banc présents à l'assemblée. Si le rendant-compte, ou le marguillier en exercice ne sait pas signer, il faut lui faire apposer sa marque devant témoins. Si le curé ou quelque marguillier ou franc-tenancier, présent à l'assemblée, expose des objections contre un emprunt ou une dépense, ou quelque autre acte administratif, il en est fait mention au procès-verbal. Voir le modèle ci-après.

15. Un marguillier qui a rendu ses comptes n'est finalement déchargé que lorsque ses comptes ont été alloués par l'Évêque, ou par son député spécialement autorisé à cet effet.

### IV. COFFRE DE LA FABRIQUE.

16. Dans toutes les paroisses il doit y avoir un coffre solide fermé par deux serrures différentes, pour y déposer l'argent et les titres de la fabrique. L'une de ces clefs reste entre les mains du curé, l'autre en celles du marguillier en

---

(*) Quand une dette active est reconnue comme *certainement* perdue, elle peut être retranchée de la liste par les marguilliers.

charge. Il ne doit être tiré du coffre aucun argent, ou aucun papier, sans qu'il y soit laissé un récépissé en bonne forme.

———

*Remarque.*—Dans les modèles de JOURNAL et de REDDITION DE COMPTES qui suivent, on s'est proposé principalement de faire connaitre la manière d'inscrire les articles de recette et de dépense de diverses sortes qui se présentent dans le cours de l'année et les principaux détails de la reddition des comptes. Il est facile de voir qu'il peut y en avoir d'autres que les circonstances suggèreront. Dans ces modèles, il n'y a accord que pour les sommes totales, parce qu'on ne s'est pas proposé de faire un *Journal* complet, qui aurait entraîné dans trop de détails.

# JOURNAL

*de recette et de dépense de la paroisse de Saint \*\*.*

| Jour du mois | Recette. | ANNÉE 1873. | No du reçu. | Dépense. |
|---|---|---|---|---|
| | $\$$ cts. | *Janvier.* | | $\$$ cts. |
| 4 | 5 00 | Sépulture 3ᵉ classe, Joseph \*\*, mort 31 déc. 1872............... | | |
| 10 | | A André \*\* menuisier, à compte sur ouvrages............... | 3 | 46 00 |
| 12 | | A Benoni \*\* maçon, balance pour ouvrages............... | 1 | 43 00 |
| | | *Février.* | | |
| 1 | 6 00 | (\*) Vendu à Charles \*\*, quelques effets de la quête............... | | |
| " | | Payé au même, à compte sur ouvrages............... | 4 | 6 00 |
| | | *Mars.* | | |
| 3 | | (†) Acheté de David \*\*, 10 cordes de bois............... | 5 | 15 00 |
| " | 15 00 | Reçu du même, balance de sa dette pour casuel. ............... | | |
| 19 | | Autel et tabernacle payés à \*\* architecte, (résolu 4 avril 1870)...... | 7 | 431 22 |
| | | *Avril.* | | |
| 15 | 25 00 | Fosse dans l'église pour Édouard \*\* mort 15 janvier......... ......... | | |
| " | 15 00 | Service et sépulture du même........ | | |

(\*) **Exemple d'une dette passive payée en effets.** La fabrique est censée *rendre* et en recevoir le prix qu'elle paye aussitôt au créancier.

(†) **Exemple d'une dette active reçue en effets.** La fabrique est censée *acheter* cet effet et en payer le prix, qu'elle reçoit aussitôt du débiteur à compte de sa dette.

Faute de ces doubles entrées, les comptes seront nécessairement en erreur.

| Jour du mois. | Recette. | ANNÉE 1873. | No du reçu. | Dépense. |
|---|---|---|---|---|
| | $ cts. | *Mai.* | | $ cts. |
| 25 | | Prêté à François ** à 6 0⁄0, résol. 6 mai............... | 8 | 600 00 |
| 31 | 1250 00 | Emprunté de George ** à 6 0⁄0, résol. 29 mai............... | | |
| | | *Juin.* | | |
| 1 | | Déposé à la banque d'épargnes, à 5 0⁄0............... | | 350 00 |
| 30 | 125 00 | Retiré de la banque d'épargnes...... | | |
| | | *Juillet.* | | |
| 1 | 375 00 | Premier semestre de 258 bancs...... | | |
| 9 | 300 00 | Reçu à compte de François **...... | | |
| 13 | | Balance payée à Henri **............ | 10 | 600 00 |
| | | *Août.* | | |
| 6 | | A compte sur réparation au clocher, résol. 15 avril............... | | 100 00 |
| 7 | 2 50 | Décorations au mariage de Jacques **............... | | |
| | | *Septembre.* | | |
| 1 | 1000 00 | Legs fait par Nicolas ** pour éducation, résol. 25 juillet............... | | |
| 6 | | Prêté à Michel **, sur oblig. devant ** Notaire à 6 0⁄0, le legs de Nicolas ** pour éducation, résol. 4 sept............... | | 1000 00 |
| | | *Octobre.* | | |
| 6 | 2 50 | Arrérage du banc d'Olivier**, pour 1870 et 71............... | | |
| 25 | 36 00 | Intérêts jusqu'au 1. oct. sur $600 prêtées à Sifroi **............... | | |

| Jour du mois | Recette. | ANNÉE 1873. | No du reçu | Dépense. |
|---|---|---|---|---|
|  | $ cts. | *Novembre.* |  | $ cts. |
| 4 | 150 00 | Souscription volontaire pour lampe et vitraux de couleur. ............... |  |  |
| 10 |  | Ornements achetés par ordre de Mgr en visite........................... | 15 | 120 00 |
| 12 | ″ | 12 gallons d'huile pour lampe à 80c | 13 | 9 60 |
| 13 |  | 800 grandes hosties à 0.80 le cent. | 16 | 6 40 |
| ″ |  | 3000 petites hosties à $2 le mille.... | ″ | 6 00 |
| 19 |  | Prime d'assurance à la Compagnie du Canada........................... | 14 | 12 00 |
| 30 |  | 1er versement à l'assurance mutuelle pour église S. **............... | 17 | 60 00 |
|  |  | *Décembre.* |  |  |
| 1 |  | 3 basses messes fondées par Robert **............................... | 18 | 0 75 |
| ″ | 36 00 | Intérèts sur dépots à la banque...... |  |  |
| ″ |  | Do      do      do déposés en banque................. |  | 36 00 |
| 3 | 12 00 | Intérèts sur obligation et constitut de **............................. |  |  |
| 6 |  | 1 service annuel fondé pour la famille ** ......................... | 19 | 1 50 |
| 15 |  | École de fabrique, suivant legs de** | 20 | 150 00 |
| 16 | 180 00 | A compte sur répartition légale....: |  |  |
| 20 |  | Registres achetés et paraphés......... |  | 3 00 |
| 26 |  | Au bedeau, à compte du salaire..... | 21 | 45 40 |
| 29 |  | A l'organiste, balance de son salaire........................... | 22 | 94 00 |
| 31 | 380 50 | Second semestre de 258 bancs........ |  |  |
|  | $3915 50 | RECETTE TOTALE.     DÉP. TOTALE. | ...... | $3735 87 |

## COMPTES

*Du Sieur\*\*, marguillier en exercice de cette paroisse de Saint \*\*,
pour l'année mil huit cent soixante treize, rendus par devant
nous curé (ou desservant) soussigné et la fabrique. (Voir
page 217.)*

| | (a) I. RECETTE | $ cts. | $ cts. |
|---|---|---:|---:|
| 1 | (b) *Reçu du marguillier précédent*............ | | 804 15 |
| 2 | *Recette ordinaire et propre de cette année...* | | |
| | (c) Casuel de 30 grand'messes, à $2.50.... | 75 00 | |
| | 10 services et 4 anniversaires à $2.50...... | 35 00 | |
| | 15 sépultures d'enfants à 80 cts ............ | 12 00 | |
| | 8 sépultures d'adultes sans service à $2... | 16 00 | |
| | 2 sépultures d'adultes services de 1re classe à $20.............................. | 40 00 | |
| | 5 sépultures    "       "    de 2e classe à $10 | 50 00 | |
| | 6 sépultures    "       "    de 3e classe à $5 | 30 00 | |
| | 1 fosse dans l'église........................... | 25 00 | |
| | Cierges vendus 40 lbs, à 75cts.............. | 30 00 | |
| | Cloches aux baptêmes........................ | 5 00 | |
| | Décorations aux mariages.. .............. | 8 00 | |
| | Tentures, drap mortuaire, etc.......... ...... | 20 00 | |
| | Quêtes du dimanche........................ | 10 50 | |
| | (d) Quête de l'Enfant Jésus.................. | 50 15 | |
| | Loyer d'une maison........................... | 48 00 | |
| | Rente de 258 bancs........................... | 705 50 | 1210 15 |
| 3 | *Arrérages perçus.* | | |
| | Rentes de bancs des années 1869-70-71-72. | 65 00 | |
| | Casuel de 1872 ............................. | 150 20 | |
| | Intérêts dûs par \*\* pour 1871 et 72........ | 72 00 | 287 20 |
| 4 | *Recette extraordinaire.* | | |
| | Emprunté de George \*\*, résolution du 29 mai 6 0/0............................ | 1100 00 | |
| | Legs fait par \*\*, résolution du 25 juillet.. | 1000 00 | |
| | Intérêts sur dépots à la banque.............. | 36 00 | |
| | Retiré de la banque d'épargnes............ | 150 00 | |

(a) On ne doit porter en recette que les sommes reçues *en argent.*  Voir la note (\*)
au *Journal,* page 221.

(b) S'il y a eu un reliquat l'année précédente, ce doit toujours être le premier
article de la reddition des comptes.

(c) Le casuel ne doit pas être mis en bloc, mais en divers articles comme il est
marqué ici.

(d) S'il reste des effets à vendre, on en donne la liste à part.  Si certains effets ont
été vendus mais non encore payés, on en fait mention parmi les dettes actives.  La
somme ici mentionnée a été reçue.  Les arrérages perçus sur les effets vendus après
la reddition des comptes, sont ajoutés à la quête de l'année suivante.

|  | $ cts | $ cts. |
|---|---|---|
| Intérêts sur obligations et constituts .... | 12 00 |  |
| (e) Souscriptions pour lampes et vitraux de couleur................... | 150 00 |  |
| (f) A compte sur la répartition légale... | 180 00 | 2 628 00 |
| Recette totale.................. |  | 4 929 50 |

|  | $ cts | $ cts. |
|---|---|---|
| **(g) II. DÉPENSE.** |  |  |
| 1 (h) *Déficit de l'année précédente.* |  |  |
| 2 (i) *Dépenses ordinaires et propres de l'année.* |  |  |
| Salaire du bedeau.................... | 50 00 |  |
| Salaire de l'organiste.................. | 120 00 |  |
| Salaire du sacristain............ | 50 00 |  |
| Salaire des autres employés.......... | 40 00 |  |
| (j) Hosties, 800 gr. à 80cts, et 3000 petites à 50cts................ | 21 40 |  |
| Vin d'autel, 10 gall. à $1.50......... | 15 00 |  |
| 100 lbs de cierge à 80cts............ | 80 00 |  |
| 12 gallons d'huile pour la lampe à 80cts.. | 9 60 |  |
| Entretien et blanchissage des linges et ornements.................. | 36 00 |  |
| Lavage de l'église et sacristie............ | 10 00 |  |
| Réparations ordinaires............ | 144 40 |  |
| Fondations, 3 messes basses et un service. | 2 75 |  |
| École de fabrique fondée par **.......... | 150 00 |  |
| Registres et livres de prône.......... | 3 00 |  |
| Prime d'assurance à la Cie du Canada.... | 13 12 |  |
| Assurance mutuelle à l'église de ** incendiée............ | 60 00 | 805 27 |
| 3 *Dépenses extraordinaires.* |  |  |
| A compte à ** entrepreneur de l'église... | 200 00 |  |
| Réparation au clocher (résol. 15 avril).... | 240 00 |  |
| Prêté à ** à 5 0/0 (résol. 6 mai)........... | 600 00 |  |
| Déposé à la banque d'épargnes........... | 350 00 |  |

(e) Les souscriptions volontaires doivent être entrées dans le *Journal* et faire partie de la reddition annuelle des comptes, d'un côté en recette et de l'autre on dépense, si elles ont été employées.

(f) Cela suppose que les syndics ont rendu leurs comptes et que la fabrique s'est chargée de retirer la balance dûe ; les comptes des syndics doivent être tenus et rendus à part.

(g) On ne doit porter en dépense que les sommes payées *en argent.* Voir la note (f) au *Journal,* page 221.

(h) S'il y a eu un déficit l'année précédente, le marguillier qui l'a payé doit en faire le premier article du chapitre de la dépense.

(i) Voir plus haut, page 216, ce qu'il faut entendre par dépenses *ordinaires.*

(j) Les dépenses pour le culte ne doivent pas être mises en bloc, mais en divers articles comme il est marqué ici.

15

|                                                        | $ cts. | $ cts.   |
| ------------------------------------------------------ | ------ | -------- |
| Balance payée à **..................................   | 175 00 |          |
| Prêté à ** legs de feu ** (résol. 3 sept.)...          | 1 000 00 |        |
| (k) Lampes et vitraux de couleur achetés.              | 145 00 |          |
| Ornements achetés par ordre de Mgr......               | 120 00 | 2 830 00 |
| Total de la dépense..............                      |        | 3 635 27 |

Recette...............84 929 50
Dépense.............. 3 635 27

En mains le 31 décembre 1873...$1 294 23

### III. DETTES ACTIVES.

|                                                        | $ cts. | $ cts. |
| ------------------------------------------------------ | ------ | ------ |
| 1 *Arrérages propres de l'année* 1873.                 |        |        |
| Casuel selon la liste ci-jointe...............         | 50 00  |        |
| Rente de 22 bancs selon liste...............           | 90 90  |        |
| Sur effets de la quête de l'Enfant-Jésus...            | 5 00   |        |
| Sur loyer de maison ...........                        | 10 00  | 155 00 |
| 2 *Arrérages antérieurs à* 1873.                       |        |        |
| Rentes de bancs pour les années 1871 et 72             | 80 00  |        |
| Casuel des années ** selon liste...........            | 90 00  | 170 00 |
| 3 *Argents placés.*                                    |        |        |
| (l) Obligation de L ** à 6 0/0 ....... .....           | 200 00 |        |
| Intérêts échus sur cette obligation.........           | 50 00  |        |
| Obligation de M ** à 5 0/0.............                 | 100 00 |        |
| Obligation de N ** à 6 0/0.............                 | 600 00 |        |
| Déposé à la banque d'épargnes à 5 0/0 .....            | 1 225 00 |      |
| Legs de ** pour éducation, prêté à **...               | 1 000 00 | 3 175 00 |
| Total des dettes actives ........                      |        | 3 500 00 |

### IV. DETTES PASSIVES.

|                                                        | $ cts. | $ cts. |
| ------------------------------------------------------ | ------ | ------ |
| 1 *Dettes ne portant pas intérêt.*                     |        |        |
| A souscription pour lampe et vitraux......             | 5 00   |        |
| 3 mois d'intérêt échus à P **.............              | 3 00   |        |
| Compte courant chez ** marchand ........               | 40 00  |        |
| A entrepreneur de l'église à $200 par an..             | 4 800 00 | 4 848 00 |
| 2 *Dettes portant intérêt.*                            |        |        |
| A P** à 6 0/0...............                            | 200 00 |        |
| A R** à 7 0/0 .....·······                              | 50 00  |        |
| Rente viagère à T** de $40 au capital de.              | 500 00 |        |
| Constitut en faveur de S ** rente $12.....             | 200 00 | 950 00 |
| Total des dettes passives........                      |        | 5 798 00 |

(k) La souscription ayant été de $150 et l'achat de $145. il reste $5 au crédit de la *souscription* dans le chapitre des dettes passives de la fabrique.

(l) Les titres des obligations et livrets de banque doivent être exhibés dans la red-·dition des comptes, puis remis dans le coffre de la fabrique pour y être conservés.

Par la reddition de compte ci-dessus, il appert qu'au 31 décembre 1873 : 1° il y avait en caisse une somme de douze cent quatre vingt quatorze piastres et vingt-trois centins, ($1 294.23), laquelle somme a été comptée et vérifiée par devant nous soussignés, (*) puis remise au Sieur...., marguillier en exercice de l'année 1874, qui se reconnaît responsable pour en rendre compte à la fin de son année d'exercice ; 2° les dettes actives se montaient à trois mille cinq cents piastres, sur laquelle somme cent cinquante cinq piastres ($155) sont des arrérages propres de l'année 1873, et cent soixante-dix ($170) sont des années précédentes, desquels arrérages une liste est annexée au présent rapport : certifie le dit Sieur... marguillier rendant compte, avoir fait sans succès toute la diligence possible pour faire rentrer les dits arrérages ; 3° les dettes passives se montaient à cinq mille sept cent quatre-vingt-dix-huit piastres ($5 798), dont neuf cent cinquante ($950) portant intérêt.

Les dits comptes ayant été lus publiquement dans la dite assemblée, le Sieur..., marguillier (ou franc-tenancier), a exposé telle et telle objection contre tel emprunt, ou telle dépense pour les raisons suivantes, savoir 1°... 2°...

Les dits comptes ont été rendus, examinés, clos et arrêtés en assemblée de fabrique convoquée au prône de la messe paroissiale selon l'usage, réunie au son de la cloche et présidée par nous curé (ou desservant) soussigné, en présence des soussignés et de plusieurs autres qui n'ont su signer. Fait et passé le... de... de l'année...

*N. B.—On doit faire signer le rendant-compte, le marguillier en exercice qui se rend comptable du surplus des deniers, et autres présents qui peuvent signer. Le curé ou desservant signe en dernier lieu.*

---

(*) Cette formalité est très importante et ne doit jamais être négligée.

## LISTE DES ARRÉRAGES A RETIRER.

| | $ cts. |
|---|---|
| 1870. A. **, sépulture de son enfant, 15 novembre...... | 80 |
| " B. **, rente de banc, 1870 ............................. | 5 00 |
| 1871. C. **, grand'messe, 18 mai............................. | 2 50 |
| " D. **, service et sépulture de sa femme, 1 juin... | 20 00 |
| " E. **, 10 lbs de cierges à $0,75, 6 août............ | 7 50 |
| 1873 F. **, rente de banc pour 1871, 72 et 73............ | 6 00 |
| " G. **, 3 cloches au baptème de son fils, 3 mai.... | 1 00 |
| Etc.,                etc.,                etc. | |
| Total des arrérages............... | $325 00 |

(*Voir les remarques Nos 5 et 6, ci-dessus, page* 217.)

MODÈLE DE CAHIER POUR LES BANCS.

### Banc No 6, Rang du milieu, côté de l'Évangile.

| Somme annuelle. | LOCATAIRE. | Date du bail. | Payé. | | |
|---|---|---|---|---|---|
| | | | janvier. | juin. | année. |
| $2 50 | Joseph X.......... | jan. 1867 | 1 25 | 1 25 | 1867 |
| | "        " | "      " | 1 25 | 1 25 | 1868 |
| | "        " | "      " | 1 25 | ............ | 1869 |
| 3 10 | Pierre N.......... | juin 1869 | ............ | 1 55 | " |
| | "        " | "      " | 1 55 | 1 55 | 1870 |

# APPENDIX

TO THE

# ROMAN RITUAL

FOR THE USE OF THE ECCLESIASTICAL PROVINCES OF
QUEBEC, MONTREAL AND OTTAWA

# APPENDIX

TO THE

# ROMAN RITUAL

## TABLE

CONTAINING THE FESTIVALS, SOLEMNITIES, FASTS, DAYS OF ABSTINENCE,
WHICH MUST BE OBSERVED.

### PROVINCES OF QUEBEC AND MONTREAL.

#### FESTIVALS OF OBLIGATION.

All Sundays in the year.

The Circumcision of Our Lord, 1st January.

The Epiphany of Our Lord, 6th January.

The Annunciation of the B. V. M., 25th March. (*)

The Ascension of Our Lord.

Corpus-Christi.

SS. Peter and Paul's, 29th June.

All Saints', 1st November.

---

(*) When the festival of the Annunciation is transferred, it is no longer a holy-day of obligation.

The Immaculate Conception of the B. V. M., 8th December.
Christmas-day, 25th December.

### SOLEMNITIES TRANSFERRED TO SUNDAYS.

The Purification of the B. V. M.

St Joseph.

S. Heart of Jesus.

St John the Baptist.

St Ann.

The Assumption of the B. V. M.

The Nativity of the B. V. M.

St Michael.

The festival of the patron or titular saint of the parish-church.

———

### FESTIVALS CELEBRATED ON SUNDAYS.

The second Sunday after the Epiphany—The Holy Name of Jesus.

The second Sunday after Easter—The Holy Family of Jesus, Mary and Joseph.

The third Sunday after Easter—The Patronage of Saint Joseph.

The first Sunday in July—The precious Blood of Our Lord Jesus-Christ.

The second Sunday in the month of July—The Dedication of the Cathedral and of all the churches of the diocese. (*)

The Sunday after the octave of the Assumption—The Holy and Immaculate Heart of Mary.

———

(*) See the calendar of the Diocese.

The Sunday within the octave of the Nativity of the B. V. M. —The Holy Name of Mary.

The third Sunday in September—The Seven Dolors of the Blessed Virgin.

The first Sunday in October—The Holy Rosary.

The second Sunday in October—The Maternity of the Blessed Virgin.

The third Sunday in October—The Purity of the Blessed Virgin.

The fourth Sunday in October—The Patronage of the Blessed Virgin.

---

FAST DAYS. (*)

1. The Ember-Days, viz :

the Wednesdays, Fridays and Saturdays, immediately following
the first Sunday of Lent,
Whit-Sunday,
the 14th of September,
{ the 13th of December, or
{ the 3rd Sunday of Advent.

2. Every day in Lent, Sundays excepted.

3. All the Wednesdays and Fridays in Advent.

4. The vigils of Christmas, Whit-Sunday, Saint Peter and Saint Paul, the Assumption of the B. V. M., and All-Saints. (†)

---

(*) To be observed according to an Indult from the Holy See, granted on the 7th July, 1844.

(†) According to an indult of the 11th July 1887, when the feast of the Assumption is on a Saturday, the fast must be observed on the preceding Friday.

1. All the Ember-days ;

2. All Fridays throughout the year, except the Friday on which Christmas should fall ;

3. The vigils on which fast is to be observed ; (see 4. above)

4. Ash-Wednesday and the three following days ;

5. All the Wednesdays, Fridays and Saturdays of the five first weeks of Lent ;

6. Palm-Sunday and the six days of Holy-week ;

7. All the Wednesdays and Fridays in Advent.

---

N. B—1⁰ The use of flesh-meat is not allowed at more than one meal on the Mondays, Tuesdays and Thursdays of the five first weeks of Lent ; moreover fish and flesh cannot, on these days, be used at the same meal.

2⁰ According to the indult granted on the 7th July 1844, on days of abstinence, without exception whatsoever, it is allowed to use grease of any kind, instead of butter and oil, in the frying, cooking or preparing of abstinence-meals. Meat-soup is not allowed.

3⁰ On fast days it is allowed to take in the morning about two ounces of bread, with a little tea, coffee, chocolate, or other beverage.

---

## IN THE PROVINCE OF OTTAWA.

### FESTIVALS OF OBLIGATION.

All Sundays of the year.

The Circumcision of Our Lord, 1st January.

---

(*) According to the above-mentioned indult, 7th July 1844.

The Epiphany, 6th January.

The Ascension of Our Lord.

All Saints', 1st November.

The Immaculate Conception of the B. V. M., 8th December.

Christmas-day, 25th December.

#### SOLEMNITIES TRANSFERRED TO SUNDAYS.

The festival of the patron or titular saint of the parish-church.

The Purification of the B. V. M., 2nd February.

Saint Joseph, March 19th.

The Annunciation of the B. V. M., 25th March.

Corpus-Christi.

The Sacred Heart of Jesus.

Saint John the Baptist, 24th June.

SS. Peter and Paul's, 29th June.

Saint Ann, 26th July.

The Assumption of the B. V. M., 15th August.

The Nativity of the B. V. M., 8th September.

Saint Michael, Archangel, 29th September.

#### FESTIVALS CELEBRATED ON SUNDAYS.

The second Sunday after the Epiphany—The Holy Name of Jesus.

The second Sunday after Easter—The Holy Family of Jesus, Mary and Joseph.

The third Sunday after Easter—The Patronage of Saint Joseph.

The first Sunday in July—The Precious Blood of Our Lord Jesus-Christ.

The second Sunday in July—The Dedication of the cathedral and of all the churches of the diocese.

The Sunday after the octave of the Assumption—The Holy and Immaculate Heart of Mary.

The Sunday within the octave of the Nativity of the B. V. M. —The Holy Name of Mary.

The third Sunday in September—The Seven Dolors of the B. V. M.

The first Sunday in October—The Holy Rosary.

The second Sunday in October—The Maternity of the B. V. M.

The third Sunday in October—The Purity of the B. V. M.

The fourth Sunday in October—The Patronage of the B. V. M.

### FAST DAYS. (†)

1. The Ember-Days, namely the Wednesdays, Fridays and Saturdays of the weeks following 1• the first Sunday of Lent ; 2o Whit-Sunday ; 3o the 14th of September ; 4o the 13th of December or the 3rd Sunday of Advent.

2. Every day in Lent, Sundays excepted.

3. All the Wednesdays and Fridays in Advent

4. The vigils of Christmas, Whit-Sunday, All Saints' day, and of the solemnities of Saint Peter and Paul, and of the Assumption. (*)

### DAYS OF ABSTINENCE. (†)

All the Ember days.

All Fridays of the year, except the Friday on which Christmas should fall.

---

(†) According to the indult of the 7th July 1844. (See the notes 1o, 2o, 3o, page 234.)

(*) According to an indult of the 11th July 1887, when the feast of the Assumption is on a Saturday, the fast must be observed on the preceding Wednesday.

The vigils on which fasts are to be observed.

All Wednesdays and Fridays of Lent.

Holy Saturday.

DIES IN QUIBUS PROHIBENTUR MISSÆ DE REQUIEM ETIAM *corpore*
*præsente.*

Nativitas D. N. J. C., Epiphania, Pascha, Ascensio, Pentecostes, Corpus-Christi, Feria quinta in Cœna Domini, Feria sexta in Parasceve, Sabbato Sancto, Immaculata Conceptio B. M. V., Assumptio, S. Joannis Baptistæ, S. Joseph, SS. Petri et Pauli, S. Annæ, Omnium Sanctorum, Titularis vel Patroni ecclesiæ, consecrationis vel anniversarii consecrationis ecclesiæ, insuper in solemnitate horum festorum.

Hæc prohibitio valet die proprio festi, etiamsi officium ad aliam diem transferatur.

Missæ 3æ, 7æ et 30æ diei et anniversariæ fundatæ certa die, possunt cantari etiam die duplici majori, exceptis 1ᵉ Dominicis ; 2' infra octavas privilegiatas Natalis Domini, Epiphaniæ, Paschæ, Pentecostes, Corporis Christi ; 3° vigiliis Natalis, Epiphaniæ et Pentecostes ; 4° feria quarta cinerum et infra hebdomadam sanctam ; 5° diebus in quibus fit expositio Sanctissimi Sacramenti.

Anniversaria fundata absque die fixa nullum privilegium habent.

Anniversaria propria die mortis vel sepulturæ, cantari possunt etiam die duplici minori, exceptis diebus quibus non possunt cantari anniversaria fundata pro die fixa.

Juxta legem generalem ecclesiæ, missæ cantatæ pro defunctis non possunt celebrari nisi diebus in {quibus possunt celebrari missæ *de requiem* privatæ.

In quibusdam diœcesibus existunt specialia indulta.

# FORMULAS

---

### I. FORMULA OF THE PUBLICATION OF BANNS OF MARRIAGE.

There is a promise of marriage between N. (*his profession*)
of this parish (*or* of the parish of N.), son of age (*or* minor)
of N. and of N. (*if the parents are dead, mention will be made
thereof*) (*or* widow of age *or* minor of N.) of this parish, on
the one part ; and N. of this parish (*or* of the parish of N.)
daughter of age (*or* minor) of N. and of N. (*or* widow of
age *or* minor of N.) also of this parish (*or* of the parish of
N.), on the other part.

This is the first, *or* second, *or* third publication, *or* *if a
dispensation of one or two banns has been obtained* : This is
for the first (*or* the second) and last publication.

A dispensation has been obtained of one or two banns.

*All the publications having been made, the Parish-Priest will
then add :*

If any one knows of any impediment to this marriage
(*or* these marriages), he is obliged to declare it as soon as
possible.

*If the persons to be married have obtained any dispensation of
consanguinity or affinity, or spiritual alliance, the Parish-Priest
will mention it in the following manner, after the publication of
their bann of marriage :*

The said future spouses have obtained a dispensation of (the third *or* any other degree of) consanguinity, *or* affinity, or spiritual alliance that exists between them.

## II. FORMULA FOR ANNOUNCING OBITS.

Your pious prayers are requested for the repose of the souls of N. and N., who departed this life in the course of last week.

His (*or* her) funeral will take place on...... at...... o'clock in this church (*or* at......).

## III. SALE OF PEWS.

To-day, after mass (*or* on...... *or* at...... o'clock) will take place the auction and adjudication of (*the number*) pews in this church (*or* chapel), namely No.........

*If it be the custom to publish this notice twice or thrice, the following will be added :*

This is the first, *or* the second, *or* the third publication.

## IV. NOTICE FOR ASSEMBLING THE CHURCH-WARDENS.

(*To be given only at the parochial Mass.*)

The acting and ancient church-wardens of this parish are requested to assemble to-day, after Mass (*or* after the evening office) at...... *or* in .....

*Should the law, or custom, require that the object of the assembly be announced, the Parish-Priest will state it in a few words.*

# NOTICE

CONCERNING THE READING OF THE *prone.*

After the gospel, the Parish-Priest having taken off the chasuble and maniple, retaining his stole and berretta or choir-cap, proceeds to the pulpit, accompanied by the beadle or other choir-attendant in surplice. In case he does not officiate himself, he merely puts on a surplice, without a stole.

When the Parish-Priest or any other clergyman appointed to read the *prone,* shall have entered the pulpit, he should pause for a few moments before beginning until perfect silence reigns in the auditory ; then he will, with becoming gravity and in an audible voice, read the requisite publications. He may during this reading be seated and have his head covered, except during the prayers of the *prone* and reading of the gospel, at which time he is to be standing and uncovered.

He will read out the publications in the following order; after reading the grand *prone,* if it be read on that day, he will publish the festivals or solemnities, days of fast and abstinence, processions, masses to be celebrated for private intentions, *Requiem* masses, or other exercices of piety which are to take place in the course of the week. Afterwards he will proclaim the marriage banns, the pastoral letters of the bishop, the indulgences granted by the pope or bishop, with an explanation of the conditions whereby they are to be gained. Then, as circumstances require, he will announce the meetings of church-wardens and parishioners, the sale of pews and finally the deaths of whom he recommends to the prayers of the faithful. In reading these different publications he will be guided by the formulas given on page 238.

All these publications ought to be written with black ink, in a strongly bound book. which every Parish-Priest must transmit to his successor. because it may be necessary to have recourse to it in after time. It is a most dangerous and culpable abuse to write the banns of marriage upon loose sheets of paper.

The publication of temporal matters should not take place at the *prone*, but after mass, at the church door, by public criers or the officers of justice.

---

# THE GRAND PRONE

*Which the Parish-Priest will read at least twice in every year. In mixed parishes, he may read it alternately in English and in French, or read it on consecutive Sundays.*

---

† In the Name of the Father, and of the Son, and of the Holy-Ghost. Amen.

Christian people, though every day and every moment of our lives belong to God, the Author of all things, and though it is our duty to spend them in adoring. loving, and serving Him, nevertheless, Sunday is a day which should be more particularly employed in His service.

On this day, you should bring to mind the mercies of God towards you, and especially his having delivered you from sin, and from eternal damnation, and opened to you the gates of heaven, by the resurrection of Jesus-Christ, the memory of which the Church celebrates this day, in order to strengthen your faith, by this pledge of the happy life which is promised to you.

16

This is eminently the Lord's day; that is to say, the day which should be more especially devoted to His service.

God commands His people to abstain from all servile works on this day, that they may enjoy a holy repose. But beware, Brethren, lest your repose, which should be holy, be spent in idleness and in criminal deeds; in giving yourselves up to sensual pleasures; in frequenting plays and dances; in guilty amusements, intemperance and sinful excesses.

On this day you should lay aside your solicitude for worldly affairs, your anxiety for business and every servile work, in order to meditate upon heavenly things alone. You should withdraw from all that is in opposition to duties which are so justly required of you, and more especially from sin, as being more contrary to the holiness of this day than any servile work.

The Church assembles us in this sacred place, to celebrate, in memory of the Death, Passion, and Resurrection of Our Lord Jesus-Christ, the holy sacrifice of the Mass, in which Christ our Savior offers Himself, by the hands of the priest, and really and truly presents Himself to His Eternal Father, as a living victim, for our sins.

We shall, therefore, offer Him, by this august sacrifice, the homage that is due to Him as our God, our Creator, and our Sovereign Lord We shall most humbly implore His pardon for all the sins by which we may have offended His divine goodness. We shall return Him thanks for the manifold favors He has bestowed upon us, and beseech Him to grant us grace that we may be enabled to pass this life in peace and holiness, and thereby to obtain life everlasting. In a word, we shall offer up our petitions for the wants of the Church in general, and for our own in particular.

*Turning partly towards the altar, (the clergy and people kneeling down), the Parish-Priest will say :*

Great God, we beseech Thee, with contrite and humble hearts, to pardon the sins which we have committed against Thy Divine Majesty; accept the hearty sorrow we feel for them, and grant us the grace to do Thy holy will in all things.

We offer Thee our prayers for the holy Church, for all its prelates and pastors, and particularly for our Holy Father the Pope, for our archbishop (*or* bishop), for all the pastors, priests and missionaries of this diocese, in order that they may govern, according to the Holy Spirit, the flock which Thou hast committed to their care.

We also offer Thee our prayers, O God, for the peace and tranquillity of this country ; for the union of all Christian Princes, and especially for His Most (*or* Her Most) Gracious Majesty, that it may please Thee to grant him (*or* her), and the whole royal family, and all those who govern the State, and the Legislature, a spirit of wisdom, to enlighten them in rightly governing the people, and that they may all be filled with Thy love, and become, by their virtues, examples and models to Thy people. We also present Thee our prayers, O Lord, for all the magistrates and officers of this Province, in order that they may employ their authority for the glory of Thy Holy Name, for the good of Thy Church, and for the salvation of Thy people.

We offer up our petitions to Thee, O Lord, for all orders and conditions ; for the widows and orphans ; for the sick, for prisoners, and for the poor, and generally for all persons in trouble, that it may please Thee to comfort them, and grant them the patience which is necessary for them in their afflictions.

We beseech Thee to protect from all dangers, pregnant women, that their children may receive the holy sacrament of baptism, and preserve its graces.

We present Thee our prayers for the benefactors of this church ; grant them for the sake of Thy Holy Name, in life everlasting the reward of their charity and of the zeal for Thy glory.

We beseech Thee to preserve the just in a state of grace, to enlighten the minds and change the hearts of sinners.

We beg Thee moreover, O God, to unite in the bonds of charity all the inhabitants of this parish ; that, by living in peace, they may observe Thy law and excite one another to the practice of good works, and thereby obtain eternal life.

Finally, we implore from Thy goodness, O God, a state of weather favourable to the health of the people and to the fruits of the earth. Grant us grace to make a holy use of the temporal goods which Thou hast given us, by assisting the poor, and by employing them all for Thy honor and glory, and for our own salvation.

And, in order that we may ask of Thee all that is necessary for us, we will offer to Thee the prayer which Jesus-Christ himself has taught us, containing all that a Christian heart can desire and pray for.

### The Lord's Prayer.

1. OUR FATHER who art in Heaven ;

2. Hallowed be Thy Name ;

3. Thy kingdom come ;

4. Thy will be done on earth, as it is in Heaven.

5. Give us this day our daily bread ;

6. And forgive us our trespasses, as we forgive them that trespass against us ;

7. And lead us not into temptation ;

8. But deliver us from evil. Amen.

We beseech Thee, O God, to grant us our requests through the merits of Our Lord Jesus-Christ, Your Divine Son ; through the intercession of the saints, principally of the Blessed Virgin Mary, to whom we will say with the Church.

*The Hail Mary.*

Hail Mary, full of grace, the Lord is with thee ; blessed art thou amongst women, and blessed is the fruit of thy womb, Jesus.

Holy Mary, Mother of God, pray for us sinners, now, and at the hour of our death. Amen.

And whereas our prayers and actions cannot be acceptable to Thee, O God, unless they are founded upon the true faith, without which it is impossible to please Thee, we all profess our willigness to live and die in the faith of Thy Church, the chief articles of which are contained in the Apostles' Creed, which we shall repeat together.

*The Apostles' Creed.*

1. I believe in God, the Father Almighty, Creator of heaven and earth ;

2. And in Jesus-Christ, His Only Son, Our Lord ;

3. Who was conceived by the Holy-Ghost, born of the Virgin Mary ;

4. Suffered under Pontius Pilate, was crucified, died and was buried ;

5. He descended into hell ; the third day he rose again from the dead ;

6. He ascended into Heaven, sitteth at the right hand of God, the Father Almighty ;

7. From thence he shall come to judge the living and the dead.

8. I believe in the Holy-Ghost ;

9. The Holy Catholic Church, the Communion of Saints ;

10. The forgiveness of sins ;

11. The resurrection of the body ;

12. And the life everlasting. Amen.

O God, we have transgressed Thy law, and have failed to observe Thy Commandments. We beseech Thee to pardon us, and we promise, at the beginning of this week, that with the assistance of Thy holy grace, we will faithfully observe them for the future. For this purpose, prostrate at the feet of Thy Divine Majesty, we shall now recite them : that Thy law, being engraven on our minds and our hearts, may serve us as a rule in our ways. This grace we beseech Thee to grant us whilst we recite the ten Commandments, which Thou hast given to us.

### *The Ten Commandments of God.*

1. I am the Lord thy God, thou shalt not have strange gods before me ;

2. Thou shalt not take the Name of the Lord thy God in vain ;

3. Remember that thou keep holy the Sabbath day ;

4. Honor thy father and thy mother ;

5. Thou shalt not kill ;

6. Thou shalt not commit adultery ;

7. Thou shalt not steal ;

8. Thou shalt not bear false witness against thy neighbor ;

9. Thou shalt not covet thy neighbor's wife ;

10. Thou shalt not covet thy neighbor's goods.

Thou commandest us also, O God, to obey Thy Holy Church. We will respect and submit to her upon all occasions, but particularly in the observance of the seven principal Commandments she has given to her children, which are :

### The Seven Commandments of the Church.

1. Thou shalt sanctify the holy-days which are commanded thee ;

2. Thou shalt hear mass, on Sundays and holy-days ;

3. Thou shalt confess thy sins, at least once a year ;

4. Thou shalt humbly receive thy Creator at least at Easter time ;

5. Thou shalt fast on the Ember-days, vigils and throughout lent ;

6. Thou shalt not eat flesh-meat. on Fridays and Saturdays ;

7. Thou shalt faithfully pay to the Church her rights and tithes.

*Then the Priest, turning entirely towards the Altar, says alternately with the clergy and people :*

v. Salvos fac servos tuos et ancillas tuas ;

R. Deus meus, sperantes in te.

v. Esto nobis, Domine, turris fortitudinis ;

R. A facie inimici.

v. Fiat pax in virtute tua ;

R. Et abundantia in turribus tuis.

v. Domine, exaudi orationem meam ;

R. Et clamor meus ad te veniat.

v. Dominus vobiscum ;

R. Et cum spiritu tuo.

OREMUS.

Deus, refugium nostrum et virtus, adesto piis Ecclesiæ tuæ precibus, auctor ipse pietatis, et præsta ut quod fideliter petimus, efficaciter consequamur. Per Christum Dominum nostrum. R. Amen.

*The Priest, then turning towards the people, who remain kneeling, says :*

We shall also offer our prayers, according to the tradition and the holy practice of the Church, for those who are dead, and gone before us with the sign of faith; for the deceased founders and benefactors of this church ; for our fathers, mothers, brothers, sisters, relations and friends ; for those whose bodies rest in the church and cemetery of this parish, and generally for all the faithful departed ; that it may please God to grant them all a participation in the redeeming merits of Jesus-Christ ; and, a place of light, peace, and refreshment from the pains they endure, by virtue of the holy sacrifice of the Mass, which also we shall offer up for them.

*The Priest, turning towards the altar, says alternately with the clergy and people :*

PSALM 129.

De profundis clamavi ad te, Domine ; Domine, exaudi vocem meam.

Fiant aures tuæ intendentes in vocem deprecationis meæ.

Si iniquitates observaveris, Domine ; Domine, quis sustinebit ?

Quia apud te propitiatio est; et propter legem tuam
sustinui te, Domine.

Sustinuit anima mea in verbo ejus ; speravit anima mea
in Domino.

A custodia matutina usque ad noctem speret Israel in
Domino.

Quia apud Dominum misericordia, et copiosa apud eum
redemptio.

Et ipse redimet Israel ex omnibus iniquitatibus ejus.

Requiem æternam dona eis, Domine.

Et lux perpetua luceat eis.

v. Requiescant in pace. R. Amen.

v. Domine, exaudi orationem meam ;

R. Et clamor meus ad te veniat.

v. Dominus vobiscum ;

R. Et cum spiritu tuo.

OREMUS.

Fidelium, Deus, omnium conditor et redemptor, animabus famulorum famularumque tuarum remissionem cunctorum tribue peccatorum, ut indulgentiam quam semper
optaverunt, piis supplicationibus consequantur. Qui vivis
et regnas in sæcula sæculorum. R. Amen.

*The clergy and people being seated, the priest will read the
following notice concerning the obligation of hearing Mass on
Sundays and feasts of obligation, and attendance at the offices of
the parish-church.*

You are informed that, according to the laws of the Church, you are obliged to hear Mass on Sundays and holy-days : we exhort you to assist regularly at the parochial Mass, and also at the *prone* and instructions which are made on those days in the church of your parish, and at Vespers.

*Afterwards, the Parish-Priest will read the notices of feasts, solemnities, fast-days, banns of marriage. &c., according to the formulas contained in this book ; he will then give a brief instruction.*

*When a feast of obligation falls in the week, after having announced it, the Priest may add :*

You should keep this holy-day as you keep the Lord's day : you are therefore to abstain from all servile works and to assist at mass. We exhort you to assist at Vespers and at the Benediction of the Blessed Sacrament, and to employ that day in deeds of piety and of charity.

*If the Priest, through infirmity, or any other lawful cause, should be unable to give an instruction to the people, after having read the notices of the feasts or any thing else that he may have to announce, and the gospel of the day, he may conclude the prone in the following manner :*

We beg of God, My Brethren, to give you grace to profit by the instructions which have been so often given you on His part.

You are informed that according to the laws of the Church, you are obliged to hear Mass on Sundays and holy-days ; we exhort you to assist regularly at the parochial Mass, and also at the *prone* and instructions which are made on those days in the church of your parish, and at Vespers.

We exhort you to take care, in all your actions, not to offend Him, and to preserve in yourselves His grace and love.

Meditate often upon death, and prepare yourselves for it every day, by faithfully performing all your duties ; by instructing your children and servants, and all those who are under your care, by word and example. Love one another as Christ also loved you ; pardon your enemies, as you wish for pardon from God ; perform all the works of mercy in your power ; bear with patience and a spirit of penance the various trials the Lord may impose on you. If your avocations afford you the leisure, come daily to church to hear Mass, or at least to offer up your prayers to God, for His grace and for His blessings on your labors.

In a word, do all the good you can, and often beg of God, that we may all together participate in the eternal glory. which He has prepared for His elect, and which I wish you.

In the Name of the Father, of the Son, and of the Holy-Ghost. Amen.

*When the Priest concludes the prone. he will bless the people, whilst he says :—* In the Name of the Father, &c.

---

# A SUMMARY

## OF THE PRINCIPAL TRUTHS,

*That every Christian ought to know and believe, and which the Parish-priest will sometimes read and explain to the people.*

God, who had no beginning, created all things from nothing. Angels and men He created for His glory. Some of the angels sinned a short time after their creation.

The first man, Adam, and the first woman, Eve, from whom all mankind are descended, sinned also. God shewed Himself merciful to them by promising to send them a

Savior, Who would deliver them from their misery and save them. Nevertheless this promise was not accomplished for many ages after their fall. During this interval, God raised up holy Patriarchs and Prophets, to instruct them, and to confirm their belief in His promises.

All men have sinned in Adam. On account of his disobedience, they come into the world, stained with original sin, and subject to the miseries of life, to death, and to eternal damnation.

All men were created to know, love and serve God, and thereby to obtain eternal life.

Four things are necessary to enable us to obtain eternal life:—*Faith, Hope, Charity* and *Good Works.*

Faith is a supernatural virtue, by which we firmly believe all that God has revealed to His Church, and which she proposes to our belief.

The principal mysteries of Faith are those of the Trinity, of the Incarnation, and of the Redemption, which are contained in the Apostles' Creed.

God is a pure spirit, eternal, immense, independent, immutable, infinite, omnipotent. He was always and always will be ; He is every where present ; He has created all things, He can do all things; He knows all things, and He governs all things. He is the Lord of all things ; and nothing happens but by His permission. There is only one God, and there cannot be more than one.

But, in this one God there are Three Persons : the Father, the Son, and the Holy-Ghost. The Father is God, the Son is God, and the Holy-Ghost is God ; nevertheless, They are not three Gods, but one God in Three Persons perfectly distinct ; and these Three Persons are equal in all things, each one of them being existent with, and equal to the others in all things.

The mercy and justice of God were admirably manifested in the Mystery of the Incarnation.

The Son of God, Who is the Second Person of the Blessed Trinity, was made man. He is both God and man, and is called Our Lord Jesus-Christ. He is the Savior and Redeemer of all men. He took a body and soul like ours in the womb of the Blessed Virgin Mary, His Mother, by the operation of the Holy-Ghost, and was born on Christmas-day.

He became man to redeem us from eternal damnation, to which we were all doomed by the disobedience of our first father, Adam.

He has redeemed us from that damnation, by dying for us on the Cross ; by suffering as man, and imparting as God, an infinite value to His sufferings. On the third day after His death, He raised Himself from the tomb, in which He had been laid. Forty days after His resurrection, He ascended into Heaven, where He is seated at the right hand of God the Father. He sent down to His Church the Holy-Ghost on the Day of Pentecost, in the visible form of fiery tongues, upon His Apostles, and the Disciples, who were assembled with them.

At the end of the world, all men will rise again, and appear before Jesus-Christ, Who will judge them all together. He judges every man in particular after his death, and rewards him according to his works ; bestowing Paradise upon the good, and condemning the wicked to everlasting fire.

The second virtue necessary for salvation is *Hope*.

Hope is a supernatural virtue, by which, with a firm confidence in the promises of God and in the merits of Jesus-Christ, we expect eternal life and the assistance necessary to obtain it.

It is chiefly by prayer that we obtain from God, through Jesus-Christ, the grace to enable us to arrive at eternal life.

The most perfect of all prayers is the Lord's Prayer. Christ Himself taught us this prayer, which contains all that we ought to ask of God.

The third thing necessary for salvation is *Charity*.

Charity is a supernatural virtue, by which we love God above all things, and our neighbor as ourselves, for the love of God.

To love God above all things, is to love Him above every creature, more than ourselves, and to be willing to die rather than to offend Him.

The primary and most absolute duty of man is to love God above all things. The strongest proof of our loving God above all things, is to observe His Commandments, and to do His will in all things.

To love our neighbor as ourselves, consists in wishing him, and procuring for him, the same advantages we desire for ourselves. All men, even our enemies, are our neighbors.

The fourth thing necessary for salvation, is the practice of *Good Works*.

The good works which we are obliged to perform are contained in the Gospel, in the Commandments of God, and those of the Church.

The two principal things which the Gospel commands are, to avoid evil, and to do good.

The principal good works which we have to perform, consist in the practice of spiritual and corporal works of mercy, which we ought to exercise towards our brethren, assisting them in their necessities, and forgiving their trespasses against us.

The Gospel commands us also to mortify ourselves, to practise humility, to despise the world, to do penance, to endure all sorts of evils with patience, to keep ourselves pure, to watch and pray.

The evil which we should especially avoid is sin. We should fly from it, and hold it in horror, as the greatest of all evils.

Sin is a thought, word, or action against, or an omission of, any one of the commandments of God or of the Church.

There are seven capital sins : —Pride, Covetousness, Lust, Envy, Gluttony, Anger and Sloth.

The Sacraments are sensible signs, instituted by Our Lord Jesus-Christ for the sanctification of our souls.

There are seven Sacraments : Baptism, Confirmation, Eucharist, Penance, Extreme-Unction, Holy Orders and Matrimony.

Baptism is a Sacrament which washes away original sin, regenerates us in Jesus-Christ and makes us Christians, and children of God and of the Church.

Without Baptism it is impossible to be saved. By Baptism, we bind ourselves :

1st. To renounce the devil and his pomps, that is to say, the maxims and vanities of the world ; and to renounce his works, that is to say, all kinds of sin.

2nd. To live according to the law of Jesus-Christ.

It is necessary, that he who baptises, should pour water on the head of the person whom he baptises, saying at the same time : " *I baptise thee, in the Name of the Father, and of the Son, and of the Holy-Ghost,* " and that he should have the intention of doing what the Church does.

Confirmation is a Sacrament that gives us the Holy-Ghost, and makes us perfect Christians by endowing us with a peculiar strength constantly to confess the faith of Jesus-Christ. to live according to His Gospel. and to resist the enemies of our salvation, — the devil, the world, and the flesh.

The Eucharist is a Sacrament which really and truly contains the Body and Blood, the Soul and Divinity of Our Lord Jesus-Christ, under the form of bread and wine.

Holy Communion unites us to Jesus-Christ, increases and strengthens His grace in us, and gives us a pledge of eternal life.

Jesus-Christ is to be adored in the Holy Eucharist, since He is really present therein.

To communicate worthily, we should be in a state of grace, that is to say, free from all mortal sin.  Whosoever communicates unworthily eats his own condemnation.

The Mass is the oblation of the body and blood of Jesus-Christ, made to God by the Priest.

Penance is a Sacrament instituted by Our Lord Jesus-Christ, for the remission of the sins committed after Baptism.

There are three parts in it, to be performed by the penitent : contrition, confession, and satisfaction.

Contrition is a sorrow, and a detestation for having offended God, with a firm resolution not to sin any more. This sorrow is absolutely necessary to obtain the remission of sin.

Confession is a declaration of our sins, made to the priest, in order to be absolved therefrom.

Every sinner must accuse himself of all the mortal sins which he remembers having committed since his last worthy confession ; for he who, by his own fault, wilfully conceals one single mortal sin, makes a null and sacrilegious confession, which he is obliged to repair. At confession, we must also declare the number of our sins, and such circumstances as change their species.

Satisfaction is a reparation of the injuries made to God, and of the wrong done to our neighbor. Satisfaction is made to God, by fasting, prayer, and almsdeeds.

Extreme Unction is a Sacrament instituted by Jesus-Christ, for the spiritual and bodily comfort of the sick.

We should not defer the receiving of this Sacrament till the last moment.

Holy Orders is a Sacrament which gives power to perform the clerical functions, and grace to do so worthily.

Matrimony is a Sacrament which gives to those who are married, the graces which they stand in need of, to live in a holy union, and to bring up their children in a christian manner.

The Church is the society of the faithful, who professing the same faith, participating in the same sacraments, and submitting to the same lawful pastors, form but one body, of which the Pope, as Vicar of Jesus-Christ, is the Visible Head.

Jesus-Christ is the Invisible and supreme Head of the Church.

The Church is always instructed and guided by the Holy-Ghost, and cannot lead us into error. The Pope, as chief and organ of the Church, is infallible, whenever, as such, he defines a doctrine regarding faith or morals to be held by the Universal Church.

There is but one Church, out of which there is no salvation. This is the Roman, Catholic and Apostolic Church.

17

There exists a union of charity between all the members of the Church; between the faithful upon earth, the Saints in Heaven, and the souls that suffer in Purgatory, whom the faithful upon earth assist by their prayers and good works, and especially by the holy sacrifice of Mass. This is called the Communion of Saints.

Faithful address their prayers to the Saints in Heaven, to beg their intercession : they honor their relics and images, but do not adore them ; for we must adore but God alone. The Saints pray for us and obtain from Jesus-Christ, the graces which we need.

These are the principal truths which the Church proposes to the belief of the faithful, and in which you should often make acts of faith.

----

# FORMULAS

*Which the Parish-priests must read at the Prone.*

----

### I. FORMULAS WHICH HAVE NO FIXED DATE.

----

### ANNIVERSARY OF THE CONSECRATION OF THE BISHOP OR OF HIS TRANSLATION.

*On the Sunday previous to the day on which the Bishop is to celebrate the Anniversary of his Consecration or of his Translation, the Parish-priest shall say :*

On N........next, His Lordship.........will celebrate the anniversary of his Episcopal consecration (*or* of his Translation to the See of.........) (At.........o'clock, a solemn high

Mass will be sung in the Cathedral, or in the church of ......... followed by a solemn *Te Deum*. You are invited to attend.)

It was on that day that the Holy-Ghost established over this church him whom *he had chosen to govern it* (Acts. XX, 28). It was on that day that our Bishop became *the father and pastor of our souls, the Guardian-Angel of this church, the Representative among us of Our Lord, the Apostle* to whom was given the mission to announce to us the word of God, the *Physician* of our souls, our *Guide* in the way of the commandments of God.

These many titles make us understand, Dearly Beloved Brethren, the respect, submission and love which we must bear him who is invested with such a dignity. We will therefore, on that day, pray Our Lord Jesus-Christ, the Pastor of pastors, to give enlightenment and grace to him to whom He has confided the government of this diocese, that our progress in justice and sanctity, which the Church requires of us, may be the eternal joy of our pastor.

---

## PASTORAL RETREAT.

*On the Sunday previous to the opening of the Pastoral Retreat, the Parish-priest shall say :*

On N......... next, the retreat of the priests of this diocese will begin.

The Gospel teaches us that Our Lord, one day, finding His Apostles exhausted from their apostolic labors, invited them to go with Him " *into a desert place and rest a little* " (Mark, VI, 31). Following the example of Our Divine Savior, the Holy Church desires that her ministers retire yearly into solitude, there to *meditate the eternal years* (Ps.

LXXVI. 6.) and strengthen themselves in silence and in prayer.

It is to your interests, Dearly Beloved Brethren, that your pastors receive in those holy exercises, a great abundance of graces and zeal, and that having worked for their own sanctification they may the more efficaciously attend to your spiritual welfare, for it is written : " *I will fill the soul of the priests with fat* ": that is with graces, " *and my people shall be filled with my good things.*" (Jeremias, XXXI, 14.) Make it then your duty to pray for them in an especial manner during this retreat, as they themselves make it their duty to pray for you every day.

---

## FIRST COMMUNION.

*On the Sunday before the day appointed for the First Communion :*

N......... at......... o'clock. the children belonging to this parish who have been duly examined and admitted, are to make their First Communion. In order to enable them to prepare themselves, with all possible care, for this most holy action, we will assemble them on......... to hear their confessions, and to give them a few hours of pious exercises. Mass, at which the children are to assist, will be said each morning at......... o'clock ; the afternoon exercises commence at......... o'clock.

As the beautiful and affecting ceremony of the First Communion deeply interests, in many ways, not only the parents of the happy children, who approach the Lord's Table for the first time, but all the faithful of this parish ; we exhort them to unite with us in beseeching the Lord to bestow, upon those children, the dispositions necessary for a worthy Communion.

(\*) (In order to excite, in their youthful hearts, a more lively and lasting sense of gratitude towards God, we intend adding to the exercises, usual on this occasion, the impressive ceremony of a solemn renewal of their Baptismal vows (after Mass, or in the afternoon at......... o'clock). Those who may assist at this ceremony should, in union of sentiment with their innocent children, implore the Almighty to grant them the grace of a new life ; and pledge themselves anew, in his presence, to serve Him more faithfully for the future.)

(The ceremony will conclude with the *Te Deum*, to return thanks to Heaven for the happiness of these children, and for the blessings bestowed on their parents and families by the First Communion.)

---

## SUNDAY AFTER THE FIRST COMMUNION.

(†) On N......... last. we had the great consolation to see (so many) children of this parish make their First Holy Communion ; with all possible care we had fitted them for this great day, the most happy of their lives, and it also has seemed to us that they had well prepared themselves. With parents now rests the obligation of endeavoring to preserve, in the hearts of their children, these holy dispositions, by a continual vigilance, by suitable counsels and corrections, and, above all, by their good example. Otherwise, all the pains we have taken to form them to a Chris-

---

(\*) The Parish-priest may. when he thinks proper, omit the renewal of Baptismal vows. and the singing of the *Te Deum*, after the First Communion : in such a case he shall omit the two following paragraphs.

(†) This instruction, having been substituted to the pastoral letter or the Catechism, ought never to be omitted. It may be divided into two parts, and, by judicious and practical commentaries, become the matter of two sermons.

tian life, would become useless ; all our lessons of virtue would soon be put aside.

The same may be said of the religious instruction which we have labored to impart to them. Christian parents, if you do not assist us in cultivating the knowledge of Religion, which we have succeeded in inculcating into the minds of your children, that limited knowledge shall soon be almost completely effaced from their memory, and they shall be exposed to fall again into the most deplorable ignorance.

We shall therefore continue to give them instructions in the catechism, on all Sundays of the year, as prescribed by our first Provincial Council ; but, fathers and mothers, if your pastors are strictly bound to do so, you are not less rigorously obliged to send them punctually to these familiar instructions, which we always carefully prepare, and which constitute what is called the *Catechism of perseverance.* In these, we expound to them, more lengthily and clearly, the truths which we but very briefly explained to them during the few weeks which they spent in preparing for their First Communion. Yet, what shall these instructions avail them if they are seldom attended ? A very grave reason therefore, such as sickness, the inclemency of the weather, or the bad state of the roads, can alone authorize you to exempt them from assisting thereat. But, on the other hand, that your children may derive all the desirable benefit from the instructions in the catechism, which we shall give them regularly. it is of the highest importance that the chapter which we shall have explained to them on the preceding Sunday. be repeated each week in the schools, and that chapter learnt which we shall have appointed for the following Sunday. The lessons received in church, prepared and repeated everywhere, under the care of their respective teachers, shall thus be better impressed on the memories and hearts of your children.

Moreover, schools inspire pupils with a liking for sound reading which parochial libraries greatly foster.

What a satisfaction for parents, who impose upon themselves sacrifices for the education of their sons and daughters, to hear these dear children, each in his turn, read, on the Sunday or during the long winter evenings, before the assembled family, from interesting and edifying books ! Think no', however, fathers and mothers, that you can entirely cast the obligation of instructing your children in their religion. on your pastors and schoolmasters and schoolmistresses. Most certainly not, for this is a personal duty which you ought to fulfil. Apply yourselves therefore, especially on the Lord's day, on your return from the divine service, to ask of them an account of what has formed, on that day. the subject of the *prone*. the sermon and the catechism ; rectify what they have misunderstood ; clear up the obscure points ; confirm, in fine, by your reflections and the weight of your authority. the teaching of God's minister. By this means. those who shall have been prevented from attending church, shall profit by all that has been there said, and the pastor's instructions shall reach all the members of the parish.

But if children who have already made their First Communion, should thus cultivate the religious knowledge they have acquired. others should also be careful to prepare in time for this great action, and receive the necessary instructions. From the most tender age, when they begin to distinguish good from evil, teach them to pronounce the sweet names of Jesus and Mary, to make the Sign of the Cross, to recite correctly and with piety, the "Our Father," the " Hail Mary, " the Apostle's creed. the acts of faith, hope, charity and contrition  Teach them how to examine their consciences, how to confess their sins : and send them to confession two or three times in the year, when we shall

invite them.    Take care that they regularly frequent good
schools, where they shall learn to read, and shall be enabled
to study the catechism, that beautiful book, which our
Bishops have themselves written for their instruction.

Do not fail, parents, to send these young children to
church every Sunday.  Besides hearing mass, at which they
are bound to assist from the age of seven, they shall hear our
explanations and answer our questions.    It is our duty to
tend all who are intrusted to our pastoral solicitude, young
and old, learned and unlearned.    We owe ourselves all to
all, and woe to us if we should neglect these little ones
who believe in Our Lord Jesus-Christ ! they form even
the privileged portion of our flock.

(*) Should certain parts of the parish not yet possess
schools, on account of their poverty, their remoteness or
some other insurmountable obstacle, we confidently hope
to find there some persons sufficiently instructed, and anim-
ated with a true charity, who will gather together the
children of their neighborhood, and teach them to read
and to recite their catechism.  Recall to mind that the
Sovereign Pontiffs have attached indulgences to the fulfil-
ment of this work of spiritual mercy.

Fathers and mothers, do not forget that the best means
to induce your children to attend catechism, is to be
present thereat yourselves.  You shall thereby see with
your own eyes if they attend, and how they listen and
answer ; you shall, with more profit to them, question
them at home.  Besides, our instructions will serve to
impress upon your minds what you have perhaps but im-
perfectly learnt in your infancy, they shall better enable

---

(*) This paragraph is to be omitted in parishes where there is a sufficient number
of schools.

you to fulfil the binding duty of teaching religion to your
families. When, to our grief, we meet some parents who
acknowledge their inability to do so, is it not precisely
because they scarcely ever attend catechism ? They thus
spend their whole life in culpable ignorance of the most
essential truths, which assuredly renders them unworthy
to receive absolution and holy communion.

Indeed, to approach the sacraments, all Christians should
know the principal mysteries, the Apostles' Creed, the
Lord's Prayer, the " Hail Mary," the Commandments of
God and of the Church, the seven sacraments and the dispositions necessary to receive them worthily ; also the acts
of the theological virtues. Well, it is at catechism that all
these are learnt or recalled to mind ; let us not therefore
imagine that catechism is only for children. On the contrary, it is most desirable that all the faithful should make
it a point to attend it, as is the case in some parishes, the
young as well as the more advanced in age.

But it is easily understood that such as are at the head
of a family are still more strictly bound than others to
know sufficiently what religion proposes to our belief and
practice. Ought they not therefore, on all Sundays and
feasts of obligation. to hear mass as regularly as possible,
not only to fulfil the grave precept of assisting at the adorable sacrifice : not only to give good example to their
children and to draw down heavenly blessings on their
labors of the week ; but that they may have the advantage
of being present at the *prone*, sermons and other instructions.

It is by listening to them with attention. respect, docility,
and a sincere desire to profit thereby, that you will all
come to the knowledge and love of our holy religion, that
you shall learn how to fulfil the duties of your calling, and

how to attain eternal salvation together with those intrusted to your care.

*Here the Parish-priest shall point out what children he will himself instruct, as well as those who will be under the care of the vicar, or other persons by him appointed.*

---

## CONFIRMATION.

*On the Sunday on which the Parish-priest shall announce the catechism on confirmation, he shall say :*

On X......... next, shall begin the instructions preparatory to the sacrament of confirmation which his Lordship ......... will come and administer in this parish (during his next pastoral visitation).

Confirmation is a sacrament instituted by Our Lord Jesus-Christ, which gives the Holy-Ghost with the abundance of His graces, and makes us perfect Christians. It is so called, because he who receives it, with the required dispositions, is like the apostles, *endued with power from on high* (Luke, XXIV. 49.). By baptism we are initiated into the Christian life ; but we still remain as weak and frail as children. Confirmation transforms us into strong men capable of publicly confessing the Name of Jesus-Christ and of glorifying God, in spite of all the obstacles raised up by the enemies of our salvation.

The words pronounced by the Bishop while administering confirmation, show us clearly the nature of this sacrament : *I sign thee with the sign of the Cross, and confirm thee with the chrism of salvation, in the Name of the Father, and of the Son, and of the Holy-Ghost.* The sign of the Cross formed on the forehead, which is the most noble, expressive and apparent part of the whole body, shows that by this sacrament we become the soldiers of Christ crucified, to fight, with and like Him, against all the enemies of God and of our salvation. The unction of the holy oil expresses the sweetness, strength and grace of the sacrament. The invocation of the three Divine Persons of the Holy Trinity, manifests to us the Divine power which operates such great things in us, and impresses us with the profound respect, ardent desire and eminent sanctity which we should bring to the reception of this most holy sacrament.

Confirmation may be administered even to children who have just been baptised ; nevertheless the ordinary practice of the Church is to give it to them only at a more advanced age, that knowing better the excellence thereof, and preparing more carefully, they may derive more benefit from it. Accordingly pastors of souls are bound to do all in their power thoroughly to instruct such as are about to receive this sacrament. These preparations are more necessary because confirmation impresses in the soul an indelible character, which precludes this sacrament, as well as Baptism and Holy Orders, from being received more than once during life.

Therefore parents should omit nothing that their children may learn as perfectly as possible the excellence of this sacrament and the dispositions necessary to receive it worthily. They must endeavor themselves to teach, or have them taught by others, but especially they must send them regularly to catechism, which shall be taught every......... at......... o'clock.

Should there be in this parish any persons already advanced in years, who have not yet been confirmed, we invite them to come and arrange with us how they may prepare themselves to receive this sacrament. It is never too late to receive such a great blessing ; accordingly he is his own enemy, who voluntarily deprives himself thereof.

because the grace of this sacrament received during life, is the source of a corresponding degree of special glory and happiness in eternity.

Although confirmation is not absolutely necéssary, no one ought to remain without it. It is so holy a sacrament, it imparts to us the divine gifts in such abundance, that we ought to do every thing in our power to render ourselves worthy to receive it. What God has instituted for the salvation of all, all should ardently desire and hasten to receive, in order to become perfect Christians and to conform to the adorable designs of Our Lord, and to the wishes of our holy mother the Church. (*)

---

## PATRONAL FEAST OF THE PARISH OR MISSION.

(†) *On the Sunday before the feast or solemnity of the Titulary of a Parish or Mission :*

On Sunday next, we shall celebrate, in a solemn manner, the feast of N. the Titulary of this parish (*or* mission). Endeavor, My Brethren, to honor this great servant of God, by your fidelity in performing all your Christian duties, and in imitating all the virtues of which he has left you the example. You know that this Saint, amongst all those whom we honor, made himself (*or* herself) agreeable to God and men, by (*here some of the Saint's virtues may be particularly mentioned*).

---

(*) Parish-priests are exhorted to give each year a special instruction on this sacrament, either on the occasion of this announcement, or at Pentecost. The faithful, who have been confirmed in their youth, easily forget the graces connected with, and the duties arising from this sacrament, which is received but once during life. Parents will better understand the obligation laid upon them of duly preparing their children for its reception. Children above all, will feel the salutary influence of these instructions of their pastors. (See the Catechism of Trent, Chap. XVII, on *confirmation*.)

(†) *See the notes in the French part of this appendix, concerning the same solemnity. (Page 42.)*

Rejoice at having him for your protector with God, and express your gladness at it, by punctually assisting at the morning and evening offices. Prepare yourselves to receive the sacraments of Penance and of the Eucharist on that day, and to gain the plenary indulgence granted by Pope Pius IX, to those who, having confessed with a contrite heart, receive holy communion and pray in this parochial church, according to the intentions of the Sovereign Pontiff. This indulgence continues during the whole octave.

## THE FORTY HOURS. (*)

*On the Sunday previous to the opening of the Forty Hours in the parish, the Parish-priest shall say :*

On N......... next, will commence, in this church, the solemn exposition of the Blessed Sacrament, called the *Forty Hours' Devotion.*

We invite you, O Dearly Beloved Brethren, to come and testify to Our Lord your faith in His divine and infallible word, your gratitude for the inestimable blessing of the Holy Eucharist and your love for Him who loved you with such tenderness and prodigality.

Spare nothing in decorating, as well as possible, the altar and sanctuary, nay the whole church where the God of all majesty deigns to visit you. But above all purify your hearts by a hearty contrition and confession so as to receive Him worthily in holy communion.

May the members of every family, who are able to visit the church, make it their duty to come each in turn to do

(*) To be read in the parishes of the diocese only where the Pastoral establishing this exposition is not to be read.

Him homage. Christian parents, bring with you all your children, in order that Our Divine Savior, casting His eyes upon them. may for ever strengthen, in their tender hearts, those lessons and examples of piety which you should give them. Come ye all, O Dearly Beloved Brethren, come and console that heart which, through love for you. has been exposed to so many outrages ; come and offer reparation for them as much as it lies in you to do so. Suspend for a little while your ordinary occupations to come and offer yourselves to Him, to receive His blessing and taste the ineffable sweetness of His presence. In church observe a religious silence in order better to hear His divine voice speaking to your hearts. In the vicinity of the church avoid making noise, lest you disturb the piety of those who are kneeling before the Blessed Sacrament.

Preserve the memory of these days of grace and blessings, and testify your gratitude by greater fervor in prayer, stricter vigilance over your conduct and fidelity in the accomplishment of all your duties.

The morning offices will commence at......... o'clock. We will recite night prayers at......... o'clock, followed by an *amende honorable* and considerations on the Blessed Sacrament.

The following are the indulgences to be gained on the occasion of the Forty Hours.

1° A plenary Indulgence, applicable to the souls in purgatory, on the ordinary conditions of confession, communion and a prayer in presence of the Blessed Sacrament exposed, according to the intention of the Pope.

2° Ten years and ten quarantines for each visit to the Blessed Sacrament exposed, with a sincere resolution of going to confession.

## THE FEAST OF THE RELICS. (*)

*On the Sunday previous to the day chosen for this feast, the Parist-priest will say :*

On X......... next, we will celebrate, in this church, the feast of the Holy Relics which are herein preserved.

In virtue of the several indults accorded this Province, there will be sung on that day. at......... o'clock, a solemn high mass. which will be followed by the veneration of the Holy Relics. A plenary indulgence will be granted to all those who, having been to confession and communion, will pray according to the intention of the Sovereign Pontiff and for the propagation of the faith. (†)

According to the holy Council of Trent (Sess. XXV), we should honor the bodies of the martyrs and other saints who reign with Jesus-Christ Whose living members they have been. for they were the temples of the Holy-Ghost and one day they will arise to be eternally glorified. We also honor the instruments of their penances, recalling as they do their example, their virtues, their merits, their glorious death. We preserve with respect the objects which they made use of, on account of the pious thoughts which they excite in our souls.

" *We are the children of the saints and look for that life which God will give to those that never change their faith from Him.*" (Tobias, II, 18.) Let us then be their imitators upon earth, and to that end. meditate their examples and their maxims. During their mortal life, they were exposed to the same dangers. to the attacks of the same enemies : we

---

(*) To be read in those parishes only where this feast is to take place.

(†) Through an indult of the 11th December, 1881, granted to the diocese of Quebec, this indulgence may also be gained during the octave, but once only, by each of the faithful.

have the same duties to fulfil, the same gospel to follow ; let us then be full of courage, for the victories which they have won prove to us what a good will can accomplish, when aided by that grace which has been merited for us by Our Lord Jesus-Christ. They all cry to us from Heaven, with Saint Paul (I. Cor. XI. 1.): " *Be ye also followers of me, as I also am of Christ.*"

This is also, O Dearly Beloved Brethren. the end which the Church proposes to herself in the feast of the Holy Relics. The solemnities in honor of the saints, says Saint Augustin, are exhortations to sanctity, prompting us to strive to imitate those whose feast we are celebrating. He who shall not imitate them, pursues this great doctor, will not partake of their felicity.

---

## THE ELECTIONS. (*)

*On the Sunday previous to the elections the Parish-priest shall say :*

This week, you will be called upon, My Dear Brethren, to elect a member (*or* several members) to represent our County in the Federal Parliament (*or* in the Provincial Legislature).

Remember that one day, God shall call you to render a strict account of your words and deeds, nay even of your thoughts for which He holds you responsible in election times as well as during any other period of your lives. Whilst giving to the political questions of your country all the concern which they merit, whilst trying to appreciate

---

(*) To be read in those dioceses where there is no special pastoral letter.

If the Bishop ordain it, this instruction is to be read, *mutatis mutandis,* when first there is question of an election in the county, and again on the Sunday previous to the election.

the worth of persons, actions and things, be ever solicitous about yourselves, lest the affairs of this world, which pass with lightning speed, cause you to forget the one thing necessary, that is, that eternity which passeth not and for which you have been created.

Bear in mind that those things, that are forbidden in ordinary times, are also forbidden during elections, and even more rigidly, owing to the consequences that might follow, consequences prejudicial not only to your neighbor, but to your country.

Guard yourselves therefore against perjury.

You wish, and very reasonably, your liberty to be respected, respect then the liberty of others by refraining from menaces and violence.

Drunkenness is, at all times, a most degrading vice and should always be avoided, but more than ever should it be avoided during an election, as it is the cause of many disorders and renders impossible the intelligent use of the noble and important right of suffrage.

Do not sell your vote ; to do so would mean your personal degradation and slavery. Having enlightened and settled your conscience, according to true religious and social principles, follow the dictates of your conscience, and vote, under the eye of God, for that candidate whom you have reason to consider honest and capable of fulfilling his mandate to the greater advantage of religion and the state. Do not accept anything that might be offered you, either to induce you to vote or to abstain from doing so

Pay the attention due the importance of the question and with christian politeness and mildness listen to those who come to expose to you their principles. Beware of the false principles and bad counsels of men whose purposes

18

are perverse. The best way to protest in such a case is to withdraw from their assemblies.

Faithfully observe the laws which have been framed to insure the liberty of voters and prevent corruption at elections. Obey them not merely through fear of the penalties inflicted on those who violate them, but through love for your county and your country which those laws protect, and through respect for the authority from whom they emanate.

But as God is the source of light, do not neglect, My Dear Brethren, to pray with your families, that those who will take part in the election, candidates, electors, officers whose duty it is to see that the laws be fulfilled, that all, in a word, may so act as to have their consciences free from reproach.

## AFTER THE ELECTION.

Now that the election is over, Dearly Beloved Brethren, I have a few words of counsel to give you. During the excitement of the political contest many things probably have been said and done to hurt the feelings of your neighbor I ask you all to forgive one another his offences with that sincerity with which you desire God's pardon for your sins.

Avoid partaking in any demonstration suggested by pride or vengeance. Humility and charity are virtues essential to a Christian, and both parties should strive to practise them as much as possible.

Banish now from your minds, My Dear Brethren, your disputes and work harmoniously and with good will for the prosperity of your parish, your county and your country.

Do not allow political discord to insinuate itself into church or municipal affairs, much less among members of families.

" *God is charity*, says the Holy-Ghost ; *and he that abideth in charity, abideth in God. Charity is the fulness of the law, wherefore he that loveth not, abideth in death.*"

---

## II. FORMULAS HAVING A FIXED DATE. (*)

## ADVENT.

*On the last Sunday after Pentecost :*

Sunday next, will be the first Sunday of Advent.

Advent represents the time which preceded the coming of Christ, and which the just of the Old Testament, the patriarchs and prophets passed in the expectation of Our Divine Savior.

During this time the Church prepares herself to cele-brate the temporal birth of the Son of God. In her prayers she adopts the words by which the saints of the Old Testa-ment expressed their longings and their desires for the coming of the Messiah. She is anxious that her children should take advantage of the graces of His first coming in the fulness of time as a Savior, in order that they may prepare for His second coming at the end of the world as a terrible judge of all mankind. She wishes also that her pastors. like St John the Baptist, should prepare the way

---

(*) The formulas for announcing the solemnities suppressed by the VIth decree of the 1st Provincial Council, are here given, in order that, according to the desire of this Council, the pastors may still, for the edification of the faithful, call their atten-tion to those festivals which have heretofore been celebrated with much devotion. The festivals which are not solemnised are marked with the sign ✠ .

of the Lord, by exhorting their people to make themselves ready in heart and mind to receive Him, and thereby become partakers of the graces which He will communicate to such as will have rendered themselves worthy of their reception.

The spirit of the Church, during Advent, appears in all her practices and ceremonies. She no longer sings canticles of joy ; during this holy time she forbids the solemnization of marriage ; she vests her ministers, and clothes her altars, with penitential ornaments ; she prescribes abstinence and fast on certain days, and she recites particular prayers, to show how ardently she wishes her children to prepare pure and holy ways for the Lord.

She desires that, at the approaching feast of Christmas, Jesus-Christ may be born anew in us by the grace of a perfect conversion, and by an increase of faith, hope and charity, as well as of every other christian virtue. In order to receive him worthily, we must prepare ourselves, by sentiments of religion, devotion and vigilance ; by retirement from the world, by withdrawing from company ; by prayer, penance, and meditation ; by the practice of piety, charity and humility ; and finally by reading works that may instruct us in the knowledge of this great mystery.

We exhort you, Brethren, to assist daily at mass, as regularly as your occupations will allow, and during that time to read some books of piety, calculated to edify and prepare you for the celebration of this great solemnity, that you may be then enabled to make a good confession and a worthy communion.

According to an indult dated the 7th July 1844, the fasts heretofore observed on the vigils of Saint John the Baptist, Saint Lawrence, Saint Matthew, Saint Simon and Jude and Saint Andrew, have been suppressed and replaced by an abstinence and fast to be observed on all the Wednesdays and Fridays of Advent. (*)

---

## ✠ SAINT FRANCIS XAVIER.

*On the Sunday before the feast of Saint Francis Xavier :*

(†) N......... is the feast of Saint Francis Xavier, second patron of this country.

You should, on this day, thank God for having given you so powerful a protector, and beg of Him, that by the merits of this great saint, you may maintain unimpaired the faith which was first preached in this country, and live according to its rules and maxims, bearing in mind that faith without good works is dead and unprofitable.

The members of the Society for the Propagation of the Faith may on that day, and during the octave, gain a plenary indulgence, by confessing their sins, receiving the holy communion and praying, in the parochial church, according to the intention of the Sovereign Pontiff.

---

## THE IMMACULATE CONCEPTION.

*On the Sunday before the Immaculate Conception :*

The Church will celebrate on N......... next, the festival of the Immaculate Conception of the Blessed Virgin Mary.

---

(*) *The fifth council of Quebec. D. XIV, obliges Parish-priests to preach against perjury bis saltem in anno. Several bishops have ordered this to be done in December and July.*

(†) The *feast* means, here and elsewhere, the day on which is to be recited the office of the Saint.

This is a joyous festival, because Christ our Savior, the Sun of Justice, Who hath dispelled our darkness, delivered us from death and given us life, was, one day, to be conceived in the womb of this pure virgin. You ought to celebrate this festival with pious sentiments, and thank God that, after having been conceived in sin, you have been purified from it in the salutary waters of baptism. Imitate the fidelity of the Blessed Virgin, who preserved carefully the grace which she had received in such abundance from God.

It is a feast of obligation.

---

## EMBER-DAYS.

*On the third Sunday of Advent :*

Wednesday, Friday and Saturday will be the fast of the Ember-days, instituted in order to consecrate by penance, each of the four seasons of the year: and also that every individual amongst us may, from time to time, remember that he should pass his life in the practice of penance.

The Church has established the fast of the Ember-days,— 1st. to beg pardon of God for the sins committed during the past season ; —2nd. to thank Him for the graces received during that time ; —3rd. to ask His blessing on the fruits of the earth, and the assistance necessary to enable us to make a holy use of the season which is about to begin.

This is also the time when the Church ordains her ministers. In union with her, beg of Jesus-Christ to give her holy priests, endued with grace and knowledge, who will edify the faithful by the purity of their conduct, and by the efficacy of their exhortations.

*When Christmas-day happens to be on Mond ay, the fast of the vigil takes place on the Saturday of the Ember-days : then the Parish-priest adds the following words :*

You are commanded to fast on Saturday next in order also to prepare yourselves for the great festival of Christmas, which falls on Monday week.

----

## THE O'S

*On the Sunday before the 17th of December :*

On N.......... next, the 17th instant, the Church begins to recite at Vespers the first of the seven solemn anthems which derive their appellation from the circumstance of their beginning with the particle O ! which is an expression of desire. They are taken from different parts of the Holy Scripture, and are applicable to the Messiah, Who was the Promised of God, and announced by the prophets for the salvation of mankind.

The object of the Church in recommending them to our piety, during the days of Advent, which immediately precede the birth of Jesus-Christ, is to induce us more efficaciously to prepare ourselves worthily for His spiritual birth in our hearts.

Let us enter into the spirit of the Church, and increase the fervor of our desires, begging that Jesus-Christ may visit us, enlighten and deliver us, instruct and sanctify us.

----

## ✠ SAINT THOMAS.

*On the Sunday before the feast of Saint Thomas :*

On N......... the Church will celebrate the festival of Saint Thomas, Apostle.

Our Lord Jesus-Christ, in allowing Saint Thomas to behold His wounds and to touch them, desired to convince him of the reality of His resurrection, and at the same time to strengthen our faith and induce us to believe firmly in all the truths that have been revealed to us, for, as Saint Paul says, *Without faith it is impossible to please God.* (Heb. XI. 6.)

With this holy Apostle, let us confess and adore Jesus-Christ as *our Lord and God*, in order to obtain the reward promised to those who shall have believed without seeing.

----

## CHRISTMAS DAY.

*On the Sunday before Christmas-Day :*

(*) (You are commanded by the Church to fast on N....... next in order to prepare yourselves for the great festival of Christmas, which falls on N......... next).

On that day, the Church will celebrate the birth of our Savior.

It is the day on which the Eternal Word, the only Son of the Father, the Second Person of the Holy Trinity, Who is

----

(*) When Christmas-day happens to be on Monday. the Parish-priest omits the first sentence relative to fast, and begins thus :

*To-morrow, the Church will celebrate......*

God and equal in all things to the Father, deigned to become man, like unto us, for our salvation To accomplish this great work. He was born of a virgin, in the town of Bethlehem, according to the divine promises so often made in the Old Testament, by the mouths of the prophets.

At midnight, the Church recites these words : " Behold " the Spouse cometh ; go ye out to meet Him. " You are all invited to be present at the celebration of this sacred mystery, to adore with the shepherds the Word made flesh for our salvation ; and return, like them, praising and blessing God for the great wonders which He has wrought in your favor.

Let us resolve, during this holy time, to imitate Jesus-Christ in His infancy, and to profit by the examples of humility and mortification, and of poverty and charity, which He gives us in the manger. Let us remember that He came into the world to destroy sin in our hearts, and to reign in them by His grace.

This day is a feast of obligation.

*When Christmas falls on a Friday, the Priest will add :*

This year, Christmas falling on a Friday, you are not bound to abstain from flesh meat, on that day.

*Where a midnight Mass is to be celebrated, the priest will give such instructions as are necessary to prevent all disorders. He may also, according to circumstances, remind his parishioners that the Bishop is inclined to suppress this midnight Mass, at least for a few years, in such parishes wherein he has been informed it is the occasion of any disorder.*

## ✠ ST STEPHEN. (26th December.)

*On Christmas-Day :*

To-morrow the Church celebrates the festival of St Stephen, one of the seven deacons ordained by the Apostles, and the first who, suffered martyrdom, that is to say, the first who, after the Ascension of Christ, shed his blood in testimony of the truth of His resurrection and the divinity of His doctrine. Let us beg of God to grant us the grace to practise the virtues that shone forth in this holy Levite ; and like him, let us courageously bear witness to the truths of our faith without fearing the scorn and censures of men. Let us also beseech God to grant us that ardent charity which inflamed the heart of this generous martyr ; that, after his example, we may love our enemies and pray for our persecutors.

---

## ✠ ST JOHN THE EVANGELIST. (27th December.)

*On Christmas-Day, or on the 26th when it is a Sunday :*

On N......... next, the Church celebrates the festival of St John the Evangelist. This saint was the disciple whom Jesus most loved, and to whom He granted the favor of resting on His bosom at the Last Supper, of which He partook with His Apostles on the eve of His death. Read his epistles, which contain lessons of love and charity. From them you will learn to love one another for God's sake and according to His holy will.

---

## FESTIVAL OF THE CIRCUMCISION.

*On the Sunday after Christmas-Day, or on Christmas-Day, when the 1st of January falls on a Sunday :*

On N......... next, the Church celebrates the Circumcision of Our Lord.

On that day, Our Lord received the name of *Jesus*, that is to say, *Savior*. This name was given to Him by an angel before His conception, to show that He was to save His people by delivering them from their sins.

This feast being the first day of a new year, we have a threefold duty to perform : 1st. To thank God for all the graces bestowed upon us during the course of this preceding year ; 2nd. To beg pardon of Him for all the sins which we have committed during the past year, and during all the years of our lives ; 3rd. To beg of Him to grant us the grace to employ, in a proper manner, every moment of the year which is about to begin.

On that day, let us place our confidence in Our Lord Jesus-Christ. Let us promise to invoke, in all our actions, His Holy Name with faith and love ; let us resolve to circumcise and remove from us all that is opposed to his glory.

This festival is of obligation.

---

## VISITATION OF THE PARISH. (*)

N......... next, we shall commence the annual visitation of this parish. It is a strict duty imposed upon us by our pastoral charge, and of which we are reminded in the XVth

---

(*) See after the French *prone* of Saint Andrew's feast, (page 129) an instruction to Parish-priests on the manner of fulfilling this duty.

decree of our Second Provincial Council. " Jesus-Christ," say the Fathers of this Council, " having declared that the " Good Shepherd knows His sheep, and calls them by their " names, a Parish-priest should consequently know the " faithful who are confided to him. He should therefore " not neglect to visit, at fixed periods, as much as possible, " every family of his parish."

You shall, My Dear Brethren, receive this visitation of your pastor : 1° with respect, since it is the representative of Our Lord who will go through the whole parish, enter your abodes, and sit at your fireside; 2° with joy, since he comes to you with words of charity and peace on his lips, with his hands full of blessings and spiritual favors. From the presence of their pastor in their midst the poor will derive relief; the afflicted, consolation ; the sick and infirm, patience and consolation ; the just, courage, and sinners, repentance.

Parents, endeavor to be present, in order to receive yourselves the minister of the Lord, who comes to visit you. Teach your children to welcome him with happiness and veneration : prepare them to answer, should he judge proper to question them on religion.

Be ready to give us the information which we are obliged by the Ritual to ask of you concerning the *state of the souls* in your respective families.

We shall profit by this opportunity to receive your offering to the Infant Jesus : let it be presented with good will and generosity ; the Divine Infant will reward you a hundred fold.

# EPIPHANY.

*On the Sunday before the Epiphany :*

On X......... next, the Church celebrates the Epiphany, or the Manifestation, Apparition or Declaration of Jesus-Christ, which is commonly called the *Twelfth Day.*

On that day, the Church offers to our contemplation three mysteries, by which Christ made Himself known and manifested His glory to men.

1st. The Church shows us how Jesus-Christ Our Lord, made His birth known to the Magi or Wise-men, and how He was adored by them at Bethlehem, after having conducted them thither by His grace, as well as by the apparition of a miraculous star.

2nd. The Church commemorates the day on which Jesus-Christ, the Lamb without spot, was baptized by St John in the river Jordan, and sanctified the waters, in order to produce those great effects of regeneration and renovation of the soul in the laver of baptism.

3rd. She also makes a commemoration of the miracle, by which Christ changed water into wine at the wedding-feast of Cana, which He was pleased to honor with His presence in order to authorize, honor, and sanctify the matrimonial union.

The Church considers, with a more particular attention, the first of these three mysteries, and looks upon the Magi, as the first among the Gentiles and the Pagans from whom we are descended who were called to the faith. She requires of us to thank God for our vocation to Christianity, and to the knowledge of Jesus-Christ. She also requires of us to acknowledge Jesus-Christ for our God, our King, and our Savior. Let us offer and give ourselves up to Him, without reserve, with our mind, our will, our memory, our bodies, our goods, and our health. Present yourselves to him on that day, with hearts filled with charity, love, and fervor ; with minds stored with good thoughts and saintly desires ; and offer your bodies as sacrifices prepared for sufferings and penance.

The world, which is the enemy of Christ and of His Church, usually passes the time preceding this great solemnity, in excesses, in debauchery and profane enjoyments. But do you, Brethren, who are better instructed, beware of falling into this misfortune ; do you avoid bad company, and remember your calling to the faith ; prepare yourselves to renew your baptismal vows, and to celebrate this great day, as becometh the day on which you were made Christians. Present to Jesus-Christ the gold of love and charity, the frank incense of prayer, and the myrrh of self-denial. Such ought to be your dispositions on the eve and on the day of this great festival, which is one of obligation.

---

## 1st SUNDAY AFTER THE EPIPHANY.

### DECREE OF THE HOLY COUNCIL OF TRENT CONCERNING CLANDESTINE MARRIAGES. (SESS. XXIV.)

*Parish-priests or missionaries must read it every year on this day, except in the dioceses, or parishes, or missions, in which the bishop has forbidden it. The promulgation made against this prohibition is void ; but once made with the bishop's permission, it is binding for ever. However it has been thought expedient to repeat it every year.*

*Decree of the Holy Council of Trent.*

Though there is no reason to doubt that clandestine marriages, contracted with a free consent of the parties, are true and valid, the Church not having pronounced to the contrary :—and those persons, therefore, are to be justly condemned, (as in fact the holy Council does condemn them,) who deny that clandestine marriages are true and valid, and who falsely assert, that the marriages of children, under parental authority (*filii familias*), which are entered into without the consent of the parents, are null; and that the parents have it in their power to ratify or annul them :—nevertheless, the holy Church of God, for very excellent reasons, has always held in detestation, and forbidden such marriages. But the holy Council having remarked, that the disobedience of men rendered the prohibition of the Church useless : and reflecting on the enormous sins which spring from such marriages; and especially on the sins of those who live in a state of damnation ; when, after having left the first wife, whom they had secretly married, they publicly contract a second marriage with another, and live with her in a continual state of adultery ; and, finally, seeing that the Church, which does not pass sentence on secret acts, cannot remedy so great an evil without having recourse to more efficacious means : the sacred Council (*of Trent*) therefore, following the steps of the holy Council of Lateran, held under Innocent III, decrees :— that, in future, before the celebration of marriage, the Pastor of the parties shall thrice announce, in the church, on three consecutive festivals, and during the parochial Mass, the banns of such as are about to be married. If, after this triple publication, no legitimate opposition is made, the marriage shall be celebrated in the face of the Church : where, the Parish-priest, after having questioned the man and the woman, and being well assured of their mutual consent, shall make use of these words : *I join you in marriage, in the Name of the Father, and of the Son, and of the Holy-Ghost. Amen.* Or let him make use of other words, according to the approved custom of each country......

With regard to those who marry otherwise than in the presence of the Parish-priest, or of the Priest who has his permission, or that of the Ordinary, and in the presence of two or three witnesses ; the holy Council renders such persons wholly incapable of contracting marriage in that way, and declares the marriages thus contracted, null and void, as, by the present decree, it dissolves and annuls them.

Furthermore, the holy Council commands that the Parish-priest or any priest who shall have assisted at such marriage, with a less number than two or three witnesses, and, likewise, that the witnesses who shall have assisted thereat in the absence of the Parish-priest, or of any other authorized priest, and even, the contracting parties themselves, shall be grievously punished at the discretion of the Ordinary.

The same holy Council admonishes those who are betrothed, not to live under the same roof, before the nuptial benediction, which must be received in the church. It also wills and ordains, that such benediction be given by their own Parish-priest ; and that none other than the Parish-priest can grant to another permission to give this benediction, nothwithstanding all privileges and customs to the contrary, which we should look upon more as an abuse than as a legitimate practice.

Finally, the holy Council exhorts such persons as are affianced, carefully to confess their sins, and devoutly to receive the Holy Sacrament of the Eucharist before they contract ; or, at least, three days before the consummation of the marriage.

And in order that none may plead ignorance of ordinances so salutary as the present, the Council enjoins all Ordinaries to cause this decree to be published and explained to the people, as soon as possible, in all the parish, churches of their respective dioceses, and that the promulgation thereof be repeated several times during the first year, and afterwards, as often as they may deem necessary. Moreover, it wills that this decree begin to be in force in each parish, thirty days from its first promulgation in said parish.

(*) It is also our duty, O Dearly Beloved Brethren, to read to you to-day, the decree of the Fifth Council of Quebec against those who go and marry before an heretical minister.

*Decree of the Fifth Council of Quebec:* " Since Catholics, " unworthy of the name, sometimes dare to present them- " selves before an heretical minister, considered as a minis- " ter of religion, to contract marriage, we warn all the " faithful of the Province, that it is a mortal sin, an enor- " mous scandal, and a kind of apostasy thus to communi- " cate, against the laws of the Church, with heretics in " things divine. Consequently, we enjoin on all Parish- " priests to publish this decree, in the vulgar tongue, in " their parochial church twice a year, to wit, at the Epi- " phany and on Low-Sunday, with explanations, if neces- " sary."

To obey this order of the Council, we deem it our duty, O Dearly Beloved Brethren, to remind you that Our Lord has raised marriage between Christians to the dignity of a sacrament. There exists a sacrament each time that two baptized persons, Catholic or non-Catholic, contract a marriage not invalidated by canonical impediment. It is therefore sacrilegious to receive this sacrament, without the necessary dispositions.

It is sacrilegious also for a Catholic wishing to contract a mixed marriage, to acknowledge, notwithstanding the

---

(*) This decree should be also published on Low-Sunday, after the announcement of the feast of the Holy Family.

so formal a prohibition of the Church, the ministry of a heretic, and to ask of him a blessing, thereby, in a manner, renouncing his faith. She will never allow any of her children to contract marriage before an heretical minister, considered as a minister of religion.

(*) But when two catholics of this Province present themselves before an heretical minister to contract marriage, this marriage is null ; and to the scandal and apostasy of which they are guilty, is added the danger of spending their lives in a state of concubinage and, consequently, of damnation.

---

## MIXED MARRIAGES.

The Church has always forbidden Mixed Marriages, that is to say, marriages between Catholics and non-Catholics, as being contrary to the sanctity of the sacrament and dangerous to the faith of the Catholic party and of the children. If sometimes she tolerates them for very serious reasons, in giving her permission she always puts forth certain conditions, the first of which is that the marriage be contracted before a Catholic priest, and even then she does not allow it to take place in the church, nor does she allow any prayers or benediction, that all may understand how painful these marriages are to her. Also does she always rigorously require that the non-Catholic party promise seriously that all the children shall be baptized and brought up in the Catholic religion, and that neither they nor the Catholic party shall be hindered in the exercise of their religion.

---

(*) This paragraph must be omitted in parishes and missions where the decree of the Council of Trent has not been published.

# FOR APPENDIX TO THE ROMAN RITUAL

It is likewise our duty, dearly beloved Brethren, to read to-day the XVI Decree of Title the VI of the First Council of Montreal against those who contract marriage in presence of a protestant minister.

## DECREE XVI

### ON CATHOLICS WHO CONTRACT MARRIAGE IN PRESENCE OF A PROTESTANT MINISTER

" Catholics who reject the ministry of the priest, despise
" the authority of the Church and commit the awful crime of
" attempting to contract marriage before a protestant
" minister, in his capacity as a minister of religion, are guilty
" of mortal sin and of the crime of scandal ; moreover, by
" thus communicating with heretics in divine things, they
" are excommunicated and the dispensation from the censure
" is reserved to the Sovereign Pontiff.

" Consequently, We order every parish-priest to read the
" present decree in his respective parish church, distinctly
" and in the vernacular tongue, and that twice a year viz, on
" Epiphany and on Low Sunday, and to comment it, should
" he deem it necessary.

" Parish priests should bear in mind that when the parties
" question them on the subject, or when they have learn from
" reliable sources that the latter intend to have recourse to
" to the ministry of a heretic in as much as he is a minister
" of religion, they must not be silent, but that they are
" obliged to warn them of the crime they commit and of the
" censure they incur by so doing. Should the parties desire
" to renew in presence of the parish-priest the consent which
" they had already given before a protestant minister, the
" parish-priest shall not assist at their marriage until they
" have complied with all the usual formalities and until these
" catholics have repented, done penance and they have been
" absolved from the censure which they had incurred.

" We declare that a Catholic who marries a non-Catholic in
" presence of a protestant minister incurs the same censure of
" excommunication which is reserved to the Sovereign Pontiff."

Wherefore, Dearly Beloved Brethren, do we exhort Christian parents to deter their children from these mixed marriages, where differences of creed place such serious obstacles to the perfect union of hearts and the Christian education of families.

---

## IMPEDIMENTS OF MARRIAGE. (*)

We seize the opportunity furnished by these decrees to say a few words on the impediments of marriage.

Should you know of any impediment to a marriage, you are obliged, under pain of mortal sin, to reveal it. This obligation concerns every body, and the declaration should be made to your Pastor as soon as possible. The object is to prevent the serious consequences that might ensue from culpable silence : such are 1° The nullity of a sacrament, which is always a grievous matter ; 2° The scandal which may follow ; 3° The serious temporal difficulties affecting the property of the husband and wife, the inheritance of the children, the rights of families.

You must not therefore be afraid of revealing whatever impediments to a marriage, you may know of, since it is rendering the betrothed a service for which they should prove to you their gratitude. It is moreover a mark of respect for the sacrament, an act of charity towards your neighbor and obedience to the Church.

The most common impediments, and those to which I would draw your attention are: relationship, affinity, public honesty.

---

(*) As he reads, the Parish-priest should give explanations accompanied with examples in order that it may be well understood in what cases there is an impediment.

I To ascertain whether there is a relationship between the betrothed. examine whether their fathers or mothers, grand-fathers or grand-mothers were brothers and sisters or first cousins.

If there are several relationships, they must all be declared, otherwise the dispensation would be void.

II. When a widower or a widow wishes to contract a second marriage, two things are to be examined :

1° Whether the person whom he or she wishes to marry is related to the deceased wife or husband within the fourth degree inclusively ; (†)

2° Whether that person has acted as sponsor, at baptism or confirmation, for a child of the widower or of the wife.

In the first case there is affinity, in the second spiritual relationship.

III. Sponsors at baptism or confirmation cannot marry their god-children. nor the father or mother of their god-children.

IV. When there is a true promise of marriage. mutually given and accepted. each party contracts the impediment of *public honesty* with the father or the mother, the son or the daughter, the brother or the sister of the other party.

It pretty frequently happens that there are several different kinds of impediments ; it is necessary to declare them all. In all doubts. you should consult your Pastor.

---

(†) De affinitate *ex illicita*, quæ non excedit *secundum gradum*, non est loquendum in cathedra ; sed confessarius semper diligenter et prudenter inquirat, ut dispensatiocem postulare valeat, servatis servandis. Parochus, si hoc impedimentum sit publicum, non omittat postulare dispensationem.

## HOLY NAME OF JESUS.

*On the first Sunday after the Epiphany, (if the one that follows it be not Septuagesima Sunday), or on the Sunday preceding the day to which this office is transferred :*

On N.......... next, the Church celebrates the feast of the Holy Name of Jesus.

The name of Jesus. which the Son of God received at His Circumcision, and which was declared by the archangel before His conception, signifies *Savior* ; but such a Savior as should deliver his people from their sins. As on New· Year's day the Church is occupied with commemorating the painful mystery of Our Lord's Circumcision, she thought proper to transfer the feast of that Holy Name, to the second Sunday after the Epiphany, in order to honor it with due solemnity.

On that day. you should renew your sentiments of res-pect and confidence in that sacred name, which transcends all other names. It should be frequently on your lips, but always uttered with the greatest reverence ; that Name being so terrible and powerful, that *every knee bows to it in heaven, on earth. and in hell.*

Let us pronounce it with confidence, since in it alone can we expect help from heaven, and through no other name can we be saved. Let us pray that it may be hallowed and blessed in every place, and let us sanctify it ourselves by the holiness of our conduct. Let us accustom ourselves to invoke it repeatedly with piety and love. during our lives, if we wish to experience its sweetness and consolation at the hour of our death.

1° *A plenary indulgence, granted to the associates of the arch-confraternity of the Holy Heart of the Blessed Virgin, on the*

*Sunday preceding Septuagesima, should be announced on the second Sunday before Septuagesima.*

2° *On the Sunday preceding the 29th of January, in the parishes where the S. Francis de Sales society is established, the Parish-priest shall announce that the members can gain a plenary indulgence. Conditions : confession and communion, and prayers according to the intentions of the Sovereign Pontiff.*

---

## SEPTUAGESIMA SUNDAY.

*On the Sunday before Septuagesima :*

Sunday next is called *Septuagesima* Sunday, on account of the seventy days which intervene between it and the Sunday which concludes the Easter octave. The Church prepares her children for penance, by suppressing the canticles of joy, and by laying aside the ornaments with which she vests her ministers and decorates her altars. She recalls to their memory the history of the Creation and of the fall of Adam, in order to induce them to mourn over the miserable condition to which they are reduced by our first father's disobedience, and to engage them to avoid, at this holy season, all that may incite them to sin. Let us consider ourselves, during those seventy days, captives under the yoke of our sins, from which Christ will deliver us by His resurrection. The children of the Church weep and mourn, and produce worthy fruits of penance, whilst worldlings abandon themselves to rejoicing, merriment, and all sorts of excesses. Let us on the contrary, watch and pray ; let us avoid worldly company, and beware of the licentiousness and disorders of these days of iniquity.

## THE PURIFICATION.

*On the Sunday before the solemnity or the festival of the Purification :*

The Church celebrates on Sunday next. the solemnity (*or the festival*) of the Presentation of Christ in the temple, and also that of the Purification of the Blessed Virgin Mary.

The Virgin Mother of Christ was not obliged to conform to the law of Moses, which commanded women to be purified in the temple, after child-birth and to present to God their first-born. Learn. by this example of obedience and humility, to submit to the Law of God, to fulfil all justice, and to practise all that the Church commands. Let us beg of God to purify us from the stains which we have contracted by sin, through our commerce with the world, and our contact with earthly things. Let us offer ourselves to God, in order to live for Him alone, and according to His holy will.

*If on this day any person wishes to have tapers and candles blessed, let these things be kept in the pews and held up during the benediction.*

---

## ✠ SAINT MATTHIAS.

*On the Sunday before the feast of Saint Matthias :*

N......... is the feast of Saint Matthias, Apostle.

This saint was elected Apostle in the place of Judas who had rendered himself unworthy of such a dignity, by his treachery and other crimes. Let us beg of God, on that day, the grace to know the state in which He requires us to serve Him. to perform the duties thereof with fidelity, and to accomplish His will in all things.

# QUINQUAGESIMA SUNDAY.

*In the parishes where the exposition of the Blessed Sacrament, with the usual indulgences, is authorized for the three days preceding Ash-Wednesday, the Parish-priest on Sexagesima Sunday, shall say :*

Next Sunday and the two following days, there will be a solemn exposition of the Blessed Sacrament with a plenary indulgence for all such persons as shall have confessed and received Holy Communion, on any one of these three days, and shall visit this Church, praying according to the intentions of the Sovereign Pontiff.

You are specially invited, Dearly Beloved Brethren, to assist at these pious exercises, that they may serve as a worthy preparation for the penitential austerities of Lent. While wordlings give way to every excess of sensuality and intemperance, let you, prostate before the holy altars, implore the Divine mercy and endeavor to avert the effects of God's just wrath and indignation. (*)

---

# ASH-WEDNESDAY.

*On Quinquagesima Sunday :*

The Church commands us to begin, on Wednesday next the holy time of Lent. It is called *Ash-Wednesday*, because the Church puts blessed ashes on the heads of the faithful. The Church, inspired by the Holy-Ghost, has established this ceremony to excite, in the souls of those who receive the ashes on their heads, sentiments of humility, penance

---

(*) On the eve of Ash-Wednesday, the beginning of the Easter Communion must be proclaimed by the ringing of the bells after the eveni g Angelus.

and mortification. By this pious practice, she intends to retain some traces of her ancient customs and discipline with respect to public sinners, who, being covered with sackcloth and ashes, were separated from the communion of the faithful, and allowed to assist at the Divine offices only under the porticos of the Church.

The priest in putting ashes on the heads of the faithful, makes use of these remarkable words taken from the 3rd chapter of Genesis : " *Memento, homo, quia pulvis es, et in* " *pulverem reverteris.* Remember, man, that thou art dust, " and unto dust thou shalt return." These words should recall to our memory the sentence pronounced by God against mankind on account of sin, and teach us to submit to that sentence, and to prepare ourselves for it, by a penitential life, remembering that death is certain, and that the moment thereof is uncertain.

You should endeavor, My Brethren, to sanctify yourselves by the fast of Lent, to bring forth worthy fruits of penance, to return to God, and strive to deserve His grace.

During that holy time, you are obliged to fast every day (Sundays excepted), from Ash-Wednesday to Easter-Sunday. This is the general law prescribed by the Church in virtue of the authority which she has received from Christ, and according to the practice which she has followed ever since the time of the Apostles. Nevertheless, she dispenses with this law, in favor of those who are not twenty-one years of age ; she grants also the same indulgence to nurses and pregnant women ; to old persons ; to the infirm and valetudinarians ; to such as are obliged to perform exhausting work, or to make long and painful journeys or voyages, and to all who by fasting would be rendered unable to discharge the duties of their employment, or would endanger their health. Every one is obliged to consult his own pastor or confessor, to listen to his advice, and to beware of following his own sensual inclinations.

Fasting may be observed entirely, or in part, by such as are under twenty-one years of age, or above sixty, when they are strong enough to bear it, Christian mortification being at every age an important duty.

It is necessary for you to be well instructed with regard to the duty of fasting. It is certain : 1st. That every Christian commits a mortal sin as often as he fails to fast on each day commanded, unless he is excused by some lawful reason, or such as may be judged so, in doubtful cases, by those who are charged with the care of souls ; 2nd. That the fast is broken by making an entire evening meal, that is, by taking more than eight ounces of food, or by eating such food as is forbidden on days of abstinence ; 3rd. That it is a duty for the faithful to submit to the examination of their Pastors, that they may determine whether their work or their journey be incompatible with fasting, for it is an error to believe that all sorts of works and journeys are a sufficient cause of exemption ; 4th. That it is a criminal complaisance to break the fast, in order to please a friend who may invite us, or whom we may invite, to eat out of meal time : 5th That it is sinning against the object of the fast and the intention of the Church, merely to abstain from the use of flesh-meat and to frequent gambling-houses, to give ourselves up to wordly diversions, to company, to useless or idle conversations, to hatred, to enmity, to impurity, and other criminal excesses : for the end of the fast is to humble us, to mortify our passions, and to destroy sin in our souls ; 6th. That they render the fast useless, who suffer with murmurings and impatience the inconveniences which accompany it.

We exhort you to join to your fast, alms, prayers, and good works, and to render it fruitful by fortifying the mind by the word of God, which you should frequently hear and carefully meditate.

We must remind you here of the rules established with respect to fasting and abstinence, during the holy time of Lent, in virtue of an indult of His Holiness Gregory XVI, bearing date the 7th July, 1844.

According to this indult, you are to abstain from the use of flesh-meat: 1st. On Ash-Wednesday and the three following days; 2nd. On the Wednesdays, Fridays and Saturdays of the five first weeks of Lent; 3rd. On Palm-Sunday and the six days of Holy-Week. The same indult allows the use of flesh-meat on every other Sunday of Lent, as well as on the Mondays, Tuesdays and Thursdays of the five first weeks; but on these same week days flesh-meat can be used at one meal only, by those who are obliged to fast, no fish being allowed at the same meal.

According to the same indult, it is also allowed to use grease of any kind, instead of butter and oil, in the frying, cooking or preparing of abstinence meals. This is allowed on any day of abstinence throughout the whole year; but meat-soup is not allowed.

You may also, without breaking the lenten fast, take in the morning about two ounces of bread, with a little tea, coffee, chocolate, or other beverage.

The Holy Catholic Church, while she allays the primitive severity of her laws in order to provide for the weakness and necessities of her children, does not intend however to exempt us from the obligation of *denying ourselves, taking up our cross, and following Jesus-Christ; of crucifying our flesh with its vices and concupiscences; of mortifying our members; for,* as Saint Paul says, *if you live according to the flesh, you shall die; but if by the spirit, you mortify the deeds of the flesh, you shall live.*

If you have any children, apprentices, or servants, you are obliged in conscience to have them instructed in the knowledge of God, the mysteries of religion, and in the maxims of the Gospel. You must likewise give them the means of accomplishing the lenten duties according to their age and strength, and induce them by your counsels and example to make a fit preparation for their Easter confession and communion.

We exhort you not to put off going to confession, but to prepare for this great duty, and to accomplish it as soon as possible, that your fast, being observed in the state of grace, may be the more meritorious and acceptable to God. Do not differ your confession till the last days of Easter, particularly you, who are engaged in bad habits, or who live in enmity or who have restitutions to make ; that we may not be under the painful necessity of seeing you, at that time, deprived of the happiness of making your Easter communion : but we wish that, on the contrary, you may all rise again in Jesus-Christ, after having died to sin during those penitential days.

This time is propitious for obtaining mercy from God. Behold the days of salvation. We exhort you not to receive the graces of God in vain, but to do all in your power to employ them properly for your salvation.

Every day, as far as your occupations will permit, you should assist at Mass which will be said at ........ o'clock, and at the public prayers which will be held on N.........  and N......... at......... o'clock.

Pass the three days before Lent in prayer, begging of God the grace to make a good use of the holy time, which, perhaps, will be the last Lent you may ever see.

Beware of being drawn into the fatal custom of worldlings, who pass these days in criminal excesses, in idle amusements, and in all sorts of scandalous disorders. Remember that you have renounced all these things at your baptism, and that you are obliged to regulate your conduct as children of God and of the Church, at all times and in all places, with strict attention, modesty and piety.

On Wednesday the blessing of ashes will begin at......... o'clock, and will be followed by Mass, (at which a sermon will be preached).

According to an indult, His grace the Archbishop (or His lordship the Bishop) allows you to receive your Easter communion on Ash-Wednesday and on any other day untill Low Sunday inclusive.

Above all we exhort you to bring with you to the holy table requisite dispositions for a worthy Easter communion. The word *pascha* signifies *passage;* you should consequently pass from the death of sin to the life of grace, from darkness to light, from vice to virtue, and from worldly to heavenly desires. By thus preparing yourselves to approach the Holy Eucharist, you will reap therefrom all the advantages and guard against the greatest of all misfortunes, that of making an unworthy communion. for, as Saint Paul says : *He that eateth unworthily of that bread, and drinketh of the chalice, eateth and drinketh judgment to himself.*

The number of those who communicate unworthily is greater than is generally supposed. There are in these days many imitators of Judas, who approach holy Communion for the purpose of betraying Jesus-Christ. Such are those who wilfully conceal a mortal sin in confession, who have not a sincere contrition or who have not formed a firm resolution of amending their lives. Such are also those who are unwilling to renounce their criminal habits, or to avoid the occasions of sin : who live in enmity with their brethren. or refuse to forgive them : those, in fine, who covet or will not restore their neighbor's goods.

Carefully examine your conscience, guard yourselves against the misfortune of an unworthy communion and prepare yourselves to receive the Body and Blood of Jesus-Christ with the proper dispositions.

Those who have, living with them, infirm persons who will not be able to come to church for confession, are requested to give us timely notice.

*If it should happen that only few people were present on Quinquagesima Sunday, the Priest shall repeat the above instruction on the first Sunday of Lent.*

*The hour at which confession will begin, every day of the week during Lent, may be announced; for the greater convenience of the parishioners a particular day may be appointed for each village or concession.*

*Should the Parish-priest intend to teach, during Lent, the catechism for the First Communion, he will announce also the days and hours on which the children must attend.*

---

## NOVENA OF SAINT FRANCIS XAVIER.

*In those parishes where the novena in honor of Saint Francis Xavier is authorized, and is held in the first week of Lent, the Parish-priest, after announcing the weekly lenten prayers, shall add :*

The ordinary lenten prayers will be superseded by the exercises of the novena of Saint Francis Xavier, which will begin on next Saturday and close on the second Sunday of Lent. On each day of the novena there will be a plenary indulgence for all persons who, having made their confession and communion, will assist at the exercises of that day and pray according to the intentions of the Sovereign Pontiff and for the Propagation of the Faith.

*The Parish-priest will then give out the time and order of the exercises of the novena.*

*On the second Sunday of Lent, he shall say :*

This evening, after the benediction of the Blessed Sacrament, the *Te Deum* will be sung for the close of the novena.

--------

## LENT.

### LENTEN PRAYERS.

*All Pastors are most particularly directed to publicly recite evening prayers, twice or thrice a week during Lent : and they are moreover exhorted to avail themselves of the opportunity to explain to their flock, by familiar instructions, the chief doctrines of dogma and morals.*

*The instruction and evening prayers or the beads, are followed by the benediction of the Blessed Sacrament with ciborium, (where the Bishop grants permission), in the following order :*

The tapers (six at least) being lighted on the altar, on which have been placed a burse, containing corporal, and a white stole, the Priest ascends, puts on the stole, unfolds the corporal and opens the door of the tabernacle; he then genuflects and without taking the ciborium from the tabernacle he draws it forward so that it may be seen covered with its veil. Meanwhile the *Tantum ergo* is sung.

After the versicle *Panem*, &c., the Priest sings the prayer *Deus qui nobis*, &c. Having received the humeral veil, he ascends the altar steps, genuflects, draws the ciborium from the tabernacle, places it on the corporal, then, with his left hand covered with the veil, he seizes the ciborium under the cup and, drawing the other end of the veil over it, he gives the Benediction. He then puts the ciborium on the corporal, takes off the humeral veil, genuflects, replaces the ciborium in the tabernacle, genuflects again and closes the tabernacle.

Having placed the corporal in the burse, the Priest takes off his stole, returns to the foot of the altar, and kneeling on the lowermost step, he recites aloud the *Angelus*. Saturday evening the *Angelus* is said standing.

## FIRST SUNDAY OF LENT.

*On the first Sunday of Lent:*

Wednesday, Friday and Saturday will be the fast of the Ember-days... etc. page 278.

On this day, it is my duty to read to you a Pastoral Letter of the second Bishop of Quebec, and the Decree of the general Council of Lateran, concerning the paschal confession and communion. I beg that you will listen to it with attention and respect.

*JOHN, by the Mercy of God, and the favor of the Holy Apostolic See, Bishop of Quebec,*

*To our Beloved Brethren in the Lord, the Priests, Missionaries, Vicars, and other Secular and Regular Priests, whom we have approved to hear confessions in our Diocese, Greeting and Blessing in Our Lord.*

The luke-warm conduct of the Christians of the latter ages, having induced the Church in the fourth general Council of Lateran, to yield, like a good mother, to the weakness of her children, and to accede to the custom which was introduced by their want of devotion, of not communicating more than once at Easter, instead of several times a year, which they were before obliged to do : wherefore, in order to discharge Our duty, we have deemed it necessary to order that the enactments contained in the 21st canon, " *Omnis utriusque sexus*," of that Council, in the year 1215, under Pope Innocent the Third, and since renewed in the Council of Trent, be exactly observed ; and also, to make known to those who are so careless with regard to what relates to their salvation, and who have such an aversion for holy things, as to pass several years without approaching the sacraments of Penance and the Eucharist, that they are liable to incur all the penalties mentioned in the above holy decree. which are the most severe that the Church can pronounce against her rebellious children.

For this purpose, We command you to read at the *prone* the said canon " *Omnis utriusque sexus* " on the first Sunday of Lent, and also on Passion-Sunday ; and to explain it, as intelligibly as you can, to your parishioners, in order that they may not be ignorant of it......

Decree of the Fourth Holy Council of Lateran, concerning the Easter duty.

" The faithful of both sexes, after they come to the years " of discretion, shall, in private, faithfully confess all their " sins, at least once a year, to their *own pastors ;* and take " care to fulfil, to the best of their power, the penance " enjoined them ; receiving reverently, at least at Easter, the " sacrament of the Eucharist, unless, perhaps, by the coun- " sel of their own pastors, for some reasonable cause, they " judge it proper to abstain from it for a time ; otherwise, " let them be kept out of the Church, whilst living ; and " when they die, be deprived of Christian burial. Therefore,

20

" this salutary decree ought frequently to be proclaimed in
" the churches, in order that no one may be ignorant of it."

We take this opportunity of declaring, that, by the terms
*own pastor*, expressed in the said canon, we understand
every priest by Us approved to hear confessions, within
the limits of his jurisdiction.

*On the first Sunday in Lent, the Parish-priest, in order to
dispose his parishioners to make a good confession, will explain
to them the Commandments, and point out from the following
table, the sins by which they may have transgressed them. This
explanation may be continued on the second and third Sundays.*

---

# TABLE OF THE SINS

## AGAINST THE COMMANDMENTS OF GOD AND OF THE CHURCH.

---

### SINS AGAINST THE COMMANDMENTS OF GOD.

The first Commandment of God is broken in four ways,
namely : by sins against Faith, Hope, Charity, and the
worship of God, or Religion.

#### Sins against Faith.

By being wilfully ignorant of its principal mysteries ;
of the Lord's Prayer, the Angelical Salutation, the Apostles'
Creed, the Commandments of God and of the Church.—
By omitting to make, from time to time, acts of faith, hope
and charity, and to assist at catechism and at the sermons.

By doubting any of the truths of religion, or by refusing
to believe any of the articles of faith. By reading, lending
or selling heretical, impious, and prohibited books.—By
being ashamed of appearing a Catholic, or a Christian.

By performing any act of infidelity, of idolatry, impiety, heresy. or by openly professing them.—By apostatizing from the faith.

### Sins against Hope.

By excess.—By presuming on our own strength ;—By abusing God's goodness, or by deferring our conversion.

By want of Hope—By despair—or by doubting God's goodness.

### Sins against Charity.

By hating God.—By murmuring against His justice or His providence.—By preferring the world, any creature, or ourselves to Him.—By neglect in serving Him —By not taking Him for the end of all our actions.—By human respect.

### Sins against Religion.

By irreverence in church.—By suffering long intervals to elapse between our prayers to God. — By being forgetful of His presence.—By abusing His graces.—By profaning or scorning the sacraments and holy things.—By sacrilege.— By impious discourses, and irreligious actions, superstitious practices, and vain observances.—By divination or horoscope.—By vows lightly made or not accomplished.— By being unfaithful to our baptismal promises.

### Sins against the second Commandment.

By false, vain, rash, or unjust oaths.—By blasphemies, maledictions, imprecations.—By profane swearing.

### Sins against the third Commandment of God, and against the first and second Commandments of the Church.

By working or by immoderate recreations on the Lord's day.—By frequenting balls or taverns.—By not assisting at

Mass or by hearing only a part of it.—By suffering our minds, during Divine service, to be wilfully distracted.— By improper looks.—By giving scandal.

### *Sins against the fourth Commandment of God.*

By refusing to love, respect, obey, assist our fathers, mothers, tutors, masters, ecclesiastical or civil superiors. —By blaming them, or murmuring against them. By hating or despising them.

By not instructing, edifying, advising, or correcting our children, or servants, or other persons under our charge.— By want of vigilance.

### *Sins against the fifth Commandment of God.*

By injuring our neighbor in his natural, civil or spiritual life.

1st. *In his natural life.*—By ill-treating, beating, wounding, maiming, mutilating or killing him.—By hating him, wishing him ill or death.—By wrongly interpreting his actions or by attributing evil intentions to him.—By enmity, by refusing to forgive or to be reconciled.—By vengeance, rash judgments, scorn, reproaches, quarrels, abuse, affronts or outrages.

2nd. *In his civil life.*—By detraction ; by calumnies committed or insinuated, and not opposed.—By malignant jokes.—By false or injurious reports, by defamatory libels or songs.

3rd. *In his spiritual life.*—By pernicious advice or solicitations to evil, by giving scandal or bad example.

### *Sins against the sixth and ninth Commandments of God.*

By thoughts, desires, words, looks or actions contrary to purity.

By indecent fashions, obscene songs or licentious books, romances, pictures, immodest representations.—By bathing naked.—By dangerous looks, by dances, plays, nocturnal assemblies, or dangerous conversations.—By want of vigilance in parents on this point.

*Sins against the seventh and tenth Commandments of God.*

By thefts, frauds, injustice ; by cheating in buying or selling, either with respect to quality, quantity, or price.— By false weights or measures ; by passing counterfeit money ; by not paying our lawful debts ; by withholding deposits ; by not paying servants' wages.—By unjust lawsuits and expenses.—By damages caused through malice, negligence or advice.—By keeping things found ; by receiving or concealing things stolen. —By fraudulent bankruptcies.—By cheating at play.—By insufficient or deferred restitution.—By insensibility to the wants of the poor or by refusing them alms.—By coveting our neighbor's goods.— By superfluous expenses above our means.

*Sins against the eighth Commandment of God.*

By bearing false witness.—By the subornation of witnesses.—By falsifying writings or titles. —By injurious, jocose, or officious lies.—By equivocations and disguises.

---

### SINS AGAINST THE COMMANDMENTS OF THE CHURCH.

By refusing to obey the Church, by despising her or her ministers.—By not revealing what we know concerning the impediments to marriage, etc.—By not assisting at Mass on Sundays and days of obligation. —By omitting our annual confession or paschal communion, or by not performing our duties worthily.

By want of examination, sincerity, contrition, or a firm resolution of amendment.—By deferring our conversion, by remaining in bad habits or dangerous occasions of sin.—By want of preparation before, or by omitting prayers, after communion.—By not observing the fast and abstinence of Ember-days, Vigils and Lent ; by making, at those times, a full evening meal.—By not abstaining from flesh-meat on days of abstinence.—By not paying church dues, tithes, supplements, etc., or by paying them unfaithfully.

CAPITAL SINS.

### Pride.

By taking pleasure in ourselves ; by self-praise ; by boasting of our virtues, talents, advantages, or riches ; by not referring them all to God : by presuming on our own capacity or strength.—By vanity or ambition ; by desiring or seeking honors, distinctions, or dignities.—By pompous or superfluous expenses ; by haughtiness ; by scorn of our neighbor, of our equals. or superiors ; by self-love ; by hypocrisy.

### Avarice.

By our attachment to worldly things ; by an inordinate desire of acquiring wealth : by making use of all sorts of means for that purpose.— By excessive savings.—By simony. *See the seventh and tenth Commandments of God.*

### Lust.

*See the sixth Commandment of God.*

### Envy.

By rejoicing at the misfortune of our neighbor—By being jealous of him, or afflicted at his success.—By diminishing the esteem he enjoys.

*Gluttony.*

By sensuality and excess in eating and drinking.—By intoxication either complete or imperfect.—By habitual drunkenness.

*Anger.*

By impatience, murmurs, spite or excessive emotions of Anger. See *the fifth Commandment of God.*

*Sloth.*

By ignorance, forgetfulness, neglect of our religious, domestic, or professional duties.—By loss of time, by an effeminate or idle life, by injury caused to our family or to our master or by our sloth.—By not making a good use of our talents.

---

## SAINT JOSEPH.

*On the Sunday before the solemnity or the feast of Saint Joseph :*

On N......... next, the Church will celebrate the solemnity (*or* the feast) of Saint Joseph, first Patron of Canada and Patron of the Catholic Church.

You ought to rejoice, My Brethren. at having so powerful a protector with God, and one so worthy of your confidence as Saint Joseph. He is the spouse of Mary, and the Foster-father of Jesus-Christ. He is that wise and prudent servant whom the Lord hath placed over His family to distribute food to it in due season. He is the chosen guardian of his Master's childhood ; he is the just man beloved of God and man, and destined to be on earth the Coadjutor of the Great Council, and the Co-operator in the designs of the Most-High. So many glorious titles, bestowed by the Church upon Saint Joseph, should excite your most ardent devotion towards a Patron, equally distinguished by all the virtues that correspond to these titles.

Imitate his profound humility, his eminent charity, his perfect confidence in God, his entire submission to the orders of Providence; but above all, imitate the justice which the gospel attributes to him. This virtue comprehends the accomplishment of all our duties to God, to our neighbor and to ourselves. Let us live in justice like Saint Joseph, if we desire, like him, to die in the love and grace of the Lord.

## ANNUNCIATION.

*On the Sunday before the 25th March (when this festival is not transferred to another day).*

On N......... next, the 25th of this month, the Church will celebrate the festival of the Incarnation of the Son of God, as well as that of the Annunciation which the Archangel made of that mystery to the ever glorious Virgin Mary.

On that day, the Divine Word, the second Person of the Holy Trinity, was made Man, and united the Divine to the human nature, by taking in the womb of the Blessed Virgin Mary, by the operation of the Holy-Ghost, a body and a soul like ours ; so that, from the union of the Divine and human natures in Jesus-Christ, was formed a single person which is that of the Son of God made Man.

Imitate the obedience and humility of which Jesus-Christ and Mary, His mother, set us the example in this mystery. The Son of God humbled Himself profoundly by becoming man ; and after His Incarnation He was subject to the orders of God His Father. He was obedient unto death, even the death of the Cross. Mary acknowledged herself the handmaid of the Lord, and by her humility found grace with the Most-High.

(*) This feast is of obligation.

(†) On the festival of the Annunciation, Vespers are sung immediately after High Mass. Such is the practice of the Church every day in Lent, Sundays excepted. Since the remissness of her children has compelled her to anticipate the hour formerly marked for breaking the fast, which, in those days of penitential fervor, was after Vespers, she has also advanced the hour of Vespers, which, in the first centuries, were sung at sunset.

On the day of Annunciation and during the octave, the members of the Propagation of the Faith can gain a plenary indulgence. Conditions : confession, communion and prayers according to the intentions of the Sovereign Pontiff.

---

## PASSION-SUNDAY.

*On Passion-Sunday :*

The Church consecrates the time that intervenes between this day and Easter-Sunday, to celebrate the yearly memory of Our Lord's Passion, to set before our eyes our crucified Savior, and to make Him the great object of our devotion. For this reason, it is called Passion time ; and the

---

(*) *When the Annunciation is transferred to another day, it ceases to be of obligation. Then the Priest says :*

The office of the Annunciation being transferred to N........., this feast is not of obligation this year.

(†) *This part is to be omitted when the Annunciation is not of obligation.*

Church, in her offices, makes use of canticles of sorrow, and covers the crucifixes and pictures in her temples, in sign of mourning.

On Sunday next the ceremony of blessing the Palms will take place immediately after the aspersion. Let each of you be careful to carry with respect and devotion the palm which he wishes to have blessed, to hold it in his hand whilst it is being blessed and during the procession as also during the singing (or reading) of the Passion.

This pious ceremony recalls to the faithful the triumphant entry of Jesus-Christ into Jerusalem, when the people came to meet Him, bearing in their hands palm or olive branches, as a sign of joy and honor. Carry them to your homes as a memorial of the Passion of Our Lord.

Remember, Brethren, that the dispensation from abstinence from flesh-meat, granted to you for certain days of Lent, does not extend to Palm-Sunday or to any day of Holy Week. You should therefore strictly observe the abstinence on next Sunday and on every day of Holy-Week.

We to-day again notify you that all the faithful should confess their sins once a year at least, to their pastor or to some approved priest, and receive communion, in their parish-church, during Easter time according to the canon of the IV Council of Lateran.

(*The pastor seated and head covered shall then read the canon of this council giving the necessary explanations. See above, page* 305.)

*He shall afterwards add the advice given above, page* 300. We exhort you to &c...... *to the end.*

------

## PALM-SUNDAY.

*On Palm-Sunday :* •

We may at length exclaim, My Brethren : " Behold the days of salvation ! " This day is the beginning of the Holy-Week, called by the Church the Great Week, the Sorrowful Week, on account of the great mysteries which the Son of God accomplished at this time, for our redemption. He began it by entering Jerusalem in triumph. He continued it by the institution of the Sacrament of the Blessed Eucharist, in which He gave to His Apostles His body for food, and His blood for drink. He consummated it by suffering most cruel torments and a most ignominious death. He died the death of the Cross, to satisfy the justice of God, His Father, and to deliver Mankind from eternal death and the power of the devil.

Such are the great mysteries which the Church recalls every year to the memory of the faithful by a series of holy ceremonies, calculated to produce in their hearts sentiments of piety, compunction, and gratitude. In order to enter into the spirit of the Church, it is your duty, as far as your health will allow, to increase your penitential works, or at least, to assist with piety and devotion at the offices of the Church during this holy time, particularly on (Wednesday), Thursday, Friday, Saturday and Sunday.

On Holy-Thursday, your hearts should be filled with a true love, and a lively gratitude towards Christ, for having instituted the Eucharistic Sacrifice and Sacrament, in which and by which He might not only always be with us to the end of the world, but might also unite Himself to us, in such a manner that we should abide in Him and He in us.

The Church, in order to fulfil the intention of Christ, has deemed it her duty, during this holy time, to omit nothing in preparing her children to receive this great sacrament worthily. It was with this design that, in ancient times, she publicly absolved sinners, whom she had subjected to penance on Ash-Wednesday, that they might present themselves in a fit state to partake of the most holy and august of mysteries.

If the Church has consented to any relaxation of her former severity, she nevertheless preserves some traces of her ancient discipline. Though she no longer imposes public penances, she still retains, in some places, vestiges of it, by the general absolution which she gives on that day to the faithful, after a general confession has been made in their presence and in their name. This is a public declaration, by which the Church engages her children to confess their sins and to receive, as they are obliged to do during this holy time, the sacraments of Penance and of the Eucharist.

Enter, My Dear Brethren, into the views of the Church. Heartily detest all your sins : resolve to sincerely confess your sins as soon as possible, and humbly beseech the Lord to pardon you them, and to grant you the grace to commit them no more. Let your hearts be filled with such sentiments of humility as were shown by Jesus-Christ on that day, in washing His Apostles' feet, before He instituted this august mystery.

On Good-Friday, be penetrated with a very lively sorrow for the sufferings which Christ, our Savior, deigned to endure for us, by expiring for our sins on a cross, and by shedding for our redemption the last drop of His blood.

On that day, you should assist at the sermon on the Passion, and at the whole Divine service. You should adore Jesus-Christ on the Cross with sentiments of compunction, love and gratitude ; in a word, you should spend the whole of that day in prayer, meditation, and works of charity.

On Good-Friday, during the morning service, a collection shall be taken up in this Church in favor of the sanctuaries of Jerusalem and of the Holy Land. Seize with joy, My Brethren, this occasion to show by the offering of a mite, your love and your gratitude towards Him who has shed all His blood for our redemption.

On Holy-Saturday, honor Our Savior in the tomb. This mystery formerly gave such pious occupation to the faithful. that, disregarding their own comfort, they passed the day and the night in prayer, without food and without rest ; because they remembered that by their Baptism, which may be called the sacrament of the death and burial of Christ, they were buried with Him in the tomb, and with Him they arose therefrom to a new life.

Although the Church no longer retains the custom of administering solemn Baptism to the neophytes on Holy-Saturday, she nevertheless preserves some vestiges of it, by solemnly blessing, on that day, the water used in Baptism. Assist with piety at that holy ceremony, and there renew the promises of your Baptism. New fire is also blessed, signifying the new life which we receive from Christ, whose glorious Resurrection is represented by the ever-burning paschal candle.

Next Sunday will be Easter-Sunday, the first and principal of all Christian feasts and solemnities. and, in an especial manner. as the Royal Prophet says, *the day which the Lord hath made, and on which we ought to be glad and to rejoice* (Ps. CXVII. 24). On that day, Christ, Our Lord. victorious over death, resumed the life which He had laid down for us, and rose body and soul, triumphant and glorious from the tomb. Prepare yourselves, My Brethren, to rise again with Him to resume a new life, and to die no more.

The time of the Easter Communion will finish on Low-Sunday.

---

## EASTER-SUNDAY.

*On Easter-Sunday:*

Jesus-Christ is risen again. My Brethren, and I hope that you are likewise risen with Him. The Church assures us that the Man-God, Who expired on the cross. Who was laid in the tomb, Who was bewailed during three days by holy women, has given evidence of His almighty power by breaking the chains of death, rising by His own might, destroying sin, conquering hell, humbling and confounding the Synagogue, and terrifying the soldiers. He is alive ; He is no longer among the dead. His life is a life of glory ; it will never end, and for us it is a fountain of holiness, and a pledge of our future resurrection. Christ died for us, that we may die to sin : He is also risen, that we may participate in His glorious life.

As Jesus-Christ rose on this day in the flesh, so also you should rise in the spirit ; such is the intention of the Church by the institution of this great solemnity. But what proof can you give of your spiritual resurrection ? What efforts have you made to break the chains of your bad habits, to avoid the occasions of sin, and to give us reason to hope that you will never again relapse ? What change can be observed in your conduct ?—Have your actions been perfect enough, or your virtues sufficiently manifest, to give us reason to hope that your vicious inclinations are not only weakened, but entirely eradicated ?

Deceive not yourselves, My Brethren ; fewer are converted, and rise again spiritually, than you imagine, because few men sincerely change their way of life, and reform their moral conduct.

To be certain of your spiritual resurrection, your Passover must have been a passage ; that is to say, you must have passed from the death of sin to the life of grace, from darkness to light, from vice to virtue, from worldly to heavenly desires. You must have renounced your passions, your sinful desires, and disorderly inclinations : you must have abandoned all that is an occasion of sin, of relapse and of scandal ; in a word, you must have been sincerely converted. If these changes are happily effected in you, My Dear Brethren, be firm and constant in the holy resolutions you have formed on these days, so that sin may no longer hold dominion over you, and that, being dead with Christ, you may live for Him. in Him, and by Him alone, and seek, love and enjoy nothing but what appertains to Heaven. Such should be, at this time, the object of all your prayers, and the fruit of this great solemnity.

The Church continues during the whole week to commemorate the Resurrection of Christ.

The time for the Easter Communion will end next Sunday. We again notify you that you are obliged to confess your sins once a year, and to communicate at Easter, in order to fulfil the commandments of the Church. We exhort all those who have not yet performed this duty, and we enjoin them, on the part of the Church, to comply therewith in the course of this week, with the necessary attention and preparation.

## LOW-SUNDAY.

*On Low-Sunday :* (*)

This is the last day of the Easter term. I inform you, on the part of the Church, that if any one among you has not fulfilled the precept enjoined by the Church on her children, of communicating at Easter, he should make himself worthy of doing so as soon as possible, by a true conversion. Let us pray for such as have not yet accomplished their Easter duty ; and let us beg of God, that those who have performed it, may preserve the grace which they have received, by the holiness of their lives, and the purity of their morals, being at present like "new-born children," having put off the old man with his deeds, and put on the new man, who, according to God, " is created in justice and holiness of truth."

*On Low-Sunday the Parish-priest shall also announce the following feast.*

---

## THE HOLY FAMILY.

On Sunday next, we will celebrate a feast which is peculiar to this Province, that of the Holy Family of Jesus, Mary and Joseph.

On that day, place yourselves and your families under the protection of these powerful patrons. Let fathers and mothers imitate the tender solicitude and vigilant care of Mary and Joseph for the Child Jesus. Let children be subject and obedient to their parents as the Child Jesus was to Mary and Joseph. Let both parents and children

---

(*) *To-day, after the evening Angelus, the bells must be rung during about a quarter of an hour to announce the close of the Easter duty.*

mutually edify each other and fulfil all justice. Beg of God, on that feast, through the intercession of the Holy-Family, that all the families of this parish may be holy, faithful, and united in the bonds of charity and peace, and that all the persons composing those families may please the Lord, by their piety and good morals. (*)

## PATRONAGE OF ST JOSEPH.

*On the second Sunday after Easter, the Priest shall make the following announcement; but when the office of the Patronage of St Joseph is transferred, he shall read it on the Sunday preceding the day to which it has been transferred.*

On Sunday (or N.) next, the Church celebrates the Patronage of Saint Joseph, Spouse of the Blessed Virgin Mary.

This great saint being the first Patron of Canada, and of the Catholic Church, the festival of his Patronage should excite, in a special manner, all our piety. Let us beg of God, on that day, to grant us His grace to imitate the eminent virtues of which St Joseph has set us the example. Like him, let us be humble, chaste, and submissive to the Divine will ; let us live, as he did, in that justice which the Gospel attributes to him, in order that, like him, we may die the death of the just.

Let us imitate his love, and respect, and devotion for the Holy Catholic Church ; let us, if necessary, suffer for the sake of this divine mother to whom we owe the precious gift of faith. He was the happy savior of the Son of God's life, from the cruel hands of Herod ; in our days Jesus-

---

(*) To-day the Parish-priest must publish again the decree of the Fifth Council of Quebec against those who marry in presence of a non-Catholic minister ; see page 289.

Christ is still persecuted in His Church which is His own mystic body ; let us with confidence *go to Joseph*, that he may protect us by his powerful intercession. For it is not in vain that he has been solemnly declared Patron of the Catholic Church.

St Joseph is also the patron of dying Christians, because he himself had the happiness of dying assisted by Jesus and Mary. Let us imitate his virtues and invoke him frequently during our life-time, that we may, at the hour of our death, upon which depends our eternal happiness, have recourse to him with confidence, and experience the admirable effects of his powerful intercession.

---

## SAINT MARK.

*On the Sunday before the 25th of* April, *or on the* Sunday *before the procession :*

On N.......... next, there will be public prayers. A solemn procession will take place, at...... o'clock, and High Mass will be celebrated, to implore the Divine blessing on the fruits of the earth. At the same time, beseech the Lord, in His mercy, to remove from us the chastisement which we have deserved for our sins, and to grant us the grace to avoid committing fresh offences, as well as the grace of persevering in our spiritual resurrection.

(*) After Mass, according to the pious usage of this parish, we will bless the seeds which you have brought with you in coming to hear the Mass of *Rogation*. It is God,

---

(*) *To be read in those parishes only where the custom exists or where it has been ordered by the Bishop. The usage of those parishes is for the farmers to bring to church a small quantity of seeds to be blessed which are afterwards mixed with those which they sow. This benediction is to be found in the ritual for the use of the Province of Quebec, p. 459, edition of 1870.*

saith St Paul, Who blesseth our labor and Who giveth increase to the seed sown in our fields. It is He also **Who** can preserve the harvest from the many dangers to which it is exposed. Let us come with faith and confidence and implore that blessing and protection, for which it will **be** our duty to thank Him later.

---

## THE MONTH OF MARY

*On the last Sunday of April the Parish-priest shall say :*

On N......... next, at...... o'clock, the public devotions of the month of May will begin in this church (*or* in the church of.........).

At all times of the year Mary is indeed the worthy object of our filial love and of our unbounded confidence ; but the piety of the faithful, scattered over the face of the earth has consecrated to her this month in an especial manner. Mother of Jesus our Savior, she possesses the plenitude of life, which she communicates to us because we are the brethren of Jesus. Most powerful Mediatrix between us and her Divine Son, she is the dispenser of the graces which He has merited for us. Cause of our joy she is the Consoler of the afflicted. Help of Christians, she is the Mother of Mercy and the Refuge of Sinners. We therefore find in her the most incontestable titles to our filial piety, our confidence and our gratitude. Let us endeavor, each day of this blessed month, to manifest to her these sentiments by the performance of some special act of piety in her honor : to this let us add a greater vigilance over our hearts, and above all, an ardent desire to emulate and practise those virtues of which she has been such a perfect model. Let us pray for ourselves, for those who are dear to us ; let us also pray for the Holy Church.

The Sovereign Pontiffs have granted 300 days indulgence to those who perform publicly or in private some devotion in honor of the Blessed Virgin. We can moreover gain a plenary indulgence, whatever day we choose, on the ordinary conditions of confession, communion and a prayer according to the intention of the Sovereign Pontiff. All these indulgences are applicable to the souls in purgatory.

---

### ✠ ST PHILIP AND ST JAMES.

*On the Sunday before the feast of St Philip and St James:*

N......... next, is the feast of St Philip and St James, Apostles. On that day, let us beg of God, through the intercession of these holy Apostles, the grace to imitate their virtues, and especially to practise the instructions which St James gives us in his canonical Epistle, attending to what he says : " That the tongue is a fire and a " world of iniquity ; that the religion of those who do not " bridle their tongue, is vain ; that religion pure and un- " spotted before God, consists in visiting the fatherless and " widows in their tribulations, and in keeping one's self " undefiled by this world."

Follow those instructions in your conduct, if you desire to preserve the grace of the Resurrection and the fruits of the great mysteries which we have celebrated. 1st. Bridle your tongue as being the source of an infinite number of sins, by words of anger, impurity, lies, detraction, abuse, &c. 2nd. Perform good works. 3rd. Withdraw from worldly company, and from the corrupt maxims of the age.

N........., 3rd of May, and during the octave, members of the propagation of the faith, can gain a plenary indulgence. Conditions : confession, communion and prayers in the parochial church, according to the intentions of the Sovereign Pontiff.

## ROGATIONS AND ASCENSION.

*On the fifth Sunday after Easter :*

Monday, Tuesday and Wednesday will be the Rogation-days. On these days there will be public prayers and solemn processions, to beseech God to protect the fruits of the earth and grant us all things necessary for time and eternity.

The office will begin at...... o'clock. (*)

You should assist at these offices with piety and attention, and sing or recite with the Church, the Litanies of the Saints.

By virtue of a special indult, you are dispensed from the obligation of observing abstinence during the Rogation-days.

On Thursday, the Church will celebrate the solemn feast of the ASCENSION of Our Lord Jesus-Christ.

On that day, Our Lord Jesus-Christ ascended into heaven, after having, several times, appeared to His Apostles during forty days, to confirm the certainty of His resurrection, to instruct them in the truth of the Gospel, and to preach it over the whole world.

He ascended into heaven: 1st. To be our Advocate and Mediator ; 2nd. To offer for us to God His Father, His sufferings, His prayers and His merits ; 3rd. To prepare a place for us in His heavenly kingdom.

But we shall not partake of the happiness and glory of Jesus-Christ, if we do not participate in His sufferings. It was through sufferings alone that Christ entered into His

---

(*) If this procession is to go to other churches, the Priest shall say : On Monday we shall go to......... : on Tuesday, to......... ; on Wednesday, to.........

glory, and we, on the other hand, can only enter the Kingdom of heaven through tribulation; this is the common lot of Christians, from which no one can plead exemption.

Ascension-day is a day of obligation.

---

## PENTECOST.

*On the Sunday after the Ascension :*

Sunday next will be the great day of Pentecost, on which the Holy-Ghost, the third Person of the Holy-Trinity, descended, in the form of fiery tongues, upon the Apostles and disciples.

It was on that day, that the Church was first established, and that the Apostles, filled with the Holy-Ghost, began openly to preach the Gospel. It is a day consecrated by the Church to the adoration of the Holy-Ghost, and also to the acknowledging of the wonderful effects which He produces in our souls.

Let us, during the week, imitate the Blessed Virgin and the Apostles. Let us prepare ourselves to receive the Holy-Ghost, by retirement from the world, by practising prayer, silence, humility, and good works, by a good and sincere confession, and above all, by a sincere avowal of our need of the Holy-Ghost. Let us acknowledge that, by the aid of His grace, we can do every thing, but that without it, we can do nothing for our salvation. Let us fervently invoke Him to come and dwell in our hearts ; and then let us do our best to follow His holy inspirations, lest we should grieve and drive Him from us.

Saturday, the eve of that feast, will be a fast day. On that day, the Church will solemny perform the ceremony of blessing the water used for Baptism. Assist at that holy ceremony, as well as at the Mass which follows, with piety and devotion, begging of God, that you may be cleansed and purified from sin, in order to receive on the morrow, the Holy-Ghost, Who communicates Himself to none but such as are pure of heart, humble, and detached from the world.

The office, on Saturday, will begin at.... o'clock.

*In the parishes where the Ordinary has selected Pentecost Sunday for the collection for the schools of the Indian children, the Pastor shall add what follows :* (*)

On next Sunday, a collection will be taken up, in this church, in favor of the Indian children of Canada. The object of this alms is to instruct and educate those poor children, that they may not be exposed to perish through want, and that they may become Christians and useful citizens. It is a patriotic, civilizing and Christian work, to which each one of you is invited to contribute, according to his means, in the Name of Our Lord, Who has promised to consider as done to Himself, and to reward the good whatsoever which will have been done to the least of those who believe in Him. By an indult of the 8th April, 1883, Our Holy Father the Pope grants for perpetuity a plenary indulgence, applicable to the souls in purgatory, to all persons who, having been to confession and to communion on the day of this collection, will contribute an alms to that end and pray for the propagation of the Faith and according to the intentions of the Sovereign Pontiff, in the church where the collection will have been made.

---

(*) *If the Ordinary has appointed another day for the collection, this announcement is to be made on the Sunday preceding that appointed day.*

# PENTECOST.

*On Whit-Sunday :*

I hope it may, this day, be said of all the persons who compose this parish, as it was formerly said of the Apostles : " They have been all filled with the Holy-Ghost. "—*Repleti sunt omnes Spiritu Sancto.*

Let your hearts be detached from worldly affections in order that they may receive, and preserve the Holy-Ghost with all His gifts and graces. Discover all your spiritual wants to this Divine Comforter, in order that you may feel the effects of His abode in your souls ; savor the delights of God's service, and experience the sweetness of His law even in the midst of crosses and adversities. Beg of Him with the Church, to grant you His seven-fold gifts : wisdom, understanding, counsel, fortitude, knowledge, godliness and the fear of the Lord.

Above all, beseech Him to grant you the spirit of godliness, that you may love God with your whole heart, and serve Him with zeal ; the spirit of fortitude, that you may resist the devil, the world, and the flesh ; the spirit of the fear of the Lord, that you may live continually in a holy fear of offending and displeasing Him.

Wednesday, Friday and Saturday, will be the fast of the Ember-days, instituted in order to, &c. page 278.

Sunday next is the day consecrated to the BLESSED TRINITY.

Though the Church continually commemorates the mystery of the Blessed-Trinity, and incessantly adores one God in three persons ; nevertheless, she devotes this day in a more particular manner to the Blessed-Trinity, in order that her children may publicly profess their faith in this great mystery.

On Sunday next, My Brethren, we shall make a solemn and public profession of our belief in this mystery and renew the promises which we made, when we were baptized in the Name of the Father, and of the Son, and of the Holy-Ghost. Prepare yourselves, during this week for the renewal of your baptismal promises.

---

## TRINITY SUNDAY.

*On Trinity Sunday :*

On this day, My Brethren, the Church celebrates the mystery of the Most Holy Trinity, one only God, in Three distinct Persons, the Father, Son and Holy-Ghost. This mystery, after having been the object of our adoration during life, will be the eternal object of our contemplation in heaven. The Church, in all her offices, adores the Holy Trinity, and has consecrated every Sunday and every day of the year, to that purpose; but on this day, she celebrates the feast of this holy mystery in a particular manner; and if she does not solemnize it with all the pomp which she usually displays in other feasts, it is because she leaves the great solemnization of it for Heaven. In order to enter into the spirit of the Church, let us subject our reason to all that she believes and teaches, concerning the Blessed Trinity. Let us make a public profession of our faith in this mystery. Let us renew the consecration made of our souls and bodies in Baptism, to one God in three Persons. Let us ratify the promise which we then made, and return thanks to God for having made us Christians and Catholics.

For this purpose, let each of you repeat the act of renewal, which I am going to pronounce in the name of all.

*The clergy and people will kneel down and the Parish-priest, vested with a white stole, and having a lighted taper in his hand, shall say :*

" I thank Thee, O God, for having made me a Christian,
" a Catholic, one of Thy children, a disciple of Jesus-Christ,
" and a member of Thy Church.

" Alas ! my life has not been in conformity with such
" high qualities.  I have often sinned, and I have greatly
" offended Thee.  I beg pardon of Thee, O God, and I now
" promise to love and serve Thee during the remainder of
" my life.

" For this purpose, I now solemnly ratify and renew
" before Thee, the promises which I made at my Baptism.

" I renounce Satan.

" I renounce his pomps, that is to say, the maxims and
vanities of the world.

" I renounce the works of Satan, and all sin.

" I believe in God the Father Almighty, Creator of
" heaven and earth.

" I believe in Jesus-Christ, His only Son, Our Lord, Who
" was born, Who suffered, and Who died for us.

" I believe in the Holy-Ghost, the Holy Catholic Church,
" the Communion of Saints, the remission of sins, the resur-
" rection of the body, and the life everlasting.

" I believe all these articles, O my God, and all other
" articles of faith believed and taught by Thy Church, to
" which Thou hast revealed them.

" I vow, and promise to live and die in the faith and
" bosom of Thy Church.  I pledge myself to the observance
" of Thy commandments.  I love, and will love Thee with
" my whole heart, with my whole soul, with my whole
" mind, and with all my strength.  I love, and will love
" my neighbor as myself, for the love of Thee.

" Grant me thy grace and blessing, O my God, that I
" may be enabled to keep these promises. "

*All being seated, the Priest after having laid aside the stole and taper, shall say :*

On Thursday next, the Church will celebrate, the feast of CORPUS-CHRISTI, that is to say, the feast of the Blessed Sacrament of the Eucharist.

Holy-Thursday is the day on which Our Lord Jesus-Christ instituted the Sacrament of the Eucharist, and gave to His Apostles His body for food, and His blood for drink, under the forms of bread and wine ; and communicated to them the power of changing, as He Himself did, the bread and wine into His body and blood, saying to them : " Do this in remembrance of Me."

Nevertheless, as that day is the eve of the Passion and death of Jesus-Christ, and as the Church, filled with the grief which those sorrowful mysteries excite, could not celebrate the institution of the Eucharist, with the joy which it should produce, she has set apart another day to solemnize the memory thereof with greater pomp, and has consecrated an entire octave, to commemorate it in a particular manner.

The Church celebrates this feast, as the triumph of Christ over impiety and heresy. She considers the presence of Christ in the Eucharist, as the abridgment of His wonders, the master-piece of His power, and the consummation of all His mysteries. It is the sacrifice and the victim of the New Alliance, and the reality prefigured by the shadows of the Old Testament. It is the prodigy of the goodness of God, the sign of His love for mankind, and the symbol of the union and charity which ever should exist amongst all those who have the happiness to partake thereof.

The Church requires her children, during this solemn octave :

1st., To make an open profession of believing and acknowledging Jesus-Christ, to be really and truly present in the Eucharist under the appearances of bread and wine ; and to subject their faith to what she teaches concerning this mystery ;

2nd. To enter the Church in order to pay Him their respect and homage on these days, adoring Him in spirit and in truth ; and to assist at the offices, processions, and exposition of the Blessed Sacrament, with recollection and piety ;

3rd. To receive Jesus-Christ in the Eucharist, with sentiments of ardent love and lively gratitude ; since Our Divine Savior invites them Himself to receive His body and blood, declaring that, if they do not eat His flesh and drink His blood. they shall not have life in them ; and assuring them that His flesh is meat indeed, and that His blood is drink indeed ;

4th. To offer themselves in sacrifice with the Priest at the Holy Mass, hearing it piously and religiously, as adorers and victims with Jesus-Christ.

Thursday is a feast of obligation. (*)

CORPUS CHRISTI.

*On Corpus-Christi* :

To-day. after High Mass, a procession will take place in the church, (and the Blessed Sacrament will remain exposed to your adoration till after evening service).

On Sunday next, if the weather permit, the solemn procession of the Blessed Sacrament will take place after High Mass, which will begin at......

(*) The Parish-priest shall also announce to-day, if necessary, by what streets or roads the procession will have to pass on Sunday next, and where the stations will be. He shall also give such directions as he will think proper, for the decoration of the roads and streets.

Assist at this august ceremony with great devotion and respect ; and not as at a profane show. Let not vanity or curiosity appear in your exterior ; allow nothing to distract your attention during so pious a solemnity. You should, on the contrary, endeavor to make a public reparation to Jesus-Christ, for all the sins committed against Him, by sacrilegious communions, by immodesty in the church, and by irreverence at the Holy Mass.

Beg of Christ to sanctify every place through which He passes, and to bless the inhabitants thereof, that His grace may abide in all those who have the happiness to accompany Him in the procession.

During the procession, let your minds be employed in meditating on Our Lord Jesus-Christ, on His love, and on all He has undergone for your sake.

Let the places where the Blessed Sacrament reposes, bring to your recollection the different stations at which Our Divine Savior stopped during His Passion. Above all, recollect the manger of Bethlehem, where He began the great work of our salvation, and Mount Calvary, where He consummated it. There it was that He gave the most striking proofs of His love for you.

In order to express your gratitude to Him, accompany Him during the procession with sentiments of tenderness and love, walking in respectful silence, and with piety and modesty.

During the octave of *Corpus-Christi*, the Blessed Sacrament will be daily exposed in this church, at the Mass which will be celebrated at......... o'clock. And there will be Benediction every evening at...... o'clock. Assist, My Brethren, at these pious exercises, as far as your occupation will permit.

## SUNDAY WITHIN THE OCTAVE OF CORPUS-CHRISTI.

*Should the weather allow the procession to take place :*

The solemn procession of the Blessed Sacrament will take place after High Mass.

It is not sufficient, My Brethren, to accompany the Blessed Sacrament in this august ceremony, during the whole time that it lasts ; you should also have present to your minds the great mystery which it purposes to honor. On this day, Jesus-Christ triumphs in the Sacrament of the Altar, and, on this day, you also ought to make a public profession of your belief in the truth of His real presence in the Eucharist, and pay Him your most profound adorations.

On Friday next the Church celebrates the feast of the SACRED HEART OF JESUS ; let us on that day endeavor to express the love which we owe to Our Divine Savior, for the love with which His heart burnes for us.

On Sunday next, after Mass, a solemn procession will be made, after which will be renewed our consecration to the Sacred Heart of Jesus. A plenary indulgence is granted in favor of those who, having confessed, shall receive holy communion on that day. Let us prepare ourselves, during this week, by frequent acts of charity, to become more and more intimately united with this Divine Heart.

As the Heart of Jesus has been the abode and the symbol of His love for men, it is proper and supremely just that it should receive a special worship. Accordingly has it been, in all ages, the object of the love, of the adoration and of the confidence of the disciples of Jesus-Christ. It is the focus and symbol of that tender, compassionate and generous love which has performed such great things in our behalf, *for scarce for a just man will one die...... but the love of God for us has broken forth by the death of Jesus-Christ, Who hath justified us by His blood, when we were His enemies.* (Rom. V. 7.) In that Divine heart has been formed the design of our salvation ; that heart is the tabernacle of the New Alliance which has reconciled the earth to heaven ; it is the *altar of incense and of holocaust,* where the Eternal Pontiff has offered, and continues to offer, *for a savor of sweetness,* the sacrifice of His death ; and on which burns the fire of a *charity which shall never be quenched ;* it *is the table of gold,* on which Jesus-Christ has prepared the Divine food of His body to feed our souls ; it is that *Savior's fountain,* from which we are invited *to come and draw with joy the blessings of salvation.* (Isaias, XII. 3.)

Accordingly, the servant of God, the venerable Margaret Mary, speaking of the devotion to the Sacred Heart of Jesus, said these words which we repeat to you with confidence :
" I know not of any devotion more fitted to raise up a soul
" in a short time, to the highest sanctity, and to fill it with
" the true sweetness attached to the service of God : Yes,
" I confidently assert that if it were known how pleasing
" to Jesus-Christ is this devotion, not a Christian but would
" hasten to practise it. Persons consecrated to God find
" therein an infallible means to preserve, to increase their
" fervor, and to recover it, when they have unhappily lost
" it. Persons of the world find therein all the assistance
" they need in their station in life, peace in their families,
" relief in their labors, and the blessings of Heaven in all
" their undertakings. Ah ! how easily he dies who has
" been constantly devout to the Heart of his Supreme
" Judge ! "

## SOLEMNITY OF THE SACRED HEART OF JESUS.

*On the Sunday after the Octave of Corpus-Christi :*

In order to comply with the prescription of the Fathers of the Fifth Council of Quebec, we will, on to-day, renew the public and solemn consecration of this parish to the Sacred Heart of Jesus. After Mass, will take place a procession of the Blessed Sacrament, which will be followed by this consecration. Join, with heart and soul in the formula which will be pronounced in the name of all the parishioners.

In virtue of an indult of July 25th, 1877, a plenary indulgence is granted to those who, having been to confession and to communion, shall, to-day or during the octave, in church or elsewhere, recite or listen to the formula of consecration to the Sacred Heart of Jesus which we are about to read. (*)

(*The Priest who will read the following formula, shall bear the stole, and shall hold a lighted taper in his hand. Where, beside the officiating Priest, there is another Priest, the latter ascends the pulpit to read the formula, the officiating Priest meanwhile remaining at the foot of the altar.*)

### CONSECRATION TO THE SACRED HEART OF JESUS.

O Sacred and most loving Heart of Jesus ! Draw us to Thee, that we may love Thee with our whole hearts, with our whole souls and with all our strength. By Thee may we have access *to the throne of grace, that we may obtain mercy*

---

(*) This procession and consecration takes place always on the Sunday that follows the octave of Corpus-Christi, even when there is a feast that prevents the singing of the Mass and Vespers of the solemnity of the Sacred Heart.

During this procession a hymn or two of the office of the Sacred Heart are sung.

*and find grace in seasonable aid* (Hebr. IV. 16.). Thou hast loved us with an eternal love ; an immense charity urged Thee in the Manger, during Thy life, at the Last Supper and upon the Cross ; now that Thou hast returned to Thy Father, Thou livest to intercede for all those whom Thou hast redeemed with Thy precious blood. Have mercy on us : consider not our sins, but the faith of Thy Church, and vouchsafe, according to Thy Will, to maintain her in peace and unity. We beseech Thee not to abandon us in our difficulties and troubles ; have mercy on our Pontiff, N..., Thy servant : save him, give him life, make him happy upon earth and deliver him not to the power of his enemies. We devote and consecrate ourselves to Thee for ever, with all those who depend on us, that Thou mayest be our Salvation, our Life and our Resurrection ; that by Thee the just may increase in justice and persevere even to the end ; that sinners may be converted ; that tepid souls may burn with love for Thee ; that every evil may disappear, and that every blessing may be granted to us. May our faith be lively, our hope firm, our charity perfect, that, at the end of our lives, we may receive, with Thy saints, a crown of unfading glory ! Amen !

(*The " Tantum ergo, &c." and " Panem de cœlo, &c." are followed by the prayer of the Blessed Sacrament, after which come the prayer of the Sacred Heart and then the ordinary prayers.*)

---

## ST JOHN THE BAPTIST.

*On the Sunday before the solemnity or the feast of St John the Baptist :*

Sunday next, we will celebrate the solemnity (*or* the feast) of the birth of Saint John the Baptist.

22

The day of the death of other saints is celebrated by the Church, as being that of their heavenly birth ; but she celebrates the birth of St John the Baptist, because he was sanctified from his mother's womb. He was the new Elias, the Precursor of Jesus-Christ, a martyr, a prophet, and more than a prophet.

According to the testimony of Christ, Saint John was the greatest of the sons of men. Every thing relating to him is great and wonderful ; his conception, his birth, his humility, his penitent life, his boldness in speaking the truth and proclaiming the greatness of Jesus-Christ, the praises which he received from the Son of God, his imprisonment, and his death.

It is our duty to imitate his mortified and penitent life, and, like him, to confess the faith of Jesus-Christ, even at the peril of our life, and to bear witness of Him and his Gospel upon all occasions, remembering that Jesus-Christ will be ashamed before His Father of those who shall have been ashamed of Him, and of the precepts of the Gospel.

Beg of God to grant you the spirit of St John. Prepare ways worthy of Jesus-Christ, that you may be able to walk, during the whole of your life, in justice and in holiness.

------

## ST PETER AND ST PAUL.

(*) *On the Sunday before the 29th of June :*

N...... next, the Church will celebrate the festival of St Peter and St Paul.—It is a holy-day of obligation.

------

(*) When this feast falls on Monday, the fast of the Vigil must be announced for the preceding Saturday.

The Fifth Council of Quebec, D. XIV, commands Parish-priests to preach against perjury *bis saltem in anno.* Several bishops have ordered this to be done in July and December.

St Peter was the Chief of the Apostles, and the Head of the whole Church ; St Paul was the Apostle of the Gentiles.

Let us beg of God, by their intercession, to strengthen us in the faith of the Holy Catholic Church, which was founded by Jesus-Christ, its Divine Author, upon the immoveable basis of Truth. as we may learn from these words which He addressed to St Peter, saying : " Thou art Peter, and upon this rock I will build my Church, and the gates of hell shall not prevail against it. "

Let us also beg of God that we may be subject to our Holy Father the Pope, the successor of St Peter, and the heir of his supremacy over the pastors and children of the Church ; and that we may ever offer due obedience and respect to our Archbishop (or Bishop), and to all Pastors having the care of souls.

St Peter is the model of a sincere penitent ; during the remainder of his life, he bewailed the sin he had committed in denying his Divine Master. St Paul, by his constant zeal and his ardent charity, shows us how we are to love God and our neighbor.

By their example, learn likewise to make your faith fruitful by good works, and to suffer with constancy, for Jesus-Christ, all that you may have to endure from the world.

You should read their Epistles, which are precious relics, containing remedies for all our spiritual diseases ; and constantly practise the salutary instructions, which are bequeathed to us in these inspired writings.

Let us offer our prayers to God for our holy Father the Pope, and for all who govern the Church, that He may give them a spirit of wisdom, of prudence, and of strength to conduct us in the way of Heaven, and grace to enable them to obtain eternal happiness.

(N......... being the eve of this feast, will be a fast of obligation.)

---

## (*) THE DEDICATION.

*On the first Sunday in July :*

On Sunday next, will be celebrated the feast of the Dedication of the Metropolitan (*or* Cathedral) church, and of all other churches of this diocese.

By a signal favor, God has chosen this temple, that He may take up His abode in the midst of you, behold your wants, and listen to your prayers. Come then to this holy place, to pay Him your respectful adorations, and to hear His holy Word with attention. Never profane it by irreverence, by disrespectful demeanor, by inattentive or curious looks. Beware lest His anger fall upon you, for your frequent profanation of His holy house, and beg pardon of Him for all the faults that you have committed before His Altars.

Beg pardon of Him, at the same time, for having profaned by sin, the spiritual temple which He has built in you by His grace. Remember that *you are the temples of the living God*, Who has chosen your souls and bodies to establish His abode therein. Return Him thanks for the consecration of your persons by Baptism, and resolve to respect and treat your bodies *as the temples of the Holy-Ghost*, and to do nothing that may profane them ; for if any man *violate the temple of God, him shall God destroy*.

---

(*) In some dioceses the dedication is celebrated at another time of the year. See the Calendar of your diocese.

✠ ST JAMES THE GREAT. (25th July.)

*On the Sunday before the feast of St James the Great, Apostle :*

On N...... next, we will celebrate the feast of St James, Apostle.

Let us beg of God the grace to preserve in ourselves the faith which was preached to us by the holy Apostles, and to live according to its light. But, let us take care not to extinguish that light in ourselves, by a conduct opposed to the holy rules which the Apostles have traced for us in their preaching and examples. Let us remember that faith will be dead in us, if our actions are not conformable to it, and if we do not live according to its maxims. Let us participate in the sufferings of Jesus-Christ, and like St James, let us drink of his Chalice, if we desire to enjoy a portion of the glory of that Apostle, in the Kingdom of God.

---

✠ ST ANN. (26th July.)

*On the Sunday before the feast or solemnity of St Ann :*

N......... next, we will celebrate the feast (*or* the solemnity) of St Ann, the Mother of the Blessed Virgin Mary, and Patroness of the whole Province of Quebec.

Let us honor this great Saint who has given life to Mary, a Mother to Christ, a Queen to the Angels, a Protectress to the just, a Refuge to sinners, a Comforter to the afflicted, and to all mankind a Mother full of mercy. She causes repentance to be granted to sinners, perseverance to the just, health to the infirm, liberty to prisoners, and to all, the grace and mercy of God. Let us then have recourse with confidence to her intercession and be assured that by so doing, we make ourselves most agreeable to Jesus and Mary.

Since the establishment of this country, our ancestors have always distinguished themselves by their devotion to Saint Ann, as is proven by the many altars and sanctuaries dedicated under her name, by the ever increasing flow of pilgrims who go to invoke that great Saint and by the wonderful graces which God grants through her intercession. Let us faithfully continue those pious traditions and by our attachment to the faith of our fathers, let us ever render ourselves worthy of her protection.

Let us beg of this great Saint to obtain for us the grace we stand in need of, to enable us to live holily in our state, and faithfully to fulfil all our duties.

Parents should beg the grace to bring up their children well and to give them a pious and Christian education ; and especially, to excite them to virtue, and instruct them in the practice of it by their good example, and by the regularity of their conduct.

---

## ✠ ST LAWRENCE. (10th August.)

*On the Sunday before the feast of St Lawrence :*

N......... next, is the feast of St Lawrence, Deacon and Martyr.

This Saint was full of love for God and of charity for the poor. His ardent love for God made him despise the most cruel torments of his executioners ; and his charity induced him to strip himself of all his wealth in behalf of the poor, to whom he gave all he possessed.

Let us, after the example of this great Saint, testify our
love for God, by suffering for Him whatever the world in-
flicts upon us, and let us liberally distribute to the poor
our riches, the administration of which, God has confided
to us during our life.

---

## THE ASSUMPTION. (15th August.)

*On the Sunday before the feast or the solemnity of the Assump-
tion of the Blessed Virgin Mary :*

On Sunday next, we will celebrate the feast (*or* the solemnity) of the Assumption of the Blessed Virgin Mary,
and of her coronation in heaven. It is the most solemn of
all the feasts in honor of the Mother of God, and the only
one on the eve of which we are obliged to fast. Although
the Blessed Virgin underwent the sentence of death pronounced against all men, and from which Jesus-Christ, her
son, did not exempt Himself ; and although her soul was
separated from her body ; nevertheless her body did not
suffer the corruption of death. Her tomb was glorious, and
death could not retain in its bonds the Mother of Him Who
is the Resurrection and the Life ; she very soon rose to a new
life. Having been distinguished, during her life by the double privilege of the Divine maternity, and of the most inviol-
ate virginity, after her death she was taken up into heaven,
where she is raised to a degree of glory, the highest and
the most conformable to so eminent a dignity. Such is
the greatness and the elevation with which Jesus-Christ,
on this most solemn day, honors His Blessed Mother, who
is also our mother. On this festival, let us renew all our
sentiments of piety, and of confidence in her ; and let us
beg of her to be our protectress, and to obtain for us the
grace of a holy life, and of a death precious in the sight of
the Lord.

(*) Next Saturday (or Friday) being the eve of this feast (or solemnity), will be a fast of obligation.

On the day of the solemnity the members of the Propagation of the Faith may gain a plenary indulgence. Conditions : confession, communion and a prayer in the parochial church, according to the intentions of the Sovereign Pontiff.

---

## ✠ ST BARTHOLOMEW. (24th August.)

*On the Sunday before the feast of Saint Bartholomew, Apostle :*

On N......... next, the Church will celebrate the feast of St Bartholomew, Apostle.

Beseech God, on that day, to enable you by His grace to have a share in the glory of the saints. But remember that you will never partake thereof, unless your life be conformable to that of the saints, by penance, mortification, and suffering. This is the only way that leads to Heaven. We all must necessarily bear the Cross of Christ.

---

## ✠ SAINT LOUIS. (25th August.) (†)

*On the Sunday before the feast of Saint Louis :*

N......... next, we will celebrate the feast of St Louis, King of France, (and the second Titulary of the Metropolitan church).

---

(*) According to an indult, dated 11th July, 1887, when the solemnity of the Assumption is to be celebrated on the 16th August, the fast of obligation must be observed on the 14th, in order that it may not be observed on the day of the feast.

(†) This is to be announced in the Archdiocese of Quebec only.

Let us address this great Saint as a powerful protector, and above all, let us endeavor to imitate the virtues which he practised, even amidst the delights of a court. Like him, fear sin above all things, renouncing impiety and voluptuousness, imitating his sobriety and justice, his charity to the poor, and his perfect submission to the Will of God, in the midst of trials and adversities.

---

## NATIVITY OF THE BLESSED VIRGIN MARY.
### (8th September.)

*On the Sunday before the solemnity or the feast of the Nativity of the Blessed Virgin Mary :*

We will celebrate, on Sunday next, the solemnity (*or* the feast) of the Nativity of the Blessed Virgin Mary.

The Church celebrates only the Nativity of Jesus-Christ, that of the Blessed Virgin Mary, and that of St John the Baptist.

The birth of the Saints, is their entrance into Heaven. The birth of the Blessed Virgin Mary in this world was eminently holy. The Mother of God was conceived without sin, and born full of grace.

Let us beg of her to obtain for us the grace of preserving the holiness of our regeneration or spiritual birth in Jesus-Christ.

---

## EMBER-DAYS.

*On the Sunday before the Ember-days of September :*

Wednesday, Friday and Saturday, will be the fast of the Ember-days, &c., page 278.

# ✠ ST MATTHEW.

*On the Sunday before the feast of St Matthew :*

N......... next, we will celebrate the feast of St Matthew, Apostle and Evangelist. *Apostle* signifies *sent*, that is to say, sent by Jesus-Christ, to preach the Gospel ; *Evangelist* signifies a writer of the Gospel. This Saint was the first of the sacred writers who, by the inspiration of the Holy-Ghost. wrote about the life and doctrine of Jesus-Christ.

Let us profit by what St Matthew wrote in his gospel ; let us often read and meditate it. and practise what it contains.

This Saint was sanctified by leaving his employment ; we are obliged to quit every thing to follow Jesus-Christ. He who does not sincerely renounce what he possesses, is not worthy of Him.

There are some employments which cannot be followed without sin. We must leave them, and every thing that induces to sin, even our parents, if necessary. " If thy " eye, thy foot, or thy hand scandalize thee, says Jesus-" Christ. pluck it out, cut it off, and cast it from thee. " (*Matth.* XVIII. 8.)

## ST MICHAEL.

(*) *On the Sunday before the solemnity or the feast of St Michael, the Archangel :*

On Sunday next, we will celebrate the solemnity (*or* the feast) of St Michael, the Archangel, and of the other holy Angels.

Let us thank God for having given us those blessed Spirits to lead and protect us in all our ways. Let us beseech Him to grant us His grace to follow their inspirations, respect their presence, and imitate their purity as also their promptitude in accomplishing the Will of God in all things. Let us, after their example, be ever attentive to His holy Presence.

---

## THE HOLY ROSARY.

*On the last Sunday in September :*

On Sunday next, the Church will celebrate the solemnity of the Holy Rosary.

Conformably to the practice authorized by the Church, let us make it our duty frequently to repeat the Salutation addressed by the Angel to that Virgin, " Blessed amongst all women ", whom the Lord always honored with His presence and His grace, and through whom we have received Jesus, the Author and Fountainhead of every grace and blessing. Let us openly acknowledge, in Mary, her sublime dignity of Mother of God ; and as such, let us beg of

---

(*) According to an indult (6 December 1885), when the feast of St Michael does not concur with a Sunday the solemnity takes place on the 31st September if it be a Sunday ; otherwise it takes place on the second Sunday in October.

her to obtain from Him, during life, a part of that fulness of grace which she received ; and, at the hour of death, the eternal felicity which she enjoys in Heaven.

In conformance to the Apostolic decree of August 20th, 1885, during the whole month of October, and on the 1st day of November, we will recite every day, in this church, the beads and the litany of the Blessed Virgin, during (*or* after) the......... o'clock mass (*or else* at......... o'clock in the afternoon, accompanied by the Benediction of the Blessed Sacrament). (*)

Besides the indulgences already granted to the saying of the beads and of the litany, the Sovereign Pontiff grants an indulgence of seven years and seven quarantines to the faithful who come to these pious exercises and pray according to his intentions.

Those, who, for legitimate causes, cannot be present, may gain the same indulgences by privately reciting the same prayers according to the same intentions

A plenary indulgence is granted to the faithful who will have been present at least ten times at these public exercises, or who prevented by legitimate reasons, will privately recite the prayers, on the ordinary conditions of confession and communion.

We read in the Acts of the Apostles (XII, 5.) that, Saint Peter having been imprisoned by Herod, " prayer was made without ceasing by the Church to God for him, " and that this prayer was heard. To-day, the Successor of Peter is imprisoned and the Church is persecuted ; our duty is to pray to obtain an end to these evils. At the invitation of the Vicar of Jesus-Christ, let us join in a common invocation, at the feet of the Mother of God, whose inter-

---

(*) The rubric of this Benediction of the Blessed Sacrament, which should take place in the afternoon only, is regulated by the Ordinary of each diocese.

cession is allpowerful. But in order to be heard, let us purify our hearts of all attachment to sin, let us always testify to God our respect, our obedience and our love. (*)

<hr>

## PRAYER TO SAINT JOSEPH

WHICH THE SOVEREIGN PONTIFF COMMANDS TO BE RECITED AFTER THE
ROSARY, DURING THE MONTH OF OCTOBER, AND TO WHICH
HE HAS ATTACHED AN INDULGENCE OF SEVEN YEARS
AND SEVEN QUARANTINES. (†)

We have recourse to thee in our tribulations, O Saint Joseph, and having implored the help of thy most holy Spouse, with confidence do we solicit thy patronage.

We ardently beseech thee. through that sacred bond of charity which unites thee to the Immaculate Virgin Mother of God, and through thy paternal love for the Infant Jesus, propitiously to cast thine eyes on the inheritance which Jesus-Christ redeemed at the price of His blood, and to provide for our wants by thy powerful aid.

Protect, O Provident Guardian of the Holy Family, the chosen people of Jesus-Christ. O most loving Father, keep us free from the contagion of error and vice. O powerful helper, from on high, bounteously sustain us in our warfare against the powers of darkness, and as of old thou didst save the menaced life of the Infant Jesus, likewise defend to-day the Holy Church of God against the snares of her enemies and against all evil. Shield us every one by thy

<hr>

(*) The Sovereign Pontiff has expressed the desire that the beads be said publicly every Sunday and Feast of obligation.

(†) 21st september, 1889, the Sovereign Pontiff granted for ever another indulgence of *three hundred days*, to be gained once a day at any time of the year, to all persons who will recite it.

constant patronage that with thy assistance, we may, after thy example, live virtuously so as to die in the love of God and obtain in heaven a happy eternity.   Amen.

---

## ✠ ST SIMON AND ST JUDE.

*On the Sunday before the feast of St Simon and St Jude :*

On N......... next, the Church celebrates the feast of the Apostles St Simon and St Jude.

In the celebration of this feast, the Church intends to recall to our remembrance what the holy Apostles and their successors undertook to impart to us, namely : the knowledge of the True God and of the Gospel. Let us pray that their labors may not be fruitless for us, and that, after having been enlightened with the precious gift of faith, we may walk according to its light alone, and not according to the false and odious maxims of a corrupt world, remembering that Jesus-Christ has not called Himself the *custom*, but the *truth*. (*)

---

## ALL-SAINTS' DAY.

*On the Sunday before the first of November :*

On N......... next, the Church celebrates the feast of All-Saints, which is a feast of obligation, and one of the most solemn in the year.

The Church celebrates it :

1st. To honor all the Saints on the same day, and to make reparation for the faults committed on the festival days of the Saints ;

---

(*) When All-Saints' day falls on a Monday, the fast of the Vigil must be announced for the preceding Saturday.

2nd. To teach us. that we also are all called to be saints, and that our sanctification depends on our correspondence to grace.

On that day, you should contemplate the glory which the Blessed enjoy in Heaven, and say : " The same glory " is prepared for me ; but on condition that I live, like " them, in holiness, in justice, and in the practice of " penance : for, nothing defiled shall enter the heavenly " Jerusalem." We cannot be glorified with the Saints, unless we lead the life of the Saints.

Let us beg the Saints to be our intercessors and protectors with God.

During this octave, let us meditate on the Eight Beatitudes, as the ways that lead to the Kingdom of Heaven.

1st. Blessed are the poor in spirit, for theirs is the Kingdom of Heaven.

2nd. Blessed are the meek, for they shall possess the land.

3rd. Blessed are they that mourn, for they shall be comforted.

4th. Blessed are they that hunger and thirst after righteousness, for they shall be filled.

5th. Blessed are the merciful, for they shall obtain mercy.

6th. Blessed are the clean of heart, for they shall see God.

7th. Blessed are the peace-makers, for they shall be called the children of God.

8th. Blessed are they that suffer persecution for justice' sake, for theirs is the kingdom of Heaven.

(N......... next, being the eve of All-Saints', is a fast of obligation.)

On the day after All-Saints', the Church will make the Commemoration of the dead...... &c. *See the following formula.*

*Should All-Saints' day fall on a Saturday or on a Sunday, the Commemoration of the dead shall take place on the following Monday ; and the said Commemoration is to be announced on the Sunday immediately preceding that Monday.*

*If a plenary indulgence has been granted to this parish for All-Saints' day, All-Souls' day and the Sunday during the octave, the Priest shall say :*

On All-Saints' day, on All-Souls' day and on the Sunday during the octave, a plenary indulgence applicable to the souls of Purgatory, is granted in favor of such as having confessed and received communion, shall visit this church and pray therein, according to the intentions of the Sovereign Pontiff.

---

### ALL-SOULS' DAY.

On N......... next (*or* to-morrow *if the Notice is to be read on the eve*), the Church will make the Commemoration of the dead, who, though having departed this life in a state of grace, have not made full atonement to the justice of God. That is to say, she will offer up prayers for all the faithful departed.

On that day, remember to offer for them prayers, almsdeeds, and especially the holy Sacrifice of the Mass.

The souls of your friends and relatives cry to you from their abode of suffering : "*Have pity on me, have pity on me, at least you my friends !* " (Job. XIX. 21.) Be you then, Brethren, mindful of their situation, that you may be moved to procure for them the assistance they must expect from your affection and your piety. You should, on this day, enter the burying-ground, and there seriously reflect on the shortness of life, the certainty of death, and the vanity of all worldly things. The bones of the dead around you will excite you to think of the day when you too must sink into the grave, and inspire you with the resolution of preparing for your last hour by mortification, penance and good works.

---

## ✠ ST ANDREW.

*On the Sunday before the feast of St Andrew, Apostle :*

N......... next, the Church will celebrate the feast of St Andrew, Apostle.

This Saint was a true disciple of Jesus-Christ, and he perfectly imitated Him during his life. by his conduct, and at his death, by the kind of torment he endured.

The words which he is said to have spoken, when he saw the cross prepared for him, should be in the mouth of all Christians, when they are labouring under any grief or affliction. If they are filled with the spirit of Christianity, they will say with Saint Andrew : *O good Cross ! O Cross which I have so long desired ! O Cross which I have always loved ! At last I have found thee !*

Such ought to be our sentiments in the contradictions and adversities which we meet with. For Jesus-Christ, in the Gospel, declares that we cannot be His disciples unless we glory in *bearing our cross after Him.* (Luke, XIV, 27.)

---

OBLIGATION AND MANNER OF MAKING THE ANNUAL VISITATION

OF THE PARISH.

See page 129.
23

*Which Parish-priests and Missionaries are obliged to make to their Bishop, by the XVth decree of the First Council of Quebec.*

See page 132.

# EPISCOPAL VISITATION.

## NOTANDA.

As soon as the Parish-priest will have received the pastoral letter which announces the Episcopal visitation, he shall publish it and invite his parishioners to prepare themselves.

In due time he shall be careful to prepare such persons as are to receive Confirmation.

He shall take care that all the wardens, who have finished their term. have rendered their accounts.

The church, the sacristy and the environs must be cleansed. In the cemetery the hay must be cut down.

On the eve, on the day of the arrival, and during the visitation, the Angelus shall be rung as on solemn feasts.

On the preceding Sunday the Parish-priest shall announce the probable hour of the bishop's arrival, and give such advice as he will deem necessary. (He shall also mention what has been specially ordered or forbidden in the diocese on this occasion.)

The altars must be ornamented as for the most solemn feasts.

In the sacristy or elsewhere, the ornaments, linens, books, sacred vases, monstrance... &c., shall be arranged on, so that the Bishop may easily inspect and count them : also the relics with the testimonials of their authenticity ; the holy oils, the baptistery. All these things can be left in their cupboards or drawers, if they can be easily examined therein.

### DOCUMENTS WHICH ARE TO BE PRESENTED TO THE BISHOP AT HIS ARRIVAL.

1° The report of the current year, according to the formula already given, page 132, unless the Bishop has prescribed another.

2° The list of linens, ornaments and sacred vases.

3° The book in which are inscribed the names of those who have been confirmed at the preceding visitations.

4° The day book of receipts and expenses, the receipts, the accounts... &c. The tariff of the parish. The pew-book. The book of perquisites.

5° The annual accounts of church-wardens, and those of syndics or proxies, if there are any. All these accounts are to have been settled up to the first January of the current year.

6° The deliberations of the wardens, and syndics or proxies, if there are any.

7° The two registers of baptisms... &c. of the current year, and those of the preceding years, since the last visitation, with their indexes.

8° The titles of the parochial properties, with a list of the documents concerning the fabric.

9° The pastorals and circulars, the special ordinances, episcopal letters concerning the parish, provincial councils, synodal statutes... &c.

10° The census of the parish made at the last visitation of the Parish-priest.

11° The accounts and registers of the different confraternities.

12° The book in which are recorded the intentions of masses.

13° The book of *prones.*

14° The dispensations of banns and impediments, since the last visitation.

15° The Civil documents, statutes, official gazette......

16° The trunks in which are kept the documents and the money of the fabric.

### VARIOUS THINGS TO BE PREPARED.

On the day of the visitation, a *prie-Dieu*, with a cloth and cushion, is to be placed in the Sanctuary, opposite the high altar ; upon the altar, a missal opened at the page where on is to be found the prayer to the Patron of the church ; a burse with a corporal, and a white stole for the Priest who is to draw the Blessed Sacrament from the tabernacle.

There shall also be, on the Gospel side, a throne or at least an arm-chair with a canopy for the Bishop, and seats for the accompanying clergy.

In the sacristy shall be prepared the censer with incense-boot, the holy water-font with the aspersory, the processional cross and the candlesticks for the acolytes. The amict, alb and white cope for the Bishop's use, and a few surplices for his assistants, shall be in readiness at the *presbytère*, at the entrance of which there shall be a carpet and a cushion. Should it be the Bishop's first visitation, a canopy shall be prepared, to be carried by the church-wardens.

# ORDER OF THE VISITATION.

At the first notice of the Bishop's arrival, the bells shall be rung until his arrival at the *presbytère*.

While the Bishop is putting on his pontifical vestments, the Parish-priest, vested with a surplice and a white cope, without a stole, holding a crucifix in his hands, and preceded by all the clergy, shall proceed to the door of the *presbytère* in the following order.

The thurifer, carrying the censer and the *navicula*, walks in front, having at his left a clerk bearing the holy water font with the aspersory in it. Another clerk, carrying the processional cross, follows between two acolytes with lighted tapers ; then all the clergy, two by two, those of the lowest rank first, and the Parish-priest (followed by the church-wardens who carry the canopy, if it be the first visitation made by the diocesan Bishop).

When the clergy have arrived at some distance from the *presbytère*, the clerk who carries the holy water font, the thurifer, the cross-bearer and the acolytes stop and retire to the right side. All the others station themselves in two straight lines, so that the highest in dignity may be placed nearest the door of the *presbytère*. (They who carry the canopy advance to the place where the carpet and the cushion have been prepared for the Bishop.)

The Prelate having left the *presbytère*, and having knelt down on the cushion, the Parish-priest, standing erect, presents the crucifix to him, without previously bowing, through respect for the crucifix which he holds in his hands. The Bishop kisses the crucifix and rises. The Parish-priest having handed the crucifix to one of the assistants, bows profoundly (*) to the Prelate, and after the clergy have all saluted the Prelate by a genuflection, and the people have received the Benediction on their knees, the procession proceeds to the church in the same order in which it left. The Prelate walks (under the canopy), im-mediately (†) preceded by the Parish-priest and followed by the clerks who carry the book, the candlestick, the mitre and the crosier, having at his sides, a little behind, his two assistants in surplices.

At the departure of the procession, the choristers shall sing the following anthem, as noted in the Processional or Gradual : Ant. *Sacerdos et Pontifex*......... or the following response : *Ecce sacerdos magnus, &c.*

If the road is long, they may add the hymn *Veni Creator, &c.*, or other hymns. If it be the first visitation made by the diocesan Bishop. the *Te Deum* is sung after the *anthem* or *response*.

Whilst the procession is on its way, all the tapers on the high altar are lit. On its arrival at the church door, the thurifer and the clerk who carries the holy water font stop inside ; the cross bearer and the acolytes proceed until the Bishop's master of ceremonies, gives the signal to stop. The rest of the clergy stop also, and turn towards the Bishop, continuing the singing of the response, or the hymn which may have been added to it.

The Prelate having entered the church, the Parish-priest approaches him, between the two clerks who carry the censer and the holy water font ; and having received the aspersory, he profoundly bows (or kneels) before the Bishop,

---

(*) The Parish-priest bows profoundly, if he wears a cope, or if he is a vicar-general of the diocese, or a canon of the diocese. Otherwise he must make a genuflection.

(†) If the visitor be an archbishop in his own diocese or province, the Parish-priest walks before the Archiepiscopal cross, which is carried immediately before the Arch-bishop, by a clerk in surplice.

kisses the handle of the aspersory, and presents it to him,
kissing his hand or his ring. The Bishop receives the aspersory, takes holy water, and sprinkles the Parish-priest,
the clergy and the people. He then returns the aspersory
to the Parish-priest, who makes again a profound inclination (or a genuflection), kisses his hand and the handle of
the aspersory which he returns to the clerk who carries
the holy water font. Then the Parish-priest, having received the *navicula* from the thurifer, makes a profound
inclination (or a genuflection) to the Prelate, and with the
same ceremonies, presents to him the spoon for the benediction of the incense, saying, with a small inclination :
*Benedicite, pater reverendissime.* Then the thurifer kneels
down with the master of ceremonies, and presents the
censer open to the Bishop, who puts incense into it and
blesses it. The Parish-priest incenses the Prelate thrice,
making a profound bow (or a genuflection) before and after
the incensing. The thurifer and the clerk who carries
the holy water font, go and take their former place in front
of the procession, which again proceeds towards the high
altar.

The procession having arrived in the sanctuary, the thurifer and the clerk who bears the holy water font carry the
censer and the holy water font into the sacristy. The clerk
who carries the cross lays it down near the altar on the
Epistle side, to take it again at the time appointed, and the
acolytes put their candlesticks on the credence, and station
themselves near it with the cross-bearer. The clergy place
themselves on each side of the sanctuary, continuing to sing
the above mentioned anthem, or hymn, or *Te Deum*, should
it not be concluded. The Bishop having arrived at the
foot of the altar, leaves the mitre and the crosier, kneels
down on a *prie-Dieu*, which must have been there prepared, and makes his prayer ; having near him his two
assistants, and behind him, on the same line, the master

of ceremonies, the clerks who carry the book, the candle-stick, the mitre and the crosier. All the clergy likewise kneel down (*). The Parish-priest kneels also at the foot of the altar, on the Epistle side, so that he may have the altar on his right, and be turned towards the Bishop. When the anthem *Sacerdos*, or *Te Deum*, &c., is concluded, the Parish-priest rises, and, remaining erect, uncovered, and always turned towards the Prelate, he sings on the ferial tone, the versicles and the orison which follow.

v. Protector noster aspice, Deus,

    R. Et respice in faciem Christi tui.

v. Salvum fac servum tuum,

    R. Deus meus. sperantem in te.

v. Mitte ei, Domine, auxilium de sancto,

    R. Et de Sion tuere eum.

v. Nihil proficiat inimicus in eo,

    R. Et filius iniquitatis non apponat nocere ei.

v. Domine, exaudi orationem meam,

    R. Et clamor meus ad te veniat.

v. Dominus vobiscum ;

    R. Et cum spiritu tuo.

OREMUS.

Deus, humilium visitator, qui eos paterna dilectione consolaris, prætende societati nostræ gratiam tuam ; ut per eos, in quibus habitas. tuum in nobis sentiamus adventum. Per Christum Dominum Nostrum. R. Amen.

---

(*) If the *Te Deum* is not concluded, all remain standing, until it is finished, and then kneel down.

*If this visitation be the first made by the diocesan bishop, the Parish-priest must say the following prayer, instead of the other.*

OREMUS.

Deus, omnium fidelium pastor et rector, famulum tuum N. quem ecclesiæ tuæ præesse voluisti, propitius respice ; da ei, quæsumus, verbo et exemplo, quibus præest proficere, ut ad vitam una cum grege sibi credito perveniat sempiternam. Per Christum Dominum Nostrum. ℞. Amen.

As soon as the orison is ended, all the clergy rise, and they sing the Anthem of the second Vespers at *Magnificat*, and the versicle of the Patron of the church, as in the Vesperal. In the mean time, the Bishop ascends the altar, kisses it in the middle, passes to the Epistle side, and after the versicle, sings the orison of the Patron which is indicated to him in the Missal. This done, the Parish-priest takes off the cope ; the Bishop returns to the middle of the altar which he kisses for a second time, takes again the mitre and the crosier, and gives the solemn Benediction to the people, saying, as usual : *Sit nomen Domini benedictum, &c.*, (and if he think it proper, orders an indulgence of forty days to be announced).

Then he goes to the throne, or sits in the chair prepared on the platform of the altar, on the Epistle side. He then himself announces, or causes to be announced, the duration of the visit, the hours for confessions, the time when he will give confirmation (*) and when persons wishing to speak to him may call at the *presbytère*, and when the church-wardens are to present their accounts. If the Bishop be authorized to grant a plenary indulgence on the

(*) Persons of another parish wishing to be confirmed must be recommended by their Parish-priest as sufficiently learned, prepared and as able to be confirmed. A list of these strangers must be sent to their Parish-priests by whom they must be registered in the book of confirmation of their parish. They must be also registered in the parish where they were confirmed, with a note indicating their parish.

occasion of his visitation, he makes known the conditions to be fulfilled.

Then he makes an exhortation, if he thinks fit and, unless it is time to say Mass, he ends by the visitation of the Blessed Sacrament.

### VISITATION OF THE BLESSED SACRAMENT.

The Bishop wearing the cope, kneels down on the platform of the altar ; the thurifer, the master of ceremonies and the two acolytes, bearing their wax-tapers lit, make the genuflection at the foot of the altar, at their ordinary place. The acolytes kneel down on the lowest step, and the thurifer and the master of ceremonies, on the second. The clerks of the episcopal service make the genuflection behind them, and remain there on their knees.

In the mean time the Parish-priest takes a white stole over his surplice, spreads a corporal on the altar, opens the tabernacle, and after having made a genuflection, makes a second genuflection, goes down to the right side of the Bishop. presents him the incense, and gives him the censer without kissing. The Prelate thrice incenses the Blessed Sacrament, profoundly bowing before and after.

When the Priest opens the tabernacle, the choristers intone the strophe *Tantum ergo, &c.*, and the following *Genitori, &c.* After the incensing, the Bishop ascends the altar, makes a genuflection, inspects the tabernacle, the monstrance. the ciborium, and the other vessels wherein the Blessed Sacrament is kept. The Priest places them on the corporal, and immediately after their being visited by the Prelate, he locks them up, leaving only the ciborium on the corporal. Then the Bishop makes a genuflection, and kneels down again on the platform of the altar.

The choir having concluded the last strophe of the hymn or the anthem, the choristers sing :

v. Panem de cœlo præstitisti eis.

℞. Omne delectamentum in se habentem.

In the paschal time and in the octave of Corpus Christi, *Alleluia* is added.

The Prelate rises and sings the following orison :

 OREMUS.

Deus, qui nobis sub Sacramento mirabili passionis tuæ memoriam reliquisti ; tribue, quæsumus, ita nos corporis et sanguinis tui sacra mysteria venerari, ut redemptionis tuæ fructum in nobis jugiter sentiamus. Qui vivis et regnas in sæcula sæculorum. ℞. Amen.

After this orison, the Bishop receives the humeral veil, and having ascended the altar, makes a genuflection, takes the ciborium in his hands, gives the Benediction in silence, and places the ciborium on the corporal. After the Benediction, the choristers sing the psalm *Laudate Dominum. omnes gentes, &c.*, as in the Processional or Vesperal, and the Priest puts back the ciborium into the tabernacle, folds up the corporal, and comes down on the second step, to the right of the Prelate.

The Prelate, having received again the mitre and the crosier, goes to the throne and leaves the sacred vestments, unless he wishes to visit the baptismal font, or make the absolution of the dead.

(*) SOLEMN VISITATION OF THE BAPTISMAL FONT.

At the hour appointed by the Bishop solemnly to make the visitation of the baptismal font, the clergy proceed thither in procession.

---

(*) This manner of visiting the baptismal font is not prescribed by the Pontifical, and is not of obligation.

The thurifer walks in front, then the cross-bearer and the acolytes ; and, after the clergy, the Prelate with his mitre on, holding the crosier in his hand, and accompanied by the Parish-priest on his right and another priest on his left.

The procession having arrived at the font, the thurifer places himself on the right side, and the cross-bearer with the acolytes, near the font, being turned towards the high altar.

The Prelate having approached the font, the Parish-priest opens it ; then the Prelate leaves the crosier ; blesses the incense, thrice incenses the font, inspects it as well as the vessels which contain the baptismal water, the oil of holy chrism and of the catechumens, and every thing used in the administration of baptism, surplice, double stole, &c.

The visit of the font being finished, the Prelate takes the crosier, and the procession returns to the sanctuary in the same order.

When the crowd or some other cause does not allow all the clergy to accompany the Bishop to the font, he repairs thither with his assistants only and the clerks necessary for this ceremony.

### ABSOLUTION OF THE DEAD.

At the hour appointed for the absolution of the dead, the cross-bearer and the acolytes, preceded by the thurifer and the clerk who carries the holy water font, come out from the sacristy. The two latter stop at some distance from the last step of the altar, at the Gospel side, after having made a genuflection on arriving.

The cross-bearer and the acolytes proceed to the lower part of the sanctuary, and place themselves near the middle of the railing, their faces turned towards the altar.

The Prelate being vested with the rochet, a black or violet stole, an amict, a black or violet cope, and having received the common mitre, repairs to the sanctuary, accompanied by the Parish-priest and another priest, preceded by the master of ceremonies and followed by the clerks carrying the book, the candlestick and the mitre.

The Bishop having arrived at the foot of the altar, makes a genuflection. Then he turns towards the people, the mitre on his head and standing near the altar, and having the Parish-priest at his right and the second assistant Priest at his left, he begins the anthem : *Si iniquitates.*

The choristers immediately chant the first versicle of the psalm *De profundis, &c.,* which the choir, standing erect, continue to sing, adding at the end : *Requiem æternam, &c.,* and the anthem *Si iniquitates...*

Whilst the choir are singing the psalm *De profundis, &c.,* the Prelate repeats the same with his assistants, adding, at the end, the verse *Requien æternam, &c.,* and the anthem *Si iniquitates, &c.,* which he recites entirely. Afterwards the Parish-priest presents, without kissing, the incense to the Bishop who blesses it.

The anthem being concluded, the Bishop leaves the mitre, and says aloud the following versicles :

V. *Kyrie, eleison.* R. *Christe, eleison.* V. *Kyrie, eleison. Pater noster, &c.*

The rest in silence. Meanwhile the Parish-priest presents to the Bishop the aspersory and afterwards the thurible, without kissing, but making to the Prelate a profound inclination before and after. The Bishop, without leaving his place, thrice sprinkles before him, and thrice also incenses, in the same manner, to wit : in the middle, to the left and the right.

Then, remaining standing and uncovered, he sings on the ferial tone :

v. Et ne nos inducas in tentationem,

r. Sed libera nos a malo.

v. In memoria æterna erunt justi ;

r. Ab auditione mala non timebunt.

v. A porta inferi,

r. Erue, Domine, animas eorum.

v. Requiem æternam dona eis, Domine,

r. Et lux perpetua luceat eis.

v. Domine, exaudi orationem meam,

r. Et clamor meus ad te veniat.

v. Dominus vobiscum,

r. Et cum spiritu tuo.

### OREMUS.

Deus, qui inter apostolicos sacerdotes famulos tuos pontificali fecisti dignitate vigere, præsta, quæsumus, ut eorum quoque perpetuo aggregentur consortio. Per Christum Dominum nostrum. r. Amen.

This orison being ended, the Prelate makes the genuflection towards the altar, takes again the mitre, and the choristers having intoned the response *Qui Lazarum, &c.*, which is sung as noted in the Processional, all the clergy processionally repair to the cemetery.

The clerk who carries the holy water font and the thurifer walk in front ; the cross-bearer in the middle of the two acolytes, then the rest of the clergy two by two, and the Prelate with his assistants, and followed by his clerks.

Whilst the clergy sing the above response, the Bishop recites in a low voice, with his assistants, the antiphon *Si iniquitates, &c.,* and the psalm *De profundis. &c.,* repeating after the psalm, the ant. *Si iniquitates, &c.,* as above. The people follow the Bishop and in the cemetery range themselves all around the clergy.

All being arrived at the cemetery, the cross-bearer stands between the two acolytes, at the foot of the large cross. The Bishop places himself opposite, between his two assistants. The master of ceremonies, the thurifer and the clerk bearing the holy water remain at the right of the Prelate. The clerks who carry the book, the candlestick and the mitre, take their place behind him, and the rest of the clergy range themselves on each side, facing each other, those of the lower rank being nearest the cross.

All being thus arranged, and the response *Qui Lazarum, &c.,* finished, the response *Libera me, Domine. &c.,* is sung by the choristers.

During the repetition of this response, the Parish-priest presents the incense to be blessed by the Bishop, in the manner above prescribed. When the choristers sing the repetition of the *Libera,* the Parish-priest presents, without kissing, the incense to the Bishop who blesses it, and after the last *Kyrie, eleison,* the Prelate leaves the mitre, and says aloud *Pater noster.*

Whilst the assistants repeat this prayer in silence, the Bishop, without leaving his place, sprinkles holy water thrice before him. over the cemetery, and thrice incenses it. as he did in the church. Then he sings, on the ferial tone :

℣. Et ne nos inducas in tentationem,

℟. Sed libera nos a malo.

℣. In memoria æterna erunt justi ;

℟. Ab auditione mala non timebunt.

v. A porta inferi,

   R. Erue, Domine, animas eorum.

v. Requiem æternam dona eis, Domine,

   R. Et lux perpetua luceat eis.

v. Domine, exaudi orationem meam,

   R. Et clamor meus ad te veniat.

v. Dominus vobiscum,

   R. Et cum spiritu tuo.

OREMUS.

Deus, qui inter apostolicos sacerdotes, famulos tuos sacerdotali fecisti dignitate vigere, præsta, quæsumus, ut eorum quoque perpetuo aggregentur consortio.

Deus, veniæ largitor et humanæ salutis amator, quæsumus clementiam tuam ut nostræ congregationis fratres, propinquos et benefactores qui ex hoc sæculo transierunt, beata Maria semper Virgine intercedente, cum omnibus sanctis tuis, ad perpetuæ beatitudinis consortium pervenire concedas.

Deus, cujus miseratione animæ fidelium requiescunt, famulis et famulabus tuis omnibus hic et ubique in Christo quiescentibus, da propitius veniam peccatorum, ut a cunctis reatibus absoluti, tecum sine fine lætentur. Per Christum Dominum nostrum. R. Amen.

v. Requiem æternam dona eis, Domine ;

   R. Et lux perpetua luceat eis.

Then the choristers sing : v. Requiescant in pace. R. Amen.

After which the Prelate, raising his right hand, makes the Sign of the Cross, over the cemetery, towards the four parts of the world, and resumes the mitre. The clergy processionally return to the church, in the order in which they came from it, reciting the psalm *Miserere, &c.*, which the Bishop, with his assistants, repeats in a low voice. At the end of the psalm, the following versicles are added.

Requiem æternam dona eis, Domine ;

Et lux perpetua luceat eis.

The Prelate, having arrived at the foot of the altar, takes off the mitre, and standing with his assistants, says aloud the following versicles : the choir and people kneeling down :

v. Kyrie eleison :

R. Christe, eleison.

v. Kyrie, eleison. Pater noster, &c., in silence, as far as :

v. Et ne nos inducas in tentationem,

R. Sed libera nos a malo.

v. A porta inferi,

R. Erue, Domine, animas eorum.

v. Domine, exaudi orationem meam,

R. Et clamor meus ad te veniat.

v. Dominus vobiscum,

R. Et cum spiritu tuo.

 OREMUS.

Absolve, quæsumus, Domine, animas famulorum famularumque tuarum, ab omni vinculo delictorum, ut in resurrectionis gloria, inter sanctos et electos tuos, ressuscitati respirent. Per Christum Dominum nostrum.

R. Amen.

24

The Bishop takes off the black ornaments, and if he is to continue the visit, he again takes those which he had left for the absolution.

NOTE.—Should the cemetery be at so great a distance from the church, or the weather so bad, that the Bishop cannot go thither in procession, he remains in the sanctuary with the clergy, where are sung the same responses, versicles and orisons, as are given above, and where the same ceremonies are performed as in the cemetery, except that the prelate makes before himself, in the middle, on the left and on the right, the sign of the cross which should be made over the cemetery, towards the four parts of the world.

VISIT OF THE MOVEABLES, LINENS, ORNAMENTS, ETC. OF THE CHURCH.

The Bishop, being vested with his rochet, camail and stole, visits at his leisure the altars and the consecrated stones, and inspects the seal which covers their sepulchre. He visits the relics with their certificates of authentication, the paintings, the pulpit and the confessionals, the decorations of the sanctuary, of the chapels and of the nave; then the sacristy, the vestments, the chalices and other sacred vessels, linens, the church books, and other things which are used in Divine Service; the vessel of the oil for the sick, as well as the several things which are used in the administration of Extreme-Unction; and he enquires where the bag, or the box destined to contain them, is deposited.· He also visits the exterior of the church, the cemetery, if he did not inspect it after the prayers for the dead, the chapels which are separated from the church, those which are used for the processions of the Blessed Sacrament and for receiving the bodies of the deceased. He makes enquiries about the state of the steeple and of the other things belonging to the church. He makes inquiries of the number of crosses planted in the parish; enquires whether they are blessed, decent and properly paled in ; whether they are distant, at least, one league from one another, and whether they are the occasion of any abuses which he may remedy.

The Bishop asks for, and examines, the deeds and papers of the church already enumerated, page 355.

The Bishop blesses, at his leisure, the ornaments or linens which are to be blessed ; and he examines, or causes to be examined in his presence, on the catechism, the children of the schools and others.

At the hour appointed, the Bishop causes the bell of the church to be rung, in order to assemble the church-wardens in the sacristy or in the *presbytère*. He receives and audits, if he thinks it advisable, the accounts that have been audited and accepted since the last visit. He proceeds in the same manner, with regard to the accounts of confraternities and charitable associations, if there are any in the parish.

He gives audience to those of the parishioners who desire to take his advice, or who want to confess to him. He also receives the complaints or remonstrances, as well of the Parish-priest as of the parishioners. He enquires whether there are any public and scandalous disorders in the parish ; whether the parishioners live in peace together, and in good understanding with the Parish-priest ; he also enquires about the life and behavior of the ecclesiastics who reside therein. In a word, the Prelate examines all that relates to the spiritual and temporal concerns of the church, in order to see if every thing be in proper order and condition ; and he takes notice of all that concerns the service of the parish, the morals and behavior of the parishioners, in order to know whether there are any abuses or disorders to be reformed, and by what means he prudently and efficaciously may remedy them. To this end, he makes such ordinances, and gives, as well in private as in public, such advice as he deems most proper.

The Bishop, before leaving the parish which he has visited, proceeds to the church, being vested with his usual robes. Then, standing and uncovered before the high altar, and on the Epistle side, he recites aloud the psalm De profundis, &c., at the end of which he adds :

℣. Requiem æternam dona eis, Domine,

℟. Et lux perpetua luceat eis.

And the anthem Si iniquitates, &c. Then he says Pater noster, &c.

℣. Et ne nos inducas in tentationem,

℟. Sed libera nos a malo.

℣. A porta inferi,

℟ Erue, Domine, animas eorum.

℣. Requiescant in pace.　℟. Amen.

℣. Domine, exaudi orationem meam,

℟. Et clamor meus ad te veniat.

℣. Dominus vobiscum,

℟. Et cum spiritu tuo.

#### OREMUS.

Deus, cujus miseratione animæ fidelium requiescunt, famulis et famulabus tuis omnibus hic et ubique in Christo quiescentibus, da propitius veniam peccatorum, ut a cunctis reatibus absoluti, tecum sine fine lætentur. Per Christum Dominum nostrum. ℟. Amen.

# VISITATION

## MADE BY THE VICAR CAPITULAR.

*See in Gardellini the ceremonial approved by Gregory XVI November 8th* 1843.

*There is no rubric ordered or approved for the visitation by vicars-general, archdeacons, &c.*

---

## INTERNAL REGULATIONS OF CHURCHES AND CHAPELS.

### CLERKS, SINGERS AND OTHER PERSONS EMPLOYED IN THE SERVICE OF THE CHURCH.

1st. Good conduct and regularity in approaching the Sacraments, are requisite in those who are employed in the service of the church.

2nd. The Parish-priest shall charitably admonish those who do not perform their duties; if they persist in their bad conduct, he shall dismiss them, employing means suggested by prudence to avoid creating any scandal.

3rd. The Parish-priest has the right to dismiss the clerks and singers who do not properly perform their functions, or who neglect their religious duties.

### RULES FOR THE CLERKS.

The clerks must :

1st. Know the manner of serving and answering at Mass.

2nd. Assist regularly at Mass and at Vespers. on the Festival of Obligation, and at the practical lessons on the ceremonies.

3rd. In the sanctuary, avoid speaking or laughing; behave modestly and respectfully ; pray, read or sing.

4th. Not leave the sanctuary, during Divine Service, without having obtained permission.

5th. In the sacristy, never speak but through necessity and in a low voice.

6th. Take care of their cassocks and surplices, not to wear them torn nor dirty.

7th. Keep their hair modestly cut.

8th. Obey the master of ceremonies ; and pay attention to his lessons.

9th. Be ready to perform the different functions of the sanctuary, and strive to perform them correctly.

### THE MASTER OF CEREMONIES.

I. The Master of Ceremonies must be of exemplary conduct, and well understand the duties of his office. One of the schoolmasters might be chosen for this office.

II. He must carefully study the ceremonial ; and try to give instructions on the ceremonies, before Mass or after Vespers. This is necessary more specially for extraordinary ceremonies.

III. Before going to the sanctuary, he says, in the sacristy, if the Priest does not, the *Veni Sancte Spiritus*, and the orison *Deus qui corda, &c., &c ;* after returning to the sacristy, he recites the *Sub tuum præsidium*. He leads the clerks two by two ; and teaches them to make a genuflection near the steps of the altar, and to salute each other before going to their places.

IV During the Divine Office, he gives a signal to the clerks, when they are to rise, sit down or kneel.

V. He watches over the clerks, taking care that they rightly perform their duties ; he points out to the Parish-priest those who do not behave correctly in the sanctuary.

VI. He warns, by a sign and without noise, those of the clerks who do not behave well in the sanctuary ; if they do not pay attention to his signs, he goes and reprimands them for the scandal they are giving.

VII. He keeps a list of the clerks ; he notes those who absent themselves from Divine Service, and gives their names to the Parish-priest.

VIII. He does not allow the clerks to lean against the stalls ; to wipe their faces with their surplices ; to turn their heads towards the nave ; to chew tobacco ; to trans-gress the regulations.

### THE SINGERS.

The singers are submitted to the general regulations of the choir.

I. They must practise, beforehand, what they are to sing at the offices ; they should, every Sunday, inform them-selves of the office of the following Sunday.

II. They must be examples of modesty and recollection, speaking in the church or in the sacristy, only when it is necessary, and, even then, briefly and in a low voice, and thus give good example to all.

III. They must sing with gravity ; more slowly on great festivals than on other days.

IV. The first singer begins the different parts which are sung at Mass ; but at Vespers, each singer intones an anti-phon and a psalm, according to the place he occupies. The Versicles (v) are sung by two singers only ; Responses (R) by the choir.

V. The first singer of each side of the choir is followed by those who are on the same side.

VI. The singers make the sign of the Cross, when they begin to sing the Introit.

### OF THE ORGANIST.

I. The organ may be played, on every Sunday and holy-day during the year, except during Advent and Lent.

II. It may however be played, at Mass, on the 3rd Sunday of Advent, and 4th Sunday of Lent; at Mass, on Maunday-Thursday to the *Gloria in excelsis* inclusively ; at Mass and at Vespers, on Holy-Saturday ; at the Festivals and ferial days solemnly celebrated during Lent, and whenever a celebration is made with solemnity, *et cum lætitia pro aliqua re gravi.*

III. The organ is usually played when the Bishop makes his entry into his church : and when he leaves it after the office, every time he celebrates pontifically, or assists at Mass on the most solemn festivals.

IV. Also at the entry of the Archbishop or of a Bishop whom the diocesan Bishop desires to honor, till he has made his prayer and the office begins.

V. It may be played, from the beginning of matins and vespers sung with solemnity, in the principal festivals of the year.

VI. At vespers, at matins and at Mass, the choir sings the first strophe of canticles and hymns, and also the strophes or versicles of hymns which are to be chanted kneeling : v. g. *Te ergo quæsumus, &c., O Crux, ave, &c., Tantum ergo Sacramentum, &c.*

VII. The same rule is to be observed at the *Gloria Patri,* and at the last strophe of hymns, even when the preceding one has been sung by the choir. Some one of the clergy should recite, in a loud voice, those parts of hymns and canticles which are played on the organ, without being sung.

VIII. At solemn vespers, the organ is usually played after each psalm, and alternately at the strophes of the hymn, and at the versicles of the canticle *Magnificat*. The anthem of the *Magnificat* is always repeated by the choir.

IX. At solemn Mass, the divisions of the *Kyrie eleison, Gloria in excelsis, Sanctus, Agnus Dei* are alternately sung and played on the organ ; and the organ is played after the epistle, after the offertory, before the orison or post-communion and after Mass. During the elevation, the tones should be sweet and grave.

X. The *Credo* is always sung by the choir ; the voices may be accompanied on the organ.

XI. Neither light nor lascivious music should be played on the organ ; nothing but what is connected with the office should be sung.

XII. The singers and musicians must not forget that church harmony has for its object to excite piety, and should consequently be free from lightness and effeminacy, in order that the minds of the faithful be not diverted from the contemplation of our sacred mysteries.

XIII. The organist must avoid playing too long before the preface and the *Pater*, thus causing the Priest to wait.

XIV. The organ should never be played during vespers, matines and lauds of the dead.

During Mass for the dead, the playing of the organ is allowed only to accompany the singers : the music must cease with the chant.

The same rule might conveniently be followed in ferial offices or Masses in Advent and Lent. (*)

### OF THE SEXTON.

I. The sexton rings the *Angelus*, in the morning at five, and in the evening at seven, between the evening of Holy Saturday inclusively, and the morning of the first day of October exclusively : during the remainder of the year, at six oclock in the morning and in the evening.

At noon on every day in the year, except on Holy-Thursday and Good-Friday.

II. He rings the *Angelus* during three minutes ; but it should be rung during six minutes, at noon and in the evening of the days which precede the following festivals, and in the morning and at noon and at the evening of the same festivals, viz : Easter, the Ascension, Pentecost, Corpus-Christi. the Sunday within the octave of Corpus-Christi, St Peter's, the Dedication, the Assumption, All-Saints', Christmas, the Epiphany. the Patronal-feast. On the ringing of the bells at the beginning and end of Easter-time, see pages 296 and 320.

III. On holy-days and Sundays, before Mass, he rings three bells at full swing, at intervals of half an hour, or of an hour ; before vespers three bells at full swing, at intervals of half an hour : he finishes the last bell with a few tings.

IV. When a death is announced to the Parish-priest, he rings the knell. For the knell, three peals are rung ; each

---

(*) Text of the *Cæremoniale episcoporum*, as approved by Leo XIII (1886), chap. 28. art. 13 : " In officiis defunctorum organa non pulsantur : in missis autem si musica adhibeatur, silent organa cum silet cantus ; quod etiam tempore adventus et quadragesimæ in ferialibus diebus convenit adhibere."

In the Mass for the dead, no canticles should be sung, nor latin pieces of music having no relation with the Mass.

peal is preceded by nine tings for a man, and by six for a woman.

V. One peal is rung after the evening *Angelus* on the eve, and after the morning *Angelus* on the day of the burial.

VI. Before the funeral service, the last bell is rung during five minutes, including the tings, the peal and the final tolling.

VII. The bell is rung at full swing during the *Libera* ; this peal is preceded by six or nine tings.

VIII. After the Vespers of the dead on All-Saints' day, a knell is rung at intervals, till the evening *Angelus* ; and also on All-Souls' day, between the morning *Angelus* and the solemn Mass for the departed.

IX. For an anniversary, on the preceding evening and in the morning, the bell is rung as on the day of the burial.

X. For High-Mass on week-days, the bell is rung as for High-Mass on Sundays.

XI. The bell is rung during the processions of the Blessed-Sacrament, and those of St Mark and of the Rogations.

XII. The bell is tolled during the two elevations, at High-Mass, in the week and on Sundays and holy-days, and at the Benediction of the Blessed Sacrament.

XIII. The bell is tolled when the Holy Viaticum is carried to the sick in the day-time, five minutes before the departure of the Priest, and five minutes after.

XIV. For a Low-Mass, the first bell at full swing, then a few tings ; the last bell is tolled : but if it be the Mass of a Bishop, full swing.

#### OF THE SACRISTAN.

As much as possible, the sacristan should not enter the sanctuary without a cassock or petticoat and surplice.

He must always follow the instructions of the Parish-priest.

I. The sacristan keeps the sacred vessels, books, wax-tapers, ornaments, &c., clean and in good order. He informs the Parish-priest if the ornaments or linens become torn or soiled.

II. The altar is kept in a state of cleanliness ; and all that serves for the administration of the sacraments is carefully kept in good order.

III. The lamp before the Blessed Sacrament is always kept burning ; and is cleansed at least once a week.

IV. The holy relics are kept with the greatest care.

V. The holy water-fonts are cleansed at least once in a month ; and the holy-water is renewed once a week.

VI. He prepares the altars according to the directions of the Parish-priest.

VII. The altars, credences, the sanctuary, and the ornaments are prepared before hand, and tapers lighted in time, so that the service be not delayed.

VIII. He causes the bell to be rung for the offices at the hours appointed.

IX. He does not permit idle talk nor profane actions, in the sacristy.

X. He presents to the priests, especially when they are strangers, whatever is necessary for the celebration of the holy mysteries.

XI. He keeps a catalogue of Masses and anniversaries that are to be celebrated on certain days.

XII. After the offices, he puts away the ornaments in their place, and folds the surplices and albs.

XIII. He abstains from putting his feet on the altar-stone, whilst he is preparing the altar.

XIV. He avoids speaking in the church, except in cases of necessity, and always in a low voice ; however great the hurry, he never runs in the church. Whenever he passes before the altar where the Blessed Sacrament is kept, he makes a full genuflection.

## THE PEWS.

1st. Pews are publicly sold or let to the highest bidder, after one, two, or three notices, according to the custom of each locality. Those notices are given, in certain places, from the pulpit ; and in others, at the church-door, after the parochial Mass, on Sundays or holy-days of obligation.

2nd. The most advantageous mode of letting pews, is that in which the adjudication price forms the annual rent, to be paid six months in advance. All the fabrics are exhorted to follow this rule.

3rd. A pew becomes vacant at the death of the lessee ; or, when he has fixed his domicile in another parish, after the lapse of one year.

4th. Except in the case of a special regulation fixing another term, as long as the lessee has not been living one year out of the parish, he possesses the right to keep his pew ; after his death, it may remain in the possession of his widow, as long as she continues unmarried.

5th. After the death of their father and mother, children may resume the pews which their parents had possessed, by paying the price set by the highest bidder.

6th. A pew may be suppressed by the Bishop, whenever, the decoration of the church or improvements require it. In that case, a compromise is made between the church-wardens and the lessee.

7th. Every person of age, having acquired domicile in the parish, has a right to buy or rent a pew in the church.

No body has a right to hold more than one pew, when the number of pews is too small for the number of families.

8th. The lessees do not possess the right of changing the form of their pews, of painting it, of adding a door, of putting locks to it, or of raising it above the others.

9th. The deeds of lease are registered in a separate book; in those leases are mentioned the names of the lessee, the day, month, year, and the terms of the adjudication ; the whole regularly authenticated and signed. Many difficulties are avoided by having the deeds of those leases made by a notary. The church-wardens might keep printed formulas of the deeds. This mode has been adopted in several churches, and found most advantageous.

SEE PAGE 166, THE CIRCULAR DATED DECEMBER 1882, CONCERNING THE REGISTERS OF CIVIL STATE.

## FORMULA OF AN ACT OF BAPTISM.

The (*the day, the month and the year, written in full*), we the undersigned Parish-priest (*or* vicar) of this parish, have baptized N........., born the previous day (*or such a day*), legitimate son (*or* daughter) of N........., (*his profession*), and of N......., of this parish (*or of such a parish or mission*). The godfather was N........., (*his profession and domicile*), and the godmother N........., (*her profession* (*) *and domicile*), who, as

(*) Art. 54 of the Civil Code. Note.—Whereas most godmothers have no *profession*, it must be presumed, that the aim of the law is, that the godmother be so designated as to be easily distinguished from any one bearing the same name : the object is obtained by adding, e. g. *wife* or *widow of* —......... or else : *grandmother, aunt, sister, cousin of the child* ; or else again : *daughter of N.* .......

well as the father have signed with us (*or have declared that they cannot sign*). This act has been read to the parties.

If the father is absent, mention must be made of it, at the end of the act.

If the child has been privately baptized at home, on account of danger of death, or by virtue of an authorization from the Bishop, it must be stated in the act of supplement to the ceremonies ; and it must be declared, therein, why and by whom the child was privately baptized. Should there be any doubt of the validity of such private baptism, water must be again conditionally poured on the child and this mentioned in the act.

If the child has been baptized in any other parish, than that in which it was born, the Priest who baptized it shall mention, in the act of Baptism, the parish to which the child belongs ; and he shall send a Baptismal certificate to the Parish-priest of the child, in order that it be recorded in the registers of the aforesaid parish.

If the child is illegitimate or a foundling, the act should be thus worded :

"......... have baptized N........., born (*such a day*), son (*or* daughter) of unknown parents. The godfather was, &c."

In such a case the name of the father and of the mother must never be registered, unless they both, being free, acknowledge the child as belonging to them, and request such mention, personally, if they be present, or by an act in proper form, if they be absent, or if one or the other be absent. In this case it is necessary to insert the words *son* or *daughter of N........ and of N.........* without adding *legitimate*, and to state the aknowledgment and the request made by the father or the mother, or by both.

What is to be done if the husband refuse to acknowledge his wife's child ? (*Civil Code of L. C., Arts.* 218 *to* 227.)

1° The Parish-priest must advise the husband to abstain from any act that might appear as acknowledging the child, such as to choose him (*or* her) a name, a godfather or a godmother, and especially to be present at the baptism. (*Code of Procedure,* Art. 1239.)

2° The act is to be drawn up as though the child were legitimate, noting in the usual manner the father's absence.

3° If a protest be served to the Priest, he is not to mention it in the act. He is to answer : "I shall do what the judge will ordain."

4° If the mother choose neither the name, nor the god-father nor the godmother, the Priest shall choose them, being careful to give a Christian name different from the father's or from that of the supposed father.

5° If the judge ordain any modification to be made in the Baptismal act, the Parish-priest shall inscribe in the margin the Judge's ordinance, inserting the name of the judge and the date of the ordinance. (C. C. L. C. Art. 76.)

If the child has been found cast away, it is to be baptized conditionally. even though a note were found stating that baptism has been administered ; and it shall be stated in the act. on what day, in what place, and by whom the child was found, and how old it seems.

If the godfather and the godmother have been represented by proxies mention must be made of it in the following manner :

" ...... The godfather was N......, represented by N...... whom he nominated his proxy to this effect. The god-mother was N........., represented by N........., whom she nominated her proxy to this effect ; as it appears to us by a letter dated, &c. "

I. The choice of midwives is of the highest importance to society, since the health and the life of mothers and children, nay the eternal salvation of the latter, are often dependent on them. Consequently, Parish-priests must be careful lest any woman of their parishes thrust herself into this delicate profession, without the talents and knowledge necessary to exercise it properly.

They must also be confident that those who offer themselves for this duty lead a good life, are of strict morals, and possess great discretion, and from time to time they should ascertain whether they are informed not only as to the matter and form of Baptism, and the intention required when baptizing, but also regarding the circumstances in which they are allowed to baptize.

They also shall request midwives to be careful to bring to church the children that they will have baptized in case of necessity, as soon as they are out of danger, and to advise the parents of children of healthy birth to have them baptized as soon as possible.

Finally, they shall caution midwives to baptize always, when possible, in the presence of the father and the mother of the child, and of two witnesses, and to be faithful in keeping family secrets.

II. The Parish-priest should also, with due discretion, ascertain whether the doctors of his parish know *when and how to baptize.*

It would be expedient to have them agree to give a written certificate when certain of the validity of the Baptism which they have administered or seen administered.

25

## FORMULA OF A MARRIAGE ACT. (*)

" The (*the day, month and year written in full*), the banns of marriage having been thrice published at the *prone* of our parochial Masses, between N. (*his profession*) of this parish, son of age (*or* minor) of N. and of N. of this parish, on the one part : and N. also of this parish, daughter of age (*or* minor) of N. and of N. of this parish, on the other part ; no impediment having been discovered, we the undersigned Parish-priest (*or* vicar) of this parish, have received their mutual consent to marriage, and have given them the nuptial benediction, in presence of, &c. This act has been read to the parties."

Here two or three witnesses, at least, must be mentioned, and it must be declared whether they are relations of the bride or bridegroom, and in what degree ; and this act shall be signed on the two registers, as well by the priest who has celebrated the marriage, as by the contracting parties and the witnesses, if they can write ; and if they cannot, it must be mentioned.

If the contracting parties are minors, the consent of their parents, tutors or curators must be mentioned in the fol-. lowing manner :

"......... We the undersigned, Parish-priest (*or* vicar) of this parish, with the consent of the father and mother of the said N. (*or if they are dead* with the consent of N. tutor *or* curator of the said N.) have received their mutual consent, &c."

If the marriage has been celebrated with dispensation of banns, of consanguinity or affinity, mention must be made of it in the act, as follows :

---

(*) For mixed marriages, see the instruction and formula hereafter given.

*/*

" The... whereas the dispensation of two (*or* of one) of the banns of marriage has been granted by His Lordship N. Bishop of...... (*or* by the Very Reverend N. Vicar General of His Lordship the Bishop of......), dated the...... of the present month (*or* of N.) ; whereas also the publication of the third bann (*or* of the two other banns) has been made at the *prone*, &c."

For a dispensation of consanguinity or affinity :

"...... Whereas the dispensation of the third (*or other*) degree of consanguinity (*or* of affinity) has been granted by, &c., *as above.*"

If either of the contracting parties, or one and the other are widower and widow, mention must be made of it in the act, as also of the names of the deceased husband or wife.

If the marriage takes place in a parish which is not that of the contracting parties, mention is made of it in the act, as well as of the dispensation or the permission obtained to that effect.

In the case of an opposition being made to the marriage, see Civil Code, Arts. 61 and 62 :

61. " In the case of an opposition, the disallowance thereof must be obtained and be notified to the officer charged with the solemnization of the marriage."

62. " If however the opposition be founded on a simple promise of marriage, it is of no effect, and the marriage is proceeded with as if no opposition had been made." (See the decisions of theologians on these points.)

Any minor orphan wishing to marry, who has neither tutor nor curator, must present a petition to the civil authorities of his district, requesting the nomination of a tutor *ad hoc*, in order to be authorized to marry. The same is to be done by illegitimate minors. (C. C. Art. 121.)

In this case, the Parish-priest shall not proceed with the celebration of said marriage, until he has received the copy of the act of tutorship *ad hoc*, which permits such minor to marry : and he shall keep this act among the papers of the parish. (C. C. Art. 122.)

When a marriage which was null, by reason of some *public* (*) impediment, is rehabilitated, it must be recorded, mention being made 1° of the date and place of the celebration of the former marriage ; 2° of the impediment which rendered it null ; 3° of the dispensation granted. Moreover, when it is possible, it must be written on the margin of the former act, that this marriage has been rehabilitated on such a day and in such a parish.

When a marriage is null on account of a *secret* impediment, the act of rehabilitation is not registered ; but it would be useful, in certain cases, to give to the parties a written declaration thereof.

---

## FORMULA

### OF AN ACT OF A REHABILITATED MARRIAGE.

" The (*the day, month and year written in full*), before us the undersigned, Parish-priest, (*or* vicar, *or* priest duly authorized,) appeared N. (*his profession*), of this parish (*or* of the parish of......) son of age (*or* minor) of N. and N., on the one part ; and N., also of this parish (*or* of the parish of......) daughter of age, (*or* minor) of N. and N., on the

---

(*) The impediments of *legitimate consanguinity or affinity, of spiritual affinity, of public honesty ex matrimonio rato,* are *essentially* public, and never cease to be so, however unknown they may be to the public : therefore the rehabilitation of all marriages invalidated by any of those impediments, must be registered.

The other impediments may be *public* or *secret,* according to circumstances. In doubtful cases, the Bishop ought to be consulted.

other part; who declared that they have already contracted marriage on (or about) the (*day, month and year in full*), in the parish of......, but that the said marriage having afterwards been found to be null on account of an impediment (*note here the nature and the degree of the impediment*) from which no dispensation had been given, they obtained from His Lordship N... (or from N... Vicar General) the... (*date of the dispensation*) such 'a' dispensation and wish to have their marriage rehabilitated : therefore, having discovered no other impediment, and whereas a dispensation from three banns has also been granted by...... (or whereas one *or* two banns have been published...... and a dispensation from one *or* two has been granted by...) we, the undersigned...... (*as above*) have received their mutual consent of marriage, in presence of N. and N., &c. This act has been read to the parties."

———

## DIRECTIONS

### FOR THE CELEBRATION OF MIXED MARRIAGES.

The priest who has been authorized to solemnize a mixed marriage, must observe the following rules :

1° He shall exhort the Catholic party to receive the sacraments of Penance and the Eucharist in order to obtain the graces attached to Matrimony, and shall recall to the said Catholic party's mind the obligation of doing all in his (or her) power to procure the conversion of the Protestant party to the Catholic faith, and to bring up in the Catholic religion, all the children of both sexes that may hereafter be born of the said marriage.

2° The priest cannot consent to solemnize such a marriage unless the Protestant party has promised, in writing,

and in the presence of two or more witnesses, that he (*or
she*) will give to all the children, to be born of the said marriage, full and entire liberty to follow and practise the
Roman Catholic and Apostolic religion.

3° He shall expressly require the contracting parties to
promise that neither before nor after the Catholic solemnization of their marriage, they will present themselves to a
Protestant minister to be married by him.

4° The marriage may be solemnized either in the sacristy
or the Pastor's residence, or even in a private house, but
never in the church. Should the Blessed Sacrament be, at
that time, preserved in the sacristy, the mixed marriage
must be celebrated elsewhere.

5° The Priest is present only as a witness, and consequently he can wear neither surplice nor stole and can
make neither prayer, nor exhortation nor any religious
ceremony whatever. (*)

6° Before the solemnization of the marriage he shall require the Protestant party to sign the formula of promise
hereafter given, and will have it read and signed by him
(*or* her) in presence of at least two witnesses, who should,
when possible, be such as can sign their names. The
Priest shall also sign the document and keep it among the
records of the parish.

---

(*) The Sovereign Pontiff Pius IX, in an instruction directed to all the Bishops
dated 15th November, 1858, expressly says that such is the general rule to be observed
in the solemnization of mixed marriages. He however authorizes Bishops to tolerate
something more, whenever exceptional circumstances require it, *onerata ipsorum Antistitum conscientia.*

In such cases, the Priest who has received a special leave from the Bishop, may
follow the rite prescribed by the ritual of the diocese, that is : solemnize the marriage
in church, with surplice and stole, ask the parties' consent, say : *Conjungo vos*......,
bless the nuptial ring and recite the V. *Confirma hoc, &c*...... and the prayer *Respice
quæsumus*...... But *in all cases* he must omit the exhortations, the Mass and the solemn
benedictions. (*See the pontifical instruction in the II Plenary Council of Baltimore,
page 311.*)

7° The contracting parties shall give their mutual consent in the presence of the Priest and of at least two witnesses, but the Priest must abstain from asking it. The bridegroom says : *I take N., here present, for my lawful wife* ; then the bride says : *I take N., here present, for my lawful husband.* This being said, the Priest shall invite them to sign the act in the registers.

8° In said act, he shall mention the dispensation, by virtue of which he was authorized to solemnize said marriage and to do so without publication of banns.

---

## FORMULA

I, the undersigned,........:., not a member of the Roman Catholic Church, wishing to contract marriage with (†) ... ......, a member of the Roman Catholic Church, purpose to do so with the understanding that the marriage bond thus contracted is indissoluble, except by death ; and I promise that (†) ........ shall be permitted the free exercise of religion according to the Roman Catholic Faith, and that all children, of either sex, born of this marriage, shall be baptized and educated in the faith and according to the teachings of the Roman Catholic Church, even if (†) ........... should happen to be taken away by death. I furthermore

---

(*) According to an answer of the Propaganda, 1st March, 1875, this promise **may** be exacted under oath.

(†) Name of the Catholic party.

promise that no other marriage ceremony than that to be performed by the Catholic Priest shall take place.

Signed in presence of the Reverend......... Priest, at......
this......... day of:........., 18......

.....................................⎫
                                    ⎬ Witnesses.
.....................................⎭

*N. B.—One copy to be sent to the Bishop's Palace ; the other to be kept in the archives of the parish.*

———

#### FORMULA OF AN ACT OF MIXED MARRIAGE.

" The (*day, month and year written in full*) whereas a dispensation has been granted by His Grace the Archbishop (*or* His Lordship the Bishop) of... (*or* by the Very Reverend N., Vicar General of the diocese) from the law of the Church which forbids marriage between N., a Catholic (*or* a Protestant), son of age (*or* minor) of N. and N., of this (*or other*) parish, on the one part ; and N., a Protestant (*or* a Catholic), daughter of age (*or* minor) of N. and N , of this (*or other*) parish, on the other part ; whereas also a dispensation from all banns of marriage, has been granted by His Grace...... (*or* Lordship) of (*or* by the Very Reverend Vicar General) aforesaid ; no other impediment having been discovered, (*mention here the consent of the parents, if required*) : We the undersigned, Priest, have received their mutual consent to marriage, in presence of N. and N. undersigned, (*or* who have declared themselves unable to sign). This act has been read to the parties."

#### FORMULA OF AN ACT OF BURIAL.

" The (*day, month and year written in full*), we the undersigned, Parish-priest (*or* Vicar) of N. have interred in the cemetery of this parish, the body of N., (*his profession*), (*if married*, husband of N., *if a widower*, widower of N. ; (*if it is a woman*, wife of N., *or* widow of N., (*the profession of the husband*) ; *if it is a child or an unmarried person*, son (*or* daughter) of N., (*the profession of the father*,) and of N. ; (*if the child is illegitimate*) born of unknown parents, *with the name and domicile of the person with whom he lived*) ; deceased (*such a day*) in this parish, aged...... years, months *or* days. Present N. and N., who have signed with us (*or* who have declared that they could not sign). This act has been read to the parties."

The body of a person found drowned or dead on a road, or bearing the marks of a suspicious or violent death, or with other circumstances giving cause of suspicion, must not be buried, until the proceedings required in such cases have been gone through by the Coroner or by one of his substitutes, and before having received the certificate of the said proceedings. In the act of interment, the Priest must make mention of the said certificate, of the kind of death mentioned therein, and, if the deceased person was unknown, also of all the marks therein described.

If a child be baptized at home and die without having been registered, it should be counted among the baptized of the year, the act of its burial should therefore be numbered in a two-fold manner in the margin : 1° as a baptism ; 2° as a burial. For example. Bapt. 36, Bur. 15.

As to children who die without having been baptized, they should 1° be registered when buried, and 2° in the annual recapitulation, their births should be added to the sum of baptisms.

———

# FORMULA

OF THE OBITUARY ACT OF ONE WHOSE BODY WAS DELIVERED FOR
DISSECTION, IN CONFORMANCE WITH ACT 46 VICT.

CH. 30, § 9. (1883.)

" The (*day, month and year in full*), appeared before us,
the undersigned, Parish-priest (*or* Vicar) of this parish, N.
Esquire, Inspector of Anatomy for the Section of Quebec
(*or* Montreal *or...*) (*or* Deputy Inspector of Anatomy for the
Judiciary district of...) who, in conformance with act 46
Vict. ch. 30, §. 9., has requested us to insert in the present
register-the act of the demise of N. son (*or* daughter) of N.
and of N. (*or* husband *or* wife of.....) deceased..... (*such a
day*), in the hospital of... (*or* the jail of) (*or* found dead at
*such a place*) aged... years... months (*or* about) belonging
to the Roman Catholic Faith. And the said Inspector (*or*
Deputy-Inspector) has signed with us. This act has been
read." (*)

---

# FORMULA OF AN ACT OF ABJURATION. (†)

" The (*day, month, year*), we the undersigned, Parish-
priest (Vicar *or* Priest), in virtue of a power granted to us
by His Grace (*or* Lordship) N. (*or* by the Very Reverend
N. Vicar General of His Grace *or* Lordship), have received
the Roman Catholic Profession of Faith of N., aged......,
son (*or* daughter), of N., and of N., (*or else* husband *or* wife

---

(*) When, after dissection, the remains are brought to the cemetery, they are to be
suitably interred, but no entry is to be made in the register.

(†) This act is to be sent to the Secretary of the Diocese, to be preserved in the
archives.

of N ), have baptized him (*) (or her) (conditionally) having N. as godfather and N. as godmother, and have absolved him (or her) from heresy, in presence of N. and N. who have signed with us and N."

(*Signatures*)

---

CERTIFICATE

OF THE PUBLICATION OF BANNS OF MARRIAGE.

*Having copied the bann of Marriage such as published :* " There is a promise of Marriage, &c." (*as above page* 238) ; the Parish-priest shall add :

" We the undersigned Parish-priest of... certify that the bann of marriage above mentioned has been published (*such and such a day*), at the *prone* of the parochial Masses of this parish of..., without any impediment having been discovered, or any opposition made........ ; the (*day and month*), in the year one thousand......

.............................P. P.

This certificate is not to be delivered within an interval of 24 hours after the last publication.

---

FORMULA OF A CERTIFICATE OF MARRIAGE.

" We the undersigned, Parish-priest of the parish of N. in the diocese of..., do by these presents certify that N. and

---

(*) The VII decree, arts. 4, 5 and 6 of the II Council of Quebec, makes known the circumstances when a convert is to be baptized conditionally or unconditionally.

N. were lawfully married according to the rites of the Catholic Church, in the parish church of N. above mentioned, the......

In faith of which we have signed these presents, at N the.........

N. N...... P. P. "

---

## FORMULA

### OF AN EXTRACT OF BAPTISM, MARRIAGE, OR BURIAL.

" Extract of the register of baptisms, marriages, and burials of the parish of... for the year one thousand......

*Then comes the act, a copy of which is demanded, which shall be written in full, and such as it is on the register, without addition or alteration. Afterwards the Parish-priest shall add, at the bottom of the copy, the following certificate:*

" Which extract, we the undersigned, Parish-priest of.... certify to be conformable to the original register deposited in the archives of the said parish. The... one thousand....

..... N. N...... P. P."

---

## LIST OF THOSE CONFIRMED.

On account of the impediment of spiritual affinity, which godfathers and godmothers, at confirmation, contract with the person confirmed and with the father and mother, it is important to keep an exact register of the names of those who are confirmed, giving those distinguishing notes that take away the possibility of a doubt as to the identity of the one confirmed, or of the godfather or godmother.

For the one confirmed : 1° his (or her) age ; 2° the names of the parents.

For the sponsors : 1° the degree of relationship ; e. g. grandfather, uncle, cousin... 2° if they are not related, husband of... or else,... years of age, Lawyer, Blacksmith, son of... Christian names are to be written in full. A table with columns may be made, containing 1° The surname and Christian names of the one confirmed ; 2° his (or her) age ; 3° the father ; 4° the mother ; 5° the godfather or godmother with the above distinguishing notes.

The list must be dated and signed by the Parish-priest.

The choice of sponsors appertains to the parents or, in their default, to the Parish-priest.

Those not admitted to act as sponsors at Confirmation are : 1° the sponsors at the Baptism of the one confirmed ; 2° the parents ; 3° the husband or wife; 4° the excommunicated, and those who are prohibited from standing as sponsors at Baptism, as stated in the Roman Ritual ; 5° those who have not yet been confirmed.

The best choice is that of brothers and sisters, provided they have been confirmed.

----

## FORMULA

### OF TESTIMONIAL LETTERS IN FAVOR OF THOSE WHO ARE GOING TO TRAVEL. (*)

" We the undersigned, Parish-priest of N. in the diocese of... in Canada do hereby certify to all those to whom these presents will come, that the bearer N.......... years of age,

----

(*) It would be well in certain cases to have these letters authenticated by the Bishop or by his Vicar General, attesting the merits and signature of the Parish-priest.

now about to leave this parish was born of Catholic parents, is of a good moral character, and has always been a practical Roman Catholic. We do moreover certify that he is under no ecclesiastical censure, that can debar him from the participation of the sacraments, (and that, to our knowledge, he has not contracted any matrimonial alliance.)

In faith and testimony of which we have signed these .presents, at N. the......

N. N......... P. P."

*If the traveller is going to foreign countries, these testimonials may be in Latin.* (*See page* 187.)

---

## FORMULA

### OF THE ACT OF THE BENEDICTION OF A CORNER STONE, CHURCH, CEMETERY, OR BELL.

(*To be inserted in the book of the Fabric deliberations, or in that of the parochial documents if such exists.*)

" On the... day of... in the year of Our Lord, one thousand..., we the undersigned Vicar General, (*or* Parish-priest *or* &c.), being duly authorized by His Lordship......, have blessed with the prescribed solemnities, the corner stone of the (parochial) church of...

*Or* the new (parochial) church of... ; said church built of stone (brick *or* wood), is... feet long inside... feet wide outside,...feet high : the plans were drawn by Mr... Architect ; the stone work was done by Mr... ; the carpenter's work by Mr... ; the trustees were Messrs... The first Mass was sung (*or* said) by Father N.

*Or* the cemetery of the parish of... ; said cemetery is... feet long and... feet wide.

*Or* three bells for the (parochial) church of... ; the first weighing... pounds, given by... (*here insert the names of the sponsors* ; the second weighing... pounds, given &c. ; the third weighing... given... received the names of....

Were present a great number of parishioners and several members of the Clergy who, together with the donors, (or sponsors, architects, trustees, &c.), have signed the present act.

At.... the.... of the year....

NN. (*The Priest who made the benediction.*)

(*Here follow the other signatures.*)

FINIS.

# TABLE DES MATIÈRES

*(Lorsqu'il y a deux chiffres, le premier indique la partie française, le second la partie anglaise.)*

26